桥梁维修多目标优化

Bridge Maintenance Multi-objective Optimization

曹明澜　秦小刚　马　晔　阎保钢　贾新征　著

中国建筑工业出版社

图书在版编目（CIP）数据

桥梁维修多目标优化／曹明澜等著．—北京：中国建筑工业出版社，2012.12
ISBN 978-7-112-14988-9

Ⅰ.①桥…　Ⅱ.①曹…　Ⅲ.①桥—维修　Ⅳ.①U445.7

中国版本图书馆CIP数据核字（2012）第296839号

桥梁维修多目标优化

Bridge Maintenance Multi-objective Optimization

曹明澜　秦小刚　马　晔　阎保钢　贾新征　著

*

中国建筑工业出版社出版、发行（北京西郊百万庄）
各地新华书店、建筑书店经销
北京永峥印刷有限公司制版
北京建筑工业印刷厂印刷

*

开本：787×1092毫米　1/16　印张：13¾　字数：339千字
2012年12月第一版　2012年12月第一次印刷
定价：**39.00**元
ISBN 978-7-112-14988-9
（22910）

桥梁维修（包括预防性维修和加固修复等重大维修）方案优化往往面临多个决策目标，既要维修费用低，又要修后使用寿命长；既要可靠度高，又要修后技术状况出色，如何统筹考量这些目标以得到最优维修方案，是亟待解决的难题。本书在系统分析国内外桥梁维修优化研究与应用发展现状的基础上，创新性地提出了一种桥梁维修多目标优化的新方法，并通过示例阐述了该方法的实际应用。该方法系国内外首创，它实现了对多个优化目标的统筹考量与统一度量，建立了统一简明的维修指标表达公式，能够方便高效地进行维修方案的评价分析与多目标优化，比国内外目前使用的方法更优越、更简捷。事实上，本书以桥梁为例创立的这种方法是一种新的设施资产维修方案多目标优化方法，它构思新巧，原理明确，适用范围广泛，任何长寿命、高造价基础设施（例如，公路、铁路、桥梁、隧道等交通基础设施，水库大坝、调水工程等水工建筑，重大工业与民用建筑，港口码头、海洋平台等海工建筑，电力系统，通讯系统，能源输送系统等）和固定资产（例如，大型仪器设备、大型船舶、飞机、重要武器装备等）的维修方案多目标优化问题，都能用该方法获得其最优维修方案。本书可供关注基础设施与固定资产维护维修的相关管理人员、科研人员、工程技术人员和高校师生参考使用。

* * *

责任编辑：姚荣华　张文胜
责任设计：李志立
责任校对：姜小莲　刘　钰

前　言

桥梁是重要的交通基础设施之一。我国目前是世界上桥梁建设规模最大的国家，正处于大规模桥梁建设阶段，并逐步进入大规模建设与维护改造并重的阶段。根据国外经验，在未来二十年内，我国将出现大范围的桥梁老化现象，桥梁维修任务将急剧增加。在此背景下，研究创立一种新的桥梁维修方案多目标优化方法，无疑是适时的、及时的和非常必要的。

目前我国的状况与美国20世纪60年代类似。那时，美国桥梁界正忙于进行大量新桥的建设与探索，对桥梁维修管理未予足够重视，这种忽视的后果导致美国的桥梁事业陷入“大建—大修—重建”的恶性循环中，并为此付出了巨大代价。不仅造成美国的桥梁维修发展缓慢，而且随着交通量、车辆荷载的增加和结构本身的自然老化，致使大量桥梁结构过早出现病损，严重影响了桥梁功能的正常发挥，还导致后续桥梁维修费用大幅度增加。这种局面一直持续到20世纪60年代末期，当时发生了几起桥梁倒塌事故，才终于让美国相关部门如梦方醒。此后，在役桥梁的管理维修与维护改造问题受到美国桥梁界的高度重视，其桥梁维修管理得到不断完善。因此，我国要汲取美国的教训，避免重蹈覆辙，要未雨绸缪，从现在起便应高度重视桥梁维修管理，及早开展桥梁维修方案多目标优化方法研究，为满足我国即将来临的大量的桥梁维修需求做好理论上和方法上的充分准备。

关于桥梁维修，我国目前普遍存在以下问题：重建轻养，疏于预防，忽视在役桥梁的养护管理和预防性维修，“头疼医头，脚疼医脚”，缺乏长远规划和系统规划，缺乏从全寿命观点和在系统层次上对多个维修目标的统筹考量，致使许多桥梁实际使用年限远未达到其设计使用年限，或导致过早过多的中修大修，造成大量资源的消耗和浪费。因此，研究创立桥梁维修方案多目标优化方法，并由此研发基于预防维修、全寿命分析和系统观点的桥梁养护维修最佳实施策略，编制相应的长远维护规划，变被动“治病”为主动“防病”，从而延长桥梁寿命，节约资源，促进我国可持续发展战略的贯彻实施。

有鉴于此，近十年来，我们针对桥梁维修方案多目标优化的理论与方法开展了系统研究并取得了初步成果：通过原始创新，以桥梁为例，研究解决了长寿命高造价设施资产维护维修优化问题的两个瓶颈难题，一个难题是如何统一考量多个维修优化目标，另一个难题是如何建立便于进行维修方案分析评价与多目标优化的、在形式上具有统一性与简约性的维修指标分析模型与计算公式，建立了一种新的设施资产维修方案多目标优化方法。该方法适用于任何长寿命高造价的基础设施（例如，公路、铁路、桥梁、隧道等交通基础设施，水库大坝、调水工程等水工建筑，重大工业与民用建筑，港口码头、海洋平台等海工建筑，电力系统，通讯系统，能源输送系统等）的维护维修优化，同样适用于任何昂贵固定资产（例如，大型的船舶、武器，飞机，航天器，潜艇，航空母舰，重要的设备仪器等）的维护维修优化。

本书是这些研究成果的总结。

本书通过原始创新建立了桥梁维修多目标优化的理论框架与基本方法体系，包括桥梁维修优化、桥梁评估、桥梁管理系统、桥梁维修优化全寿命成本分析方法、桥梁劣化预测与劣化模型、桥梁维修多目标优化基本模型、桥梁预防维修基本优化、桥梁维修多目标组合优化和桥梁维修多目标优化示例。

本书的作者分工如下：郑州大学曹明澜负责绪论、第6、7、8章和第5.2节，郑州科技学院秦小刚负责第1章和第9.2节，交通运输部公路科学研究院马晔负责第2.1、2.2节、第5.1、5.3、5.4节，河南省工程咨询中心阎保钢负责第3章和第9.3节，南阳市规划设计院贾新征负责第9.1、2.3节和第4章。此外，曹明澜的研究生祁晓娜、魏杏、宋希文和杨帅帮助完成了部分插图的绘制工作和部分表格公式的格式统一工作，在此表示感谢。另外，我们在写作过程中参考了大量国内外文献，在此，我们谨向每位文献作者表示衷心感谢。再者，我们特别感谢中国建筑工业出版社的编辑对本书出版的大力支持和辛勤付出。

本书相关研究工作得到国家自然科学基金项目（项目号：51278468和51208471）和河南省教育厅自然科学研究计划项目（项目号：2010A560015）及郑州大学校研究生教育支持基金的资助。

由于桥梁维修多目标优化问题是一个新的研究课题，是涉及桥梁工程技术、工程经济学、运筹学、优化理论、管理科学等多学科知识的复杂课题，目前还有许多问题尚需进一步完善，由于作者水平有限，书中难免存在不妥之处，恳请读者批评指正。

目　录

绪　论

0.1　背景意义与问题的提出

0.1.1　背景与意义

根据发达国家的发展历程，一个国家的基础设施建设分为三个阶段：第一是大规模建设阶段；第二是新建与维护改造并重阶段；第三是维护改造阶段。

我国目前正处于大规模桥梁建设阶段，并即将进入桥梁新建与维护改造并重的第二阶段。截至2011年底，单是我国内地的公路桥梁（不包括铁路桥梁）就多达68.94万座，并以每年超过3万座的速度增加。在这些桥梁中，有相当一部分已使用几十年，正逐步进入病害多发期；更有甚者，有些桥梁仅仅使用了十几年、二十来年，便不得不面临大修。究其原因，一是由于我国经济快速发展带来交通量和车辆荷载增加，原有设计技术标准低，承载能力和通行能力不足；二是桥梁自然老化；三是对桥梁缺乏科学的养护、维护。这些都导致了病害、缺损与老化桥梁数量呈增长趋势，因此我国桥梁维修任务将日益艰巨。

可以预见，随着我国交通事业的进一步发展，在桥梁总数将继续大幅度增加的同时，亟待维修改造的桥梁数也必将日益增多。然而，我国正处于交通事业的快速发展阶段，交通基础设施建设方面的投资占去了很大的财政预算比例，受国家财力所限，能够投入到桥梁维修方面的资金远不能满足需要，许多亟待实施的桥梁维护、维修、加固、修复和更新活动都需要花钱，这势必带来资金紧缺问题。因此，如何分配使用有限的资金并把它们用在最需要的地方，以确保公路畅通与桥梁安全，怎样进行桥梁维修方案的比较、分析与优化，是我国桥梁界亟待解决的重要问题。

美国等西方发达国家早已进入桥梁维护改造阶段，但他们在桥梁建设的发展过程中曾经走过弯路。20世纪60年代，美国桥梁工程界正忙于进行大量新桥的建设与探索，桥梁维护管理在很长时期内发展非常缓慢。这种局面直到20世纪60年代末期才开始转变。当时有几起桥梁倒塌事故，使美国上下大为震惊。此后，服役桥梁的管理维修与维护改造问题引起了美国桥梁界的高度关注和重视。经过几十年的持续发展，目前美国的桥梁维护管理日臻完善。我国目前的状况跟美国20世纪60、70年代类似，因此，我们要汲取美国的教训，未雨绸缪，借鉴国外桥梁管理维修的成功经验，重视这方面的探索与实践，以尽快提高我国的桥梁维修管理水平。

桥梁维修优化的四个主要优化目标是：维修成本、桥梁寿命、桥梁状况和可靠度，这些目标会互相制约，需对其统筹兼顾。因桥梁安全性、桥梁状况和桥梁寿命不能用货币衡量，致使这四个主要优化目标难以被统一考虑。因此，本书通过研究提出的“合理收益法”，将桥梁寿命延长、桥梁状况和可靠度的富余以货币收益的形式体现出来，从而能够对其进行对比分析与综合考虑，能够移植更多经济学概念与方法到桥梁维修方案经济分析与多目标优化中，进而建立桥梁维修多目标优化的基本理论与方法。

0.1.2 问题的提出

桥梁维修优化，既是一个理论与方法问题，又是一个工程应用问题，它涉及桥梁工程、技术经济学、计算机技术和优化技术等多领域的知识，需要进行多学科的交叉研究。在理论方面，国内外众多学者开展了大量的研究，取得了一些成果；在应用方面，国内外研究开发的桥梁管理系统中有的在一定程度上具有桥梁维修决策优化的功能。但是由于桥梁结构系统本身的复杂性，加之目前对桥梁全寿命使用期内的各种不确定性影响因素缺乏全面深入的掌握，因此，桥梁维修方案优化特别是多目标优化研究尚处于探索阶段，尤其是在理论方面，更有待进一步研究。本书将重点研究解决桥梁维修优化的以下几个关键问题：

（1）桥梁劣化与维修效果模型的简明表达方式问题

准确科学的桥梁劣化与维修效果模型，是进行桥梁维修方案分析与决策优化的基础工作。然而，由于桥梁的劣化存在很大的不确定性，桥梁的结构形式繁多，不同的结构存在不同的劣化模式，同时由于各种桥梁维修措施产生的维修效果千变万化，所以如何寻求或创造一种简单、明晰、形式统一的方式来表达各式各样的桥梁劣化与维修效果模型，是一个进行桥梁维修多目标优化亟待解决的基础性问题。

（2）桥梁维修决策多目标优化的分析方法问题

工欲善其事，必先利其器。不同的维修情形与不同的劣化模式会构成许多种不同的组合。目前国际上惯用的基于分段计算法的维修监控指标表达公式复杂繁多且不统一，特别不便于进行维修多目标优化分析。因此，采用什么方法来体现和表达这些组合才能方便有效地进行桥梁维修方案的评价分析与多目标优化，是一个值得探究的基本问题。

（3）桥梁维修方案评价分析与多目标优化的经济方法问题

经济学中的投资决策问题已有相当成熟的评价指标与评价方法。如何统筹考量桥梁维修多目标优化有四个主要目标——维修成本、桥梁寿命、桥梁状况和可靠度，如何将桥梁寿命、桥梁状况和可靠度以货币收益的形式体现出来，使决策者能够像经济学对投资方案进行经济性分析、评价与优化那样对桥梁维修的方案进行经济性分析、评价与优化，从而可以移植更多的经济学概念与方法到桥梁维修多目标优化中，是一个具有方法指导意义的基本课题。此外，关于桥梁动态维修成本问题，同样需要进行研究。

（4）桥梁维修多目标优化的理论与方法问题

关于桥梁维修多目标优化问题，运用神经网络、进化算法等方法也能提供给决策者最优解或一揽子满意解，但这些实用算法缺乏桥梁维修方面的理论基础，并产生灵活性与合理性不能兼得的缺陷。由于不知道这些结果的产生原因，如果按照最优解（常是唯一的）标准作决策，当这样的最优解不符合桥梁管理者的具体要求时，决策者往往就束手无策了（灵活性丧失）；如果在一揽子满意解中选取方案，则会使决策更易带有主观随意性（合理性丧失）。有鉴于此，当务之急的是，要研究建立桥梁维修多目标优化的基本理论并提出基于该理论的桥梁维修多目标优化的方法，以便让决策者既知其然又知其所以然，从而能够灵活处理千变万化的实际维修问题，能够有理有据地对维修优化问题进行透彻分析，使维修决策更加合理。

0.2 主要内容与内容组织

0.2.1 主要内容

本书首先系统分析和探讨桥梁维修优化、桥梁评估、桥梁管理系统和桥梁维修优化全寿命成本分析方法等内容，然后主要研究桥梁维修多目标优化方法，包括桥梁劣化预测与劣化模型、桥梁维修多目标优化基本模型、桥梁预防维修基本优化、桥梁维修多目标组合优化和桥梁维修多目标优化示例等内容。本书通过原始创新，包括新的概念与方法的提出以及模型的创立等，建立了桥梁维修多目标优化的理论框架与基本方法体系，据文献检索，这些皆属国内外首创，书中所建立的模型和所提出的计算公式与分析方法比目前国外在维修优化分析中采用的简单有效得多。其中关键的创新性内容包括：

（1）提出了桥梁劣化与维修效果模型的简明表达方式

通过提出“生效函数”，创立了一种桥梁劣化与维修效果模型的简明表达方式，借助于这种全新的表达方式，不管桥梁劣化与维修效果模型如何复杂，都能以简单、明晰、形式统一的方式把它们表达出来，从而方便进行桥梁维修方案分析与决策优化。

（2）提出了桥梁维修多目标优化的高效分析方法

基于上述桥梁劣化与维修效果模型的简明表达方式，通过综合运用“效果叠加法”和“生效函数法”，提出了一种桥梁维修多目标优化的高效分析方法，借助于这种新的方法，不管桥梁的不同维修情形与不同劣化模式的组合如何复杂，都能够以简明统一的方式给出桥梁维修监控指标的表达公式，从而方便有效地进行桥梁维修方案的评价分析与多目标优化。

（3）提出了桥梁维修方案评价分析与多目标优化的经济方法

通过提出“合理收益法”，使得桥梁维修多目标优化的四个主要目标——维修成本、桥梁寿命、桥梁状况和桥梁可靠度得以统一度量，从而实现对这些目标的统筹兼顾。由于该法把桥梁寿命、桥梁状况和可靠度以货币收益的形式体现出来，从而使决策者能够像经济学对投资方案进行经济分析、评价与优化那样对桥梁维修的方案进行经济分析、评价与优化，进而可以移植更多的经济学概念与方法到桥梁维修多目标优化中。基于“合理收益法”，本书进一步提出了用于桥梁维修方案比较评价与优化的一系列经济指标，建立了桥梁维修的动态维修成本计算公式，提出了桥梁维修方案评价分析与多目标优化的经济方法。

（4）建立了桥梁维修多目标优化的理论框架与方法体系

基于上述成果，本书进一步提出了桥梁预防维修基本优化与组合优化方法，提出了重大维修与预防维修的组合优化方法，提出了首次重大维修时间、预防维修次数等参数的计算公式，提出了一系列维修效果指标及其计算公式，给出了这些方法的示例，建立了桥梁维修多目标优化的理论框架与方法体系。

0.2.2　桥梁维修优化类型与本书的内容组织

桥梁维修优化分四个层次：第一层次是对桥梁构件的维修优化；第二层次是对某座桥梁的维修优化；第三层次是对某条公路上的所有桥梁的维修优化；第四层次是对某公路网上的所有桥梁的维修优化。

本书主要以第二层次为例建立有关模型与公式，由此提出的针对桥梁总体的维修优化方法，同样适用于第一层次桥梁构件的维修优化，只要把对桥梁总体的维修监控指标替换成对桥梁构件的维修监控指标即可，本书第 9 章给出了第一层次桥梁构件的维修优化的两个实例。这些方法的原理同样可用于第三和第四层次的桥梁维修优化。

根据维修优化监控指标的多少，桥梁维修优化也可分为单监控指标维修优化、双监控指标维修优化和多监控指标维修优化。维修优化监控指标是指反映桥梁或桥梁构件安全或使用功能情况的指标。

对于第二层次桥梁总体，可采用桥梁总体技术状况等级（一类到五类，一类最好）或全桥结构技术状况评分 D_r（0～100，评分高表示结构状况好、缺损少），这两个状况指标可根据《公路桥涵养护规范》JTG H11—2004 中的表 3.5.2-1～表 3.5.2-3 确定；或者采用计算或估算的桥梁结构体系可靠度作为维修优化监控指标。

对于第一层次桥梁构件，可采用桥梁部件技术状况等级（一类到五类，一类最好）或桥梁部件缺损状况评定标度（0～5，0 表示完好状态，5 表示危险状态），这两个状况指标可根据《公路桥涵养护规范》JTG H11—2004 中的表 3.5.2-3 和表 3.5.2-1 确定；或者采用桥梁构件的承载力、炭化深度、氯离子含量、可靠度等作为维修优化监控指标。

关于桥梁或桥梁构件的技术状况，我国规范给出了已经为人熟悉的评定方法与评定标准。因此，维修优化以其为监控指标易于实行；而以可靠度作为监控指标，则代表着桥梁维修优化的未来发展方向。有鉴于此，本书的理论基础部分（第 5、6 章）是以可靠度监控指标为例建立有关的模型和公式的；而维修优化方法部分（第 7、8 章）则研究的是以桥梁可靠度和技术状况为监控指标的双监控指标维修优化；最后（第 9 章）是桥梁维修优化方法的应用部分，第 9.2 节是以桥梁可靠度和技术状况为监控指标的双监控指标维修优化的例子，第 9.3 节是桥梁构件单监控指标维修优化的两个实例，监控指标分别为混凝土保护层有效厚度和构件技术状况。

桥梁维修优化也可分为基本维修优化与组合维修优化。基本维修优化有两层意思：一是指参与优选的维修方案是由同种维修措施构成的；二是指维修优化的基本内容。组合维修优化是指参与优选的维修方案是由多种维修措施或方案组合而成的，并以基本优化内容为基础。本书第 7 章是基本维修优化，第 8 章是组合维修优化，第 9 章是两种维修优化的应用举例。

第1章 桥梁维修优化

1.1 概述

1.1.1 基本概念

桥梁维修优化是指每隔一定的分析期或针对某一特定时期选择最佳维修时机和最佳维护维修措施。桥梁维修优化需要综合考虑诸多方面的因素，例如：目前结构的状态等级、结构劣化、维修维护费用（直接费用+间接费用）、维护生命期内的利率情况、道路等级、交通管理以及交通量等。

桥梁维修优化分为单目标优化和多目标优化。

1.1.1.1 桥梁维修单目标优化

桥梁维修单目标优化是指在若干约束条件下寻求某单一目标达到最优，例如维修费用最低或维护效益最佳。优化的目标函数一般是桥梁全寿命使用期内的费用最小化，其约束包括结构失效概率临界值、可接受的结构状态等级、承载力水平、结构剩余寿命等。美国的 BRIDGIT、Pontis 及其他某些州的桥梁管理系统中，一般采用费用—效益比最小化的方法来优化维护决策，而针对结构功能改善措施的优化则采用在预算资金约束下的最大效益的方法来实施。

针对桥梁维修的桥梁全寿命成本分析 BLCCA，就是以全寿命成本最小为目标的桥梁维修单目标优化，国内外已有大量的研究和实践[1~3]。

Das 较早提到，世界各地的桥梁管理部门面临的一个重要问题是，如何在资金紧缺的情况下向许多亟待实施的桥梁维修活动分配资金[4]。很多关于桥梁维修与修复的研究探讨了怎样得到成本最低、效果最佳的桥梁维修方案[5]。

Frangopol 等指出，桥梁管理的目的就是要最佳地分配和使用有限的资源以在全寿命成本与全寿命可靠度之间取得平衡[6]。

近年来，很多人都在尝试提出或改进有关桥梁或桥梁维修方面的检测方法、评价方法和管理方法，以便使有限的资源得到更富成效的利用[7~10]。

Kong 和 Frangopol 提出了一种基于可靠度的桥梁全寿命成本优化方法[11]，他们使用一定服务寿命期内的累计维修成本作为唯一的目标函数，以安全和服务能力水平作为约束条件。

关于桥梁维修全寿命成本优化，国内外还开发出了不少应用软件，例如，美国 Colorado 大学的 Kong 和 Frangopol 开发了一种被称为 LCADS 的桥梁全寿命分析系统[11]，该系统的功能之一就是优化。

1.1.1.2　桥梁维修多目标优化

最优化处理是在所有可能的选择中搜索对于某些目标来说是最优解的问题。如果仅考虑一个目标，就成为单目标优化问题，如果存在的目标超过一个并且需要同时处理，就成为多目标优化问题（Multi-Objective Optimization）。

近年来，国内外开展了大量有关桥梁维修多目标优化的研究[12~14]。

Liu 等针对桥面维修同时进行了维修成本和平均劣化水平的最小化研究[5]；Miyamoto 等人和 Miyamoto 通过使维修成本最小化并使桥梁负荷能力与耐久性最大化探讨了现存桥梁的多目标维修优化[5,16]；Furuta 等人关于土木基础设施维修的研究则同时考虑了全寿命成本的最小化、服务寿命的最大化和目标安全水平的最大化[17]。目前日本正研究开发的关于退化混凝土桥梁的桥梁管理系统中，优化模式为在分析期内维修维护费用最小化和结构等级（包括承载力和耐久性）最大化的多目标优化规划。

传统的解决多目标优化问题的方法有多目标加权法、ε 约束法、目标规划法、神经网络方法[18]、遗传算法[15,19]等，其中以目标规划法[20]最为著名。目标规划法因其模型结构的灵活性，特别适合于解决具有相互冲突目标的多目标决策问题，因而在多目标决策的实际问题中被广泛地应用。

随着数学、运筹学、系统论等相关科学的发展，优化过程中所采用的方法日趋多样化。常用的有目标规划、动态规划、线性和非线性规划、人工神经网络及遗传算法等[21]。

1.1.2　桥梁维修优化国内外研究状况[22,23]

本书以钢筋混凝土桥梁结构为例探讨桥梁维修优化相关问题。钢筋混凝土桥梁结构属于钢筋混凝土结构的范畴，钢筋混凝土结构目前是世界上应用最多、范围最广的结构形式。然而，随着使用年限的增加，其性能会逐渐劣化，可靠度水平会逐步下降。因此，有关其是否安全可靠，是否满足使用功能等一系列问题已引起世界各国的广泛关注。在桥梁维修优化及结构维修加固决策等有关理论和方法的问题上，国内外已有很多专家、学者和工程技术人员进行了大量的探索和研究，取得了许多研究成果。

1990 年，王光远提出并建立了结构服役期间的动态可靠度分析及优化维修决策理论和在役结构强度储备评估方法[24,25]；1992 年，王光远提出了结构服役期间的动态可靠度及其维修理论的框架[26]；1993 年，Y. Mori 等通过对桥梁在运营过程中的可靠度进行分析，有效地把桥梁的可靠度评估工作与桥梁维修加固有关方面的研究结合了起来[27]。

1996 年，刘玉彬、王光远基于模糊随机变量具有的不确定性的性质，定义了在役结构的动态模糊随机可靠度，并且还对在役结构进行维修决策的准则原则进行了相关阐述[28]；郭院成、霍达根据在役结构在设计使用期内可能遇到的各种外部影响因素的特点，建立了其维修决策的数学模型，为旧建筑物的维修加固决策提供了科学的依据[29]；屈文俊等根据经济学方面的有关理论，提出了桥梁结构维修或拆除的准则，并提出了桥梁基于其经济使用寿命的优化决策方法[30]。

1997 年，J. K. Vauri 通过比较不同维修加固方案之间的差异性，提出了基于加固方案的优化分析思想；郭院成等通过引入维修系数，提出了基于强度准则及正常使用极限状态的优化维修决策方法；1998 年，吕岳鹏通过考虑结构在其整个使用过程中可靠度会不断变化的特点，建立了结构的时变可靠度模型，从而为桥梁结构基于时变可靠度对其全寿命进行维修决策奠定了理论基础[31]。

1999 年，Frangopol 综合考虑和分析了桥梁在使用寿命中的可靠度与整个寿命周期费用的关系，为有关桥梁费用—效益管理的工作开展奠定了理论基础[32]；同年，Das 和 Thoft-Christensen 对桥梁的可靠性状态进行了定义，提出了基于桥梁的可靠度来对桥梁进行维修的方法[33,34]；郭院成等研究了结构基于强度准则时的加固策略，并针对工程实际中存在的待维修结构条件要求，建立了在不同前提情况下的结构维修加固决策的数学模型，并依此设计了在役钢筋混凝土结构基于维修目标可靠度条件下的构件截面维修加固策略。

2000 年，Frangopol 等提出了桥梁结构基于期望费用最小维修决策方法，并用实例说明[35]；同年，郭院成等研究了化工结构在其服役过程中动态可靠度的变化规律，提出了化工结构在其设计基准期内仅考虑一次维修加固处理条件下的最优设计和维修决策的实用方法[36]，对化工受腐蚀结构的全局优化设计具有一定的理论参考意义和工程实用价值。

2001 年，滕海文等基于在役结构的腐蚀控制方案，并且根据结构在未来使用期内可能的损失期望值，提出了在役结构基于腐蚀控制的优化维修决策方法[37]；同年，Allen. C. Estes 等考虑了结构性能随时间而逐渐劣化的因素，对有关板桥的基于最小成本的维修加固决策优化进行了研究[38]；刘扬等在对在役桥梁检测的基础上研究了整体锈蚀和局部锈蚀两种模型下的钢筋混凝土桥梁可靠性状况，并讨论了钢筋锈蚀速度、活荷载和恒荷载三个参数对可靠度的影响，提出了比较科学合理的维修加固方案，并且还对加固后桥梁的后续使用寿命作了预测[39]；张宇贻等根据钢筋混凝土结构有关时变可靠度理论，通过系统阐述影响桥梁结构在检测和维修优化策略方面的有关因素，得出了桥梁结构的检测时间点和维修策略方案会对结构的失效损失产生很大影响的结论[40]。

2002 年，秦权等以结构在其整个生命过程中所发生的费用最小的原则下，通过比较桥梁结构在不同检测与维修方案下所对应的检测费用、维修费用和失效损失大小，从而对结构的有关检测和维修方案进行优化[41]；同年，杨伟军等根据桥梁在服役期的动态可靠性变化情况，综合考虑了桥梁维修加固效益和维修加固后运营期间的经济影响，提出了维修加固度的概念，建立了以动态可靠性为约束，以维修加固费用和失效损失之和为目标函数的决策模式[42]。

2003 年，卫红蕊建立了在役桥梁加固和重建两种方案的经济分析模型，并通过比较桥梁的各技术改造方案的加固效果，对各个方案的经济合理性做出了客观的评价[43]；曾小刚、肖盛燮针对影响加固方案的因素具有模糊性这一特点，提出了在确定桥梁加固方案时采用模糊综合评判法进行方案优选决策[44]。

2004 年，孙晓燕等基于服役桥梁的动态可靠度，以后续服役期内桥梁的收益期望值最大或损失期望值最小作为目标函数，对在役桥梁如何开展维修加固等方面的决策问题进行了相关探讨[45]；徐岳等通过探讨和分析桥梁加固工程的经济性评价方法，提出了基于生命周期成本来优化桥梁加固工程[46]；王子军通过分析影响桥梁加固方案选择的因素和确定方案的基本原则，建立桥梁加固方案的评价指标体系，建立了多层次多方案的优选决策模型[47]。

2005 年，Cheol—Kyu. Lee 通过采用遗传算法，对钢筋混凝土桥梁有关的加固方法进行优化选择[48]；2006 年，Mark. G. Stewart 等依据桥梁中期钢筋锈蚀的多少来确定桥梁较适合的加固时间[49]；同年，赵卓提出了腐蚀环境下混凝土结构的主动控制及被动控制方法，并基于腐蚀控制，对受腐蚀混凝土结构的优化决策进行了分析研究，为结构进一步的维修加固决策、设计提供了依据[50]；王增忠提出了使用功能不充分系数的概念，用以分析结构功能失效的期望损失，估计结构维修的效益，并分析研究了拟建建筑工程结构的初始可靠度水平如何设置、维护维修策略如何选择和耐久性设计水平如何确定等问题，提出建筑工程项目全寿命可靠度评估框架、思路及系统分析方法[51]。

2006年，张克波等将价值工程理论引入到方案决策中，通过对桥梁维修加固方案进行功能分析和生命周期成本分析，要求工程决策者综合考虑方案决策中多因素的影响，运用系统分析的方法把方案优选决策转化为方案价值的比较，为桥梁加固提供了一种新思路[52]。

2007年，张军等针对我国桥梁结构性能评估和维护加固现状，提出了基于不定性参数评估桥梁结构安全性能和基于全寿命造价对在役桥梁结构的相关维修加固工作进行决策的理念，并在此基础上建立了在役桥梁安全评估和维修加固决策的管理系统[53]；夏海兵等提出了在役桥梁的维修加固应该像新建桥梁一样进行寿命成本分析的观点，同时还提出了维修加固后桥梁的加固寿命周期成本的概念[54]。

2008年，谢桂华等以单层单跨框架结构为例，介绍了PNET法计算体系的动态可靠度方法及维修决策的方法，并提出了根据结构特点和经济性原则，确定分系统的维修可靠度及构件维修可靠度的观点[55]；边晶海等基于结构的可靠性，综述了服役桥梁维修加固决策、维修对可靠度及维修费用的影响等有关问题国内外的研究进展[56]。

1.1.3 桥梁维修对策与维修费用估算

1.1.3.1 桥梁维修对策[57]

桥梁在进行状态评估、预测后，可以按照相应的标准制定维修对策。维修对策按照管理的具体程度，分为对策大类和对策细目。

文献［58］给出不同的桥梁状态等级下相应的对策大类，如表1-1所示。

桥梁状态对应的维修对策大类　　表1-1

等　级	BCI值	状　态	对策大类
A级	90~100	完　好	日常保养
B级	80~89	良　好	日常保养、小修
C级	66~79	合　格	专项检测后小修
D级	50~65	不合格	中修或者大修
E级	0~50	危　桥	大修或者改扩建

对策大类解释如下：

（1）日常保养：指正常的养护、检查；

（2）小修：指对小面积缺损部位的简单修补，少量次要部件的更换；

（3）中修：指缺损部位的修补面积较大，加固主体结构中的个别构件；

（4）大修：指加固主体结构，确保行车安全；

（5）改造或重建：指对结构严重缺损、已处于危险状态或桥梁的宽度、承载能力已经不能满足现有交通荷载要求的桥梁，采取拓宽、提高其设计标准的加固工程或者重新修建等措施。

对策大类的划分比较粗略，只能满足整体投资的规划等应用。考虑到桥梁结构的复杂性，为了提高投资需求分析及投资控制的可靠性，对维修大类按照各构件进行进一步的划分，如表1-2所示。

构件维修养护对策细目表 **表1-2**

对策大类	维修对象	对策细目	工作内容
正常保养	桥梁各构件	正常保养	日常清洁、保养，定期检查
小修维护	桥面铺装	局部修补	修补桥面铺装的坑槽、裂缝
	伸缩缝	局部修理	修理伸缩缝
	人行道、栏杆扶手、排水系统	局部修补	人行道栏杆扶手、排水管修补
	支座	维修	支座维修、偏移校正
	上部承重结构	局部修复	封闭裂缝、局部修补
	上部横向联系	局部修复	横向联系局部修补
	下部墩台	局部修补	墩台混凝土修补，至裂缝封闭
	下部基础	局部处理	轻微冲刷的处理
中　修	桥面铺装	大面积修补	桥面铺装翻修
	伸缩缝	整体换新	更换伸缩缝
	人行道、栏杆扶手、排水系统	整体更换	人行道、栏杆、扶手重修，更换排水管
	支　座	更　换	支座更换
	上部承重结构	大范围修理	处理混凝土严重裂缝及其他问题
	上部横向联系	大范围修理	加固修复
	下部墩台	大范围修理	处理混凝土严重裂缝及其他问题
	下部基础	局部处理	局部冲刷处理
大　修	上部承重结构	加固或更换	承重梁体加固或更换
	下部墩台	加固处理	墩台加固或严重位移处理
	下部基础	加固处理	基础加固或严重冲刷处理
改造重建	桥梁整体	提高等级	桥梁荷载等级提高、改造及拓宽
	桥梁整体	改造重建	结构改造及重建新桥
	下部墩台	加固处理	墩台加固或严重位移处理
	下部基础	加固处理	基础加固或严重冲刷处理
	桥梁整体	提高等级	桥梁荷载等级提高、改造及拓宽
	桥梁整体	改造重建	结构改造及重建新桥

1.1.3.2　桥梁维修费用估算[57]

桥梁维修费用经济分析最重要的功能是能够对给定的维修对策进行费用估算。

维修费用的估算是在给定的维修对策大类、维修对策细目的条件下，结合桥梁养护维修定额，对此次维修的费用的一个估算。维修估算由基价和工作量两部分组成。表 1-3 列出了一些桥梁养护维修基价[59]。在确定好工作量和维修对策后，系统可以对费用进行估算。还有另外的估算方法[60]，如参照专家意见而总结出中等桥梁单位面积费用，如表 1-4 所示，然后可估算维修费用。

部分基价表　　　　表 1-3

<table>
<tr><th>维修部位</th><th>分项工作</th><th>具体项目</th><th>单位</th><th>基价（元）</th><th>计价（元）</th><th>计价时间</th><th>工作内容</th><th>说明</th></tr>
<tr><td>桥面系</td><td>沉降缝维修</td><td>沉降缝维修</td><td>10m</td><td>114.49</td><td>114.49</td><td>2008 年 11 月</td><td rowspan="2">清理缝内垃圾污物，整理修补缝口，沥青麻丝制作嵌缝、清理等</td><td rowspan="2">无</td></tr>
<tr><td>桥面系</td><td>沉降缝维修</td><td>伸缩缝维修</td><td>10m</td><td>101.69</td><td>101.69</td><td>2008 年 11 月</td></tr>
<tr><td>桥面系</td><td>油漆</td><td>钢栏杆防锈油漆一度</td><td>$10m^2$</td><td>112.92</td><td>112.92</td><td>2008 年 11 月</td><td rowspan="2">去污、除锈、磨光、分层刷漆</td><td rowspan="3">如需搭脚手架和升降设备，另行计算</td></tr>
<tr><td>桥面系</td><td>油漆</td><td>钢栏杆防锈油漆一度</td><td>$10m^2$</td><td>155.33</td><td>155.33</td><td>2008 年 11 月</td></tr>
<tr><td>桥面系</td><td>油漆</td><td>木栏杆油漆</td><td>$10m^2$</td><td>143.55</td><td>143.55</td><td>2008 年 11 月</td><td>去污、批腻子、刷漆</td></tr>
</table>

中等桥梁养护维修费用参考值　　　　表 1-4

序　号	养护维修对策加固（即提高荷载等级一级）	费用（元/m^2）		
		汽-超 20 级	汽-20 级	汽-15 级
1	重　建	5340	4800	3600
2	拓　宽	4700	4210	3150
3	加　固	3750	3100	1800
4	大　修	2800	2000	1250
5	中　修	500	300	280
6	小　修	30	15	10
7	日常养护	12	9	5

1.1.4　桥梁维修优化决策模型示例

1.1.4.1　桥梁维修准则[22]

对于在役桥梁结构来说，当其运营过一段时间后，常常由于桥梁结构本身各种损伤的积累，不能确保其在后续使用期内的正常使用。这时，桥梁结构面临着是否值得维修，怎样维修，维修到什么水平等一系列问题，对桥梁结构本身而言，这些都是非常重要的决策问题。

王光远院士在文献［61］中提出了发生过灾害的结构的维修准则问题，考虑了结构维修后未来所产生的收益 U 和结构未来失效所带来的损失期望值 L，以及针对结构目前的有关破坏状况和维修结构所需要的维修加固费用 C，它的维修准则可表示为：

$$U > C_r + L \tag{1-1}$$

即：

$$JT_1\psi_1'(t_1, T_1) > C_r(\psi_1, \psi_1') + (1 - \psi_1')D \tag{1-2}$$

式中　J——结构在正常生产条件下的年生产效益；

$\psi_1'(t_1, T_1)$——结构维修后的可靠度水平；

ψ_1——结构维修前的可靠度；

D——结构失效带来的损失值；

t_1——结构的已服役时间；

T_1——结构预计的后续使用期。

对于在役桥梁结构，导致其可靠性降低主要是桥梁结构自身材料劣化、车辆的荷载作用以及环境腐蚀作用等，而且结构的可靠度水平降低是一个逐步累积的过程。在对在役桥梁进行维修决策时，单纯通过提高桥梁结构的可靠度来保证桥梁结构在后续使用时期内的正常使用，通常是不容易实现的，且在某些情况下显得并不经济。另外，对于维修到何种程度这一问题，即桥梁结构的加固度为多少合适？一方面由于桥梁结构的特点，当桥梁结构的可靠度较低时，一般往往难以达到“修旧如新”的水平，而且从经济上来讲，“修旧如新”并不是很科学；另外，在役桥梁即使能够“修旧如新”，也不能确保结构在加固寿命周期内就一定能正常使用，这时还必须要考虑对桥梁结构在已服役期间所提供的各类抗力退化信息、荷载作用信息以及对预计桥梁结构在加固寿命周期内将会发生的各种因素进行危险性分析。

基于上面的分析，在对在役桥梁结构进行维修决策时，通常可以采取两方面的措施来保证维修后的桥梁结构能在加固寿命周期内的正常使用而不发生失效：

（1）通过维修加固，提高桥梁结构的可靠度；

（2）采用科学合理的维护措施，降低桥梁结构可靠度的退化速率。

采用上述两种措施所对应的费用可表达如下：

在役桥梁通过提高可靠度所需的维修费用 C_1 可以表示为：

$$C_1 = C(a) \tag{1-3}$$

式中　a——桥梁的加固度。

在役桥梁通过采取某种维护措施所需的维修费用 C_2 可以表示为：

$$C_2 = C(\Delta A) \tag{1-4}$$

式中　ΔA——在役桥梁结构维护后可靠指标衰减速率与维护前的差值。

因此，在役桥梁整体的维修费用 C_r，可以表达为：

$$C_r = C_1 + C_2 \tag{1-5}$$

在役桥梁在加固寿命周期内的总收益 U 的期望值可以表示为：

$$U = JT_s p_s(t) \tag{1-6}$$

式中 p_s——结构在加固寿命周期内的可靠度水平。

另外，在对桥梁结构进行维修决策时，还必须考虑通过某一种方案维修后的桥梁结构在未来使用期内结构失效总的损失期望值：

$$E[D] = \sum_{i=1}^{5} p_f(t) \cdot D_i \tag{1-7}$$

式中 p_f——结构在加固寿命周期内的失效概率；

D_i——桥梁结构发生 V_i 级失效的损失值，它包括直接损失和间接损失两个方面。

因此，在役桥梁结构的维修准则可以表达为：

$$JT_1 p_s > (C_1 + C_2) + \sum_{i=1}^{5} p_f \cdot D_i \tag{1-8}$$

若桥梁结构现在所处状态已不符合上述维修准则，并不是说明桥梁结构现在就已经失效，这时的桥梁结构也不一定要拆除，仍可继续使用。除了有特殊的原因外，只有当桥梁结构已经失效，即 $\beta'(t) < \beta_{min}$时，才考虑拆除桥梁结构。通常只有当桥梁结构运营所产生的效益比维修费用还小或比未来破坏的损失期望还小的时候，便要拆除。因而桥梁结构拆除的表达式可以表示为：$C_r \geqslant U$ 或 $L \geqslant U$，亦即满足下面两个条件之一时，即可拆除：

$$\begin{cases} JT_s p_s \leqslant (C_1 + C_2) \\ JT_s p_s \leqslant \sum_{i=1}^{5} p_f \cdot D_i \end{cases} \tag{1-9}$$

1.1.4.2 桥梁维修优化决策模型[22]

桥梁的最优维修加固度 a^* 和最优可靠指标劣化速率差值 ΔA^* 的选择，关键是使在役桥梁结构在加固寿命周期 T_s 内的年平均效益达到最大，即：

$$W = Up_s - \frac{[C(a_j^*) + C(\Delta A^*)] + \sum_{i=1}^{5} p_f \cdot D_i}{T_s} \rightarrow \max \tag{1-10}$$

为简化计算，假定结构每年的收益都固定不变，则结构的年平均效益最大对应的为结构的年平均费用最少。因此，其数学模型可以表示为：

求 a^* 和 ΔA^*，使 W 达到最小，即：

$$W = \frac{[C_1(a_j^*) + C_2(\Delta A^*)] + \sum_{i=1}^{5} p_f \cdot D_i}{T_s} \rightarrow \min \tag{1-11}$$

同时结构在加固寿命周期内要满足安全性要求，即：

$$\beta(t) \geqslant [\beta]$$

当在役桥梁结构的加固度维修度 a 确定时，不同的设计者即使按同一规范设计，所获得的结构加固维修方案及其造价也是不相同的。因此，加固度维修造价 $C(a)$与加固度 a 之间的关系不存在一一对应关系。但在不考虑改变桥梁结构的使用功能，即结构拓扑（几何构造）和材料已经确定的结构加固维修方案优化所得到的造价最小的加固度维修方案具有答案唯一性。也就是说，$C(a)$是多值函数，而 $C_{min}(a)$是单值函数。在式(1-11) 中的 $C(a^*)$ 也应该是相应的最少造价 $C_{min}(a^*)$，因为在优化的目标函数时，浪费的加固设计方案一般不包含在其中。另外，当结构加固度维修水平 a 及加固寿命周期 T_s 确定时，相应的最小造价维护措施方案 ΔA 也应唯一确定。因此，式（1-11）中的 $C(\Delta A^*)$ 也应该是相应的最小造价 $C_{\min}(\Delta A^*)$。

1.2 多目标优化

多目标优化的思想起源于1776年经济学中的效用理论，1896年，经济学家 V. Pareto 首先在经济平衡的研究中提出多目标最优化问题，引进了被称为 Pareto 最优解的概念[62]。自20世纪60年代以来，多目标优化问题吸引了越来越多不同背景研究人员的注意力，利用各种多目标优化方法解决了复杂的系统设计、建模以及规划等问题。

1.2.1 多目标优化问题基础

1.2.1.1 多目标优化问题的数学模型[63]

多目标优化问题不同于单目标优化，单目标优化研究的是单个目标函数的机制问题，多目标优化则要同时优化多个可能相互冲突的目标函数。一般的多目标优化问题（Multi-objective Optimization Problem，MOP）由一组目标函数和相关的一些约束组成，而作如下数学描述：

$$\begin{aligned} \text{Min/Max}\quad & f_i(x) \quad i=1,2,\cdots,m \\ \text{s.t}\quad & g_j(x)\leqslant 0 \quad j=1,2,\cdots,p \\ & h_k(x)=0 \quad k=1,2,\cdots,q \end{aligned} \tag{1-12}$$

其中，$x=(x_1,x_2,\cdots x_n)^{\mathrm{T}}$，是由决策变量 $x_1,x_2,\cdots x_n$ 构成的决策变量向量；$g_j(x)$ 和 $h_k(x)$ 分别为等式约束和等式约束函数；$X=\{x\in R^n,\ |g_j(x)\leqslant 0,h_k(x)=0\}$ 是问题的可行域；$f_i(x)(i=1,2,\cdots m)$ 为子目标函数。

由于最大化和最小化问题之间可以相互转化，且假设所有目标函数 $f_1(x),f_2(x),\cdots f_i(x)$ 组成了多目标优化问题的向量目标函数 $f(x)$，即：

$$f(x)=[f_1(x),f_2(x),\cdots f_i(x)]^{\mathrm{T}} \tag{1-13}$$

则式（1-12）又可表示为：

$$\begin{aligned} \text{Minimize}\quad & f(x) \\ \text{s.t}\quad & g_j(x)\leqslant 0 \quad j=1,2,\cdots,p \\ & h_k(x)=0 \quad k=1,2,\cdots,q \end{aligned} \tag{1-14}$$

1.2.1.2 多目标优化的基本概念[63]

1. Pareto 最优解

对于多目标优化问题，在多个子目标相互冲突的情况下，为了提高其中一个子目标函数的结果，则必然会降低另外一个或几个子目标函数的结果，也就是说要同时使这多个目标都一起达到最优是不可能的，而是只能在它们中间进行协调，这种处理这就是 Vilfredo Pareto 在1896年提出的 Pareto 最优解的概念。Pareto 最优解的定义如下：

对 $x^*\in X$，若不存在 $x\in X$（$x\neq x^*$），使得：

$$f(x)\leqslant f(x^*) \tag{1-15}$$

成立，即不存在 x，使：

$$f_i(x) \leqslant f_i(x^*) \tag{1-16}$$

对所有 $i=1, 2, \cdots m$ 成立，且其中至少一个为严格不等式，则 x^* 为多目标优化问题的一个最优解（或非劣解）。具体地说，在可行域 X 中找不到一个解 x 能满足：（1）x 对应的向量目标函数 $f(x)$ 中的每一个分量目标值都不比 $f(x^*)$ 中相应值大；（2）$f(x)$ 中至少有一个目标值要比 $f(x^*)$ 中相应值小。

如果将最优解定义中的条件稍微放宽，就可得到弱最优解的定义：对于 $x^* \in X$，若不存在 $x \in X$（$x \neq x^*$），使得：

$$f(x) < f(x^*) \quad i=1, 2, \cdots m \tag{1-17}$$

成立，则称 x^* 为多目标优化问题的一个弱最优解（或弱非劣解）。具体地说，在可行域 X 中找不到一个解 x，使得向量目标函数 $f(x)$ 中的每一个目标的值都比 $f(x^*)$ 中的相应值小，最优解一定是弱最优解。

2. 非支配集

定义 1　设 P 为一个集合，其大小为 n，P 中每个个体均有 r 个属性。f_k 是每个属性的评价函数（$k=1, 2\cdots r$），若 $f_k(x) < f_k(y)$，则称 x 支配 y，表示为 $x > y$。此时称 x 为非支配的（non-dominated），y 为被支配的（dominnated），其中"$>$"是支配关系。

定义 2　对于给定个体 $x \in P$，若不存在 $y \in P$，使 $y > x$，则称 x 为集合 P 的非支配个体。由所有 P 的非支配个体组成的集合称为 P 的非支配集。每一个非支配解都是多目标问题的一个最优解。

3. Pareto 曲面

多目标优化问题如果存在最优解，往往存在无穷多个，由所有最优解构成的集合称为非劣最优解集，也就是 Pareto 最优解集。Pareto 最优解集在目标空间上为连续或分散的非劣前沿曲面，图 1-1 所示为目标函数为两个的情况下非劣解曲面（线），如何保证最优曲面距离真正的 Pareto 最优曲面最近、最优解的分布均匀且范围更广是求解多目标优化问题的关键。

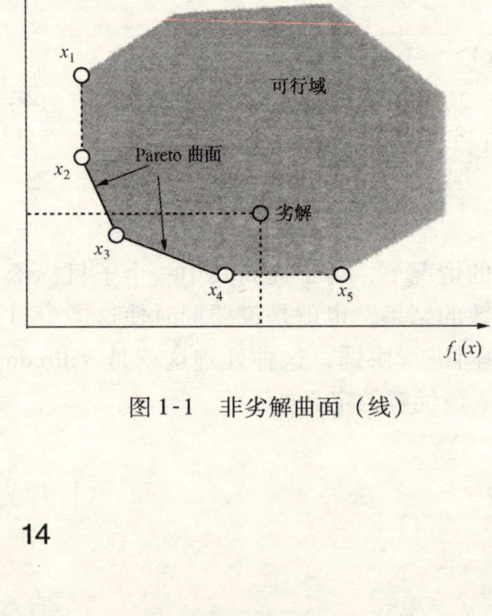

图 1-1　非劣解曲面（线）

4. 多目标优化问题的最终解

在求解多目标优化问题时，Pareto 最优解集是无法直接应用的。决策者只能选择令其最满意的一个非劣解作为最终解。求最终解主要有三类方法：一类是求非劣解的生成法，即先求出大量的非劣解，构成非劣解的一个子集，然后按照决策者的意图找出最终解；另一类为交互法，不先求出很多的非劣解，而是通过分析者与决策者对话的方式，逐步求出最终解；最后一类是事先根据决策者的偏好，将多目标问题转化为单目标问题进行求解，从而得到最终解。

1.2.2 传统多目标优化方法[63]

大多数传统多目标优化方法是基于偏好的方法，它们利用决策者提供的偏好信息，通过一定的手段把多目标优化问题转化为一个或一系列单目标优化问题，然后用数学规划手段求解并获得最终解。常用的传统优化方法包括：

1. 目标加权法

该方法的思想是将多个目标通过线性组合生成一个总体目标函数，从而将多目标问题转化成为一个单目标问题：

$$\text{Minimize} \quad f(x) = \sum_{i=1}^{m} \omega_i f_i(x) \tag{1-18}$$

$$\text{s.t} \quad x \in X$$

其中，ω_i 是决策者根据各子目标的重要程度确定的权系数，且满足 $\sum_{i=1}^{m} \omega_i = 1$。在不同权值组合下求解这个单目标优化问题就可以求得一个解集。

2. 主要目标法

主要目标法是根据问题的实际情况，确定一个目标位主要目标，而把其余目标作为约束处理，并根据决策者的经验，设定各约束的限值，从而将原多目标问题转化成一个在新的约束条件下，对主要目标优化的单目标问题。假定原有目标个数为 m，主要目标函数为 f_k (x)，其余 m-1 个目标为：

$$f_i(x) \ (1 \leqslant i \leqslant m, i \neq k) \tag{1-19}$$

$$x \in X$$

主要目标法简单易行，它保证在次要目标允许取值的条件下，求出主要目标尽可能好的值，因此对实际问题常常很适用。

3. 极大—极小值法

极大—极小值法的根本思想是在确定一个初始点 $x^{(0)}$ 后，计算出各分目标函数的值 $f_i(x^{(0)})(i = 1,2,\cdots m)$ 并进行比较，找出其中一个目标函数值最大的目标函数作为极小化目标，找到一个新的点 $x^{(1)}$，再计算 $x^{(1)}$ 处的各分目标函数值 $f_i(x^{(1)})(i = 1,2,\cdots m)$，再比较，并找出其中最大值的目标函数，再以此目标极小化，又确定新的点 $x^{(2)}$，…，如此反复，直到找到最优解为止。这种方法的数学模型为：

$$\underset{x \in X}{\text{Minimize}} \quad \phi(x) \tag{1-20}$$

$$\phi(x) = \max\{f_1(x), f_2(x), \cdots f_m(\mathrm{x})\} \tag{1-21}$$

4. 分层排序法

分层排序法是将目标函数按其重要程度排成一个次序，然后分别在前一个目标函数最优解的基础上求后一个目标的最优解，并把最后一个目标的最优解作为原多目标问题的最优解。假设目标函数按其重要程度的排序为：

$$f_1(x), f_2(x), \cdots, f_m(x)$$

先求第一个目标函数 $f_1(x)$ 在可行域 X 上的最优值，即：

$$\underset{x \in X}{\text{Minimize}} \quad f_1(x) = f_1^{\ *} \tag{1-22}$$

并记其最优解集为$\overline{R_1}$，则$\overline{R_1}=\{x\in X|f_1(x)=f_1{}^*\}$，再在$\overline{R_1}$上求第二个目标函数$f_2(x)$的最优值，即：

$$\underset{x\in R_1}{\text{Minimize}}\quad f_2(x)=f_2{}^* \tag{1-23}$$

并记其最优解集为$\overline{R_2}$，则：

$$\overline{R_2}=\{x\in\overline{R_1}|f_2(x)=f_2{}^*\}=\{x\in R|f_i(x)=f_i{}^*,i=1,2\} \tag{1-24}$$

依次继续下去，在第m-1个目标函数的最优解集$\overline{R}_{m-1}$上求第m个目标函数的最优值，即：

$$\underset{x\in R_{p-1}}{\text{Minimize}}\quad f_p(x)=f_p{}^* \tag{1-25}$$

并记其最优解集为：

$$\overline{R_p}=\{x\in\overline{R_{p-1}}|f_p(x)=f_p{}^*\}=\{x\in R|f_i(x)=f_i{}^*,i=1,2,\cdots,m\} \tag{1-26}$$

$\overline{R_p}$即为原多目标问题的最优解。

传统方法解决多目标优化问题可以充分利用用户掌握的决策信息，直接得到符合决策条件的优化结果，避免了优化后的决策步骤，此外传统方法还有易于实现、运算速度高等优点。但传统方法所需要的决策信息很难保证准确性和客观性，而且其逐点计算的方法对于目标函数间断和多峰的情况很难搜索到全部非劣解。

1.2.3　多目标遗传算法[63]

遗传算法（Genetic Algorithms，GA）被用于多目标优化称为多目标遗传算法（Multi－Objective Genetic Algorithms，MOGA）。与传统优化方法相比，遗传算法不会受到比如Pareto曲面形状、目标个数等条件的限制，还可以处理带随机的、不确定的离散搜索空间问题。MOGA是针对多目标问题解不唯一的特点基于传统GA基础上在多目标决策空间中随机搜索非劣的Pareto最优解集，再由决策者根据一定的偏好信息从Pareto最优解集中选择最终解的方法。

1.2.3.1　遗传算法基础

1. 遗传算法基本原理

遗传算法（Genetic Algorithm，GA）是借鉴生物界自然选择和自然遗传机制的随机化搜索算法，它是由美国Michigan大学的J. Holland教授于1975年首先提出的，其主要特点是群体搜索策略和群体中个体之间的信息交换，是一种以随机理论为基础的模仿生物进化的搜索方法。和传统搜索算法不同，遗传算法是从一组随机产生的初始解，[称为“种群(Population)”]，开始搜索过程。群体中的每个个体是问题的一个解，称为“染色体(Chromosome)”。染色体是一串符号，比如一个二进制字符串。这些染色体在后继迭代中不断进化，称为遗传。在每一代中用“适应度（Fitness）”来测量染色体的好坏。生成的下一代染色体，称为后代（Offspring）。后代是由前一代染色体通过交叉（Crossover）或者变异（Mutation）运算形成的。新一代形成过程中，根据适值的大小选择部分后代，淘汰部分后代，从而保持种群大小是一常数。适值高的染色体被选中的概率较高。这样，经过若干代之后，算法收敛于最好的染色体，它很可能就是问题的最优解或准最优解。遗传算法的常用形式是Goldberg提出的，设$P(t)$和$C(t)$分别表示第t代的双亲和后代，遗传算法的一般结构可描述如下：

遗传算法过程:

```
Begin
    t ← 0 ;
      初始化 P(t) ;
      评估 P(t)
      While 不满足终止条件 do
     Begin
     重组 P(t) 获得 C(t) ;
     评估 C(t) ;
     从 P(t) 和 C(t) 中选择 P(t+1) ;
      t ← t+1 ;
     end
end
```

在上述过程中，初始化通常是随机产生的，重组以选择、交叉和变异来获得后代。其中交叉和变异模拟了基因在每一代中创造新后代的繁殖过程，选择则是种群逐代更新过程。

2. 遗传算法设计的基本步骤

(1) 参数编码

由于遗传算法不能直接处理空间的解数据，必须把它们转化成遗传空间的由基因按一定结构组成的染色体或个体，此转化操作称为编码。编码的方法对于遗传操作有很大的影响，编码对于算法的性能如搜索能力和种群多样性等影响很大，目前主要有二进制编码、浮点数编码和符号编码三种形式。二进制编码由二进制符号“0”和“1”组成，浮点数编码比二进制编码在变异操作上能够保持更好的种群多样性。在实际应用中，编码应该针对要解决的问题来确定。

(2) 初始种群

初始种群也称为进化的第一代，种群所包含的个体即为随机产生的可行解，为保证群体的多样性并有效避免早熟收敛，初始种群应具备一定的规模。但考虑到计算量的问题，也需适当控制初始种群的规模。

(3) 适应度函数设计

适应度函数是 GA 进化搜索的基本依据，GA 以个体适应度的大小来评定各个个体的优劣程度，从而决定其遗传机会的大小。将目标函数映射成求最大值形式作为适应度函数是最常用的适应度函数设计方法。

(4) 遗传参数选择

遗传算法的主要参数包括群体规模 n，交叉概率 p_c 以及变异概率 p_m 等。群体大小太小时难以求出最优解，太大则增长收敛时间，一般 $n=30\sim160$；交叉概率 p_c 太小时难以向前搜索，太大则容易破坏高适应值的结构。一般 $p_c=0.25\sim0.75$；变异概率值越大，种群多样性越高，但搜索的随机性增大，一般取 $p_m=0.01\sim0.2$。

(5) 遗传操作设计

选择、交叉和变异是遗传算法操作算子中最基本的三种形式，它们是模拟自然选择以及遗传过程中发生的繁殖、杂交和基因突变现象的主要载体。遗传算法利用遗传算子产生一代又一代新的群体从而实现进化，因此遗传算子的设计是整个算法策略的关键。

1）选择

选择操作又称为繁殖、再生，或复制操作，它是把当前群体中适应度较高的个体按某种规则或模型复制到下一代群体。遗传算法中较为常用的选择策略有：轮盘赌式选择、排序选择、精英选择、联赛选择等。

轮盘赌式选择也称为适应度比例选择，是遗传算法中最普遍使用的选择策略。通过计算某个体适应度在整个群体的个体适应度总和中所占的比例来确定个体被选择的概率。选取过程体现了“适者生存，优胜劣汰”的思想，并且保证优良基因遗传到下一代个体。但该方法有一个很严重的缺陷，当种群中个体适应值的差异非常大时，GA 容易过早的收敛到局部最优解。

排序选择是将种群中个体按其适应值由大到小的顺序排列，然后将事先设计好的序列概率分配给每个个体。最常用的排序选择方法是采用线性函数将队列序号映射为期望的选择概率，即线性排序选择。

精英选择是种群收敛到优化问题最优解的一种基本保障。如果下一代种群的最佳个体适应值小于当前种群最佳个体的适应值，则将当前种群最佳个体或者适应值大于下一代最佳个体适应值的多个个体直接复制到下一代，以替代最差的下一代种群中的相应数量的个体。

联赛选择的基本思想是从当前种群中随机选择一定数量的个体，将其中适应值最大的个体保存到下一代。反复执行该过程，直到下一代个体数量达到预定的种群规模。

2）交叉

交叉是产生新个体、保持群体多样性的主要方法，其操作过程是在匹配集中按一交叉概率 p_c 任选两个染色体（双亲染色体），在染色体的数字串的长度范围内，随机选择一个或多个交换点位置。交换双亲染色体右边的部分，即可得到两个新的（下一代）染色体数字串。以二进制编码的染色体二点交叉为例，如图 1-2 所示。

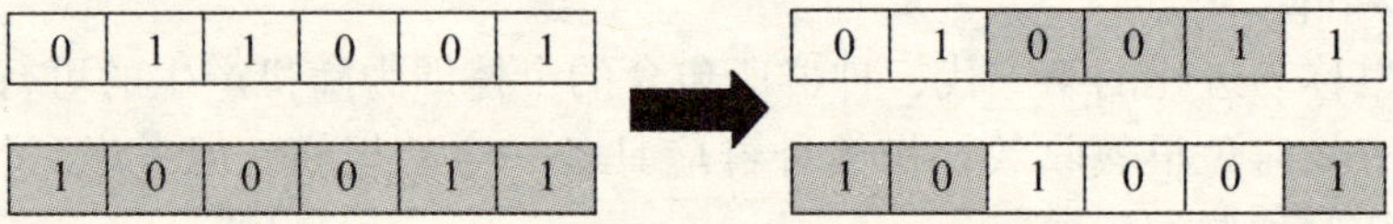

图 1-2　交叉（两点交叉）

3）变异

变异是指模拟生物在自然的遗传进化环境中由于各种偶然因素引起的基因模式突然改变个体繁殖方式。在变异操作中，常以一定的概率在群体中选取个体，随机选择个体的二进制位串中的某一位进行由概率控制的变换（即 1→0 或由 0→1）从而产生新的个体。在遗传算法中采用变异算子增加了群体中基因模式的多样性，从而避免群体进化过程过早地陷入局部最优区域。以二进制编码为例，变异操作产生后代个体的过程如图 1-3 所示。

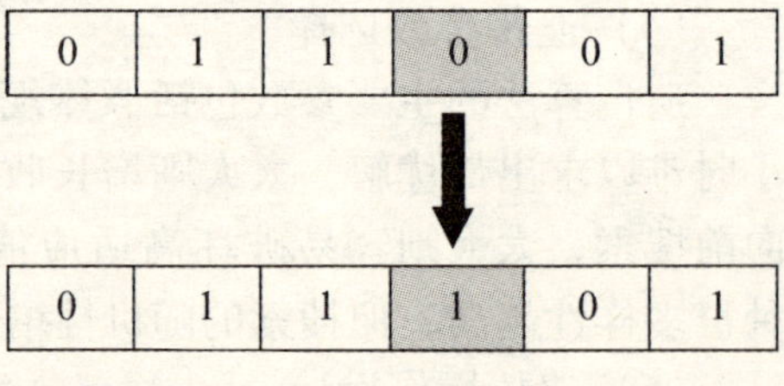

图 1-3　变异操作

1.2.3.2 多目标遗传算法

多目标遗传算法（Multi-objective Genetic Algorithm，MOGA）与单目标遗传算法的基本结构相类似，主要区别是适应度分配及选择策略。MOGA 最常见的适应度分配方法是基于 Pareto 的，即根据 Pareto 优势来计算个体的适应度，并根据个体适应度值进行选择。目前，基于 Pareto 的 MOGA 的代表算法为 Pareto Archived Evolution Strategy（PAES）、Pareto Envelope-based Selection Algorithm（PESA）、Strength Pareto Evolutionary Algorithm Ⅱ（SPEA Ⅱ）以及 Nondominated Sorting Genetic Algorithm Ⅱ（NSGA Ⅱ），其中 NSGA Ⅱ既具有良好的收敛性和分布性又有较快的收敛速度，从而被国内外学者广泛引用。

NSGA 算法由 Srinivas 和 Dbe 在 20 世纪 90 年代初提出的，该算法与简单遗传算法的主要区别在于选择操作不同，在执行选择算子之前，种群根据个体之间的支配与非支配关系进行排序。首先，找出该种群中的所有非支配个体，并赋予它们一个共享的虚拟适应度值，以保证同级个体有同样的复制概率，得到第一个非支配最优层；然后，忽略这组已分层的个体，对种群中的其他个体继续按照支配与非支配关系进行分层，并赋予它们一个新的虚拟适应度值，该值要小于上一层的值，对剩下的个体继续上述操作，直到种群中的所有个体都被分层。为维持种群的多样性，防止早熟收敛，NSGA 对每一层个体分别采用适应度共享策略，即将个体原来的适应值除以与其周围的个体数目成比例的一个数，根据这个降低后的适应值执行选择操作以实现共享。基于以上原理，NSGA 算法在执行选择操作时；首先对个体所在层的顺序进行比较，所属层次越靠前的个体被选择的机率越大；对于属于同一层次的个体，通过对实行共享策略后个体所具有的适应值的比较确定选择顺序。NSGA 的优点是非劣最优解分布均匀，允许存在多个不同的等价解。但其计算效率较低，且需要人为确定对优化结果影响较大的参数—共享半径 σ_{share}。

针对 NSGA 的不足，Deb 于 1999 年在 NSGA 的基础上提出了基于快速分类、采用精英保留策略的多目标遗传算法 NSGA Ⅱ，相对于 NGSA 而言，NSGA Ⅱ具有以下优点[64]：

（1）提出新的基于分级的快速非胜出排序算法，将计算复杂度由 $o(mN^3)$ 降到 $o(mN^2)$，其中：m 为目标函数个数，N 为种群中个体的数目。

（2）为了标定分级快速非胜出排序后同级中不同元素的适值，也为使准 Pareto 域中的元素能扩展到整个 Pareto 域，并尽可能均匀遍布，提出了拥挤距离的概念，采用拥挤距离比较算子代替需要计算复杂的共享参数的适值共享方法。

（3）采用了精英策略。精英策略的引入确保了非支配解能保存到下一代，防止了非支配解的丢失。

1.3 基于状态的桥梁维修优化方法

桥梁维修方法可分为两类：一是基于状态的方法；二是基于可靠度的方法。前者是由 Rijkswaterstaat（简作 Rij）提出的，已经在荷兰得到应用，荷兰交通运输、公共工程与水管理部用它进行维修优化；后者是 Frangopol（简作 Fra）在英国公路署建立的桥梁管理方法的基础上作了进一步的发展研究后提出的。这两种方法都能在结构可靠度与全寿命成本之间进行平衡，以确定最佳维修策略。目前国际上比较成熟的桥梁管理系统，像美国的 Pontis 和 BRIDGIT，一般都基于桥梁组件的状态，而基于可靠度的方法则代表了未来桥梁管理的发展方向。鉴于我国内地的桥梁管理水平整体上仍比较低，所以我们要走一步看两步，一方面要认识掌握并推荐应用第一种方法，另一方面还要研究关注第二种方法并在条件成熟时选用之。因此，探讨基于状态的维修方法，并将其与基于可靠度的维修方法进行比较，指明它们的优劣异同，澄清一些容易混淆的概念，无疑将有助于提高国内的桥梁管理维修水平。

1.3.1　基本概念[65]

1.3.1.1　维修

由于桥梁总是随着桥龄的增长而在结构性能上发生退化，所以必须依靠维修来保证它在整个服务期内都处于安全状态。维修可以提高可靠度水平，或延缓可靠度的劣化，或降低可靠度劣化率。

维修通常分为两大类：预防维修与重大维修。预防维修是指能够防止由于桥梁的安全状况向更坏方向发展而致使后续维修成本增加的维修工作，也就是能够节约未来成本的维修措施，换言之，若不进行这种维修，那么在后续阶段欲保持桥梁安全将支出更多。预防维修还可以细分为积极预防维修与消极预防维修，前者是指在明显的劣化迹象出现之前实施的预防维修，后者是指在明显的劣化出现之后实施的预防维修。重大维修是指为保持桥梁结构安全所必需的维修工作，若不进行这种维修，桥梁就会处于不安全状态。

桥梁破坏的后果总是极其严重的，因此，桥梁维修决策，即什么时间采取什么预防维修措施，不仅相当重要，而且对决策者的要求也特别高。要得到最佳维修决策，桥梁工程师既需要发挥自己的直觉能力和判断能力，又需要把握国内外现有桥梁维修实践的经验与规律性，还需要掌握能够合理安排与科学规划预防维修的优化管理方法。

1.3.1.2　失效与失效标准

结构工程的失效大致可分为两大类：结构失效与条件失效。结构失效导致倒塌，而条件失效只是意味着超过了某个预先确定的标准水平。条件失效被定义为结构未能满足最基本的功能要求。例如，用最低安全性要求（被称作失效标准，常用目标可靠度指标表达）来防止结构处于不安全状态。结构的失效通常不是源于结构失效而多半是由于条件失效。因此，必须对结构进行监测以便发现条件失效。

由于结构失效的成本极高，所以必须在设计阶段就对失效标准进行优化，至于现存结构的维修，失效标准一般被视为约束条件。在给定失效标准的情况下，桥梁维修工程师可以对预防性维修水平进行优化。成本最低的预防性维修水平能够在预防性维修成本与纠正性维修（在 Fra 的模型里被称为重大维修）成本之间找到最佳平衡点。纠正性维修成本可能包括交通堵塞、绕行、载重量限制和桥梁停用等所造成的损失。

1.3.1.3　检测与预防性维修水平

要对桥梁状况进行评估，离不开检测。国外通常将检测分为如下类型：新桥首次检测、定期检测、深度检测、特殊检测等。譬如：美国桥梁档案数据库 NBI 要求，对于长度大于 6.1m 的桥梁，定期检测周期最长不得超过两年；特殊检测随时可以进行。我国交通部颁发的《公路桥涵养护规范》（2004 年 10 月 1 日实施）将桥梁检查分为三类：经常检查（采用目测方法）、定期检查（间隔不得超过 3 年，包括新桥交付使用一年后的首次全面检查）、特殊检查。

预防性维修取决于两个决策变量：一是检测率（频率和精度），二是预防性维修水平。两者互相影响，高检测率允许低预防性维修水平（最低到接近失效水平），低检测率应该有比失效水平更高的预防性维修水平。下面探讨的定期更新模型能够确定最优的预防性维修水平（近似的成本最优）。

1.3.1.4 贴现率与贴现成本

两种方法都采用了贴现成本的概念。贴现成本等于在有限或无限时间范围内的成本现值或贴现值之和。贴现成本标准可用以在初始投资成本和未来维修成本之间寻求平衡。选定贴现率之后，就可以对不同的投资决策进行比较，通常选取期望贴现成本最小的决策方案。贴现率受经济、社会和政治等因素的影响，一般由政府制订，它可用作比较不同投资决策方案的统一标准。

美国通常采用2%～3%的贴现率，也有的州的贴现率稍高一些，如明尼苏达州是4.5%，英国采用6%，瑞典采用4%，芬兰采用6%，澳大利亚采用7%，荷兰采用4%。

中国的贴现率一般偏高，例如：1998年6月交通部颁发的《公路建设项目经济评价办法》规定采用社会折现率，而根据国家计划委员会、建设部1993年4月发布的《建设项目经济评价方法与参数》，社会折现率为12%。高贴现率支持更短的服务寿命，而低贴现率则鼓励更长的服务寿命。

根据现值计算公式，未来成本离现在越远，它的现值就越小，相应地在方案比较时它的权重就越小。例如，当采用高贴现率时（高于6%），50年后的未来成本的现值还不到其原值的6%。Rij认为，当未来成本的时间跨度超过50年时，可近似地把它视为无限，这样得到的现值跟实际相差不大。

1.3.2 基于状态的桥梁维修方法[65]

1.3.2.1 维修：一种更新过程

通过数学模型对维修进行优化起源于20世纪60年代初，关注维修优化最早的领域是成本昂贵的军工设备维修。这个时期最常用的维修优化模型是（按年）定期更新模型。定期更新策略遵循如下规则：如果维修对象未发生失效，则按照预先确定的时间间隔（被称作定期更新间隔）进行更新；如果发生失效，则立即实施更新。

以这种优化维修为基础，Rij建立了表征贴现成本的定期更新模型。他用无限时间范围的期望贴现成本作标准来比较不同的维修决策方案，从而在预防性维修成本与纠正性维修（在Fra的模型里被称为重大维修）成本之间寻求平衡。

结构的维修可以看作是一种离散的更新过程。这里，“更新”是指“为使组件或构件恢复到其初始状态或足够新的状态所实施的各种措施”。

有限时间区间（0，n）更新期望贴现成本，用$E(K(n,\alpha))$表示，可从以下迭代公式得到：

$$E(K(n,\alpha)) = \sum_{i=1}^{n} \alpha^i p_i [c_i + E(K(n-i,\alpha))] \tag{1-27}$$

公式中，$n=1,2,3,\cdots$，$E(K(0,\alpha))=0$，$\alpha=\dfrac{1}{1+r}$，c_i和p_i分别表示时间i时一次更新的成本和发生概率（$i=1$，2，3，…），r是贴现率。

根据离散更新理论，无限时间区间（0，n］更新期望贴现成本可由下式给出：

$$\lim_{n\to\infty}E(K(n,\alpha))=\frac{\sum_{i=1}^{\infty}\alpha^{i}c_{i}p_{i}}{1-\sum_{i=1}^{\infty}\alpha^{i}p_{i}} \tag{1-28}$$

根据全寿命（成本）理论，要得到成本最优的投资决策，需要在初始投资成本与未来维修成本之间寻求最优平衡。于是，无限时间跨度的总支出就等于初始投资成本 c_0 与式（1-28）所给出的期望贴现未来成本之和，使该和最小的投资方案就是最优决策。

1.3.2.2　伽玛分布的劣化模型

劣化是不确定的。在 Rij 的模型中，劣化被视为随机过程——“伽玛过程”。

当一个随机量 $x>0$，遵循具有形状参数 $v>0$ 和尺度参数 $u>0$ 的伽玛分布时，指的是它的概率密度函数符合下式：

$$Ga(x[v,u])=\frac{u^{v}}{\Gamma(v)}x^{v-1}e^{-ux} \tag{1-29}$$

公式中，$\Gamma(v)=\int_{t=0}^{\infty}t^{v-1}e^{-t}\mathrm{d}t$，为 $v>0$ 的伽玛函数。令 $X(t)$ 为时间 t 时的劣化量，其概率密度函数可由 $\theta>0$ 的下式给出：

$$f_{X(t)}(x)=Ga\left(x\left[\frac{at^{b}}{\theta},\frac{1}{\theta}\right]\right) \tag{1-30}$$

其平均值为 $E(X(t))=at^{b}$，方差为 $Var(X(t))=\theta at^{b}$。参数 θ 体现了该劣化过程（即伽玛过程）的不确定性程度。

组件的失效意味着其劣化量超过了某个水平 y，y 被定义为初始抗力减去失效水平。令达到失效水平时的组件寿命为 T（单位：年），根据这种伽玛分布的劣化模型，其失效的全寿命概率分布可以写成：

$$F(t)=Pr\{t\geqslant T\}=Pr\{X(t)\geqslant y\}=\int_{x=y}^{\infty}f_{X(t)}(x)\mathrm{d}x=\frac{\Gamma\left(\frac{at^{b}}{\theta},\frac{y}{\theta}\right)}{\Gamma\left(\frac{at^{b}}{\theta}\right)} \tag{1-31}$$

其中 $\Gamma(v,x)=\int_{t=x}^{\infty}t^{v-1}e^{-t}\mathrm{d}t$ 是不完整的伽玛函数（$x\geqslant0$，$a>0$）。根据式（1-31），每年的失效概率可立即由下式得到：

$$q_{i}=F(i)-F(i-1) \tag{1-32}$$

式中　$i=1，2，3，\cdots$。

1.3.2.3　定期更新的期望贴现成本

设一次预防性更新的成本为 c_{P}，一次纠正性更新的成本为 c_{F}，并令：

$$Q_{k}=\sum_{i=1}^{k}q_{i}\ \text{和}\ Q_{\alpha k}=\sum_{i=1}^{k}\alpha^{i}q_{i}$$

这里，$0<c_{\mathrm{P}}\leqslant c_{\mathrm{F}}$，则无限时间的定期更新的期望贴现成本是：

$$\lim_{n\to\infty}E(K(n,\alpha))=\frac{Q_{\alpha\mathrm{k}}c_{\mathrm{F}}+\alpha^{\mathrm{k}}(1-Q_{\mathrm{k}})c_{\mathrm{P}}}{1-[Q_{\alpha\mathrm{k}}+\alpha^{\mathrm{k}}(1-Q_{\mathrm{k}})]} \tag{1-33}$$

式中的 k 为定期更新时间间隔；$\alpha=\frac{1}{1+r}$，这里 r 为贴现率。

期望贴现成本最小时的 k^* 就是更新的最佳时间间隔。该更新模型同样可以用来确定结构的最佳初始抗力。有限时间的期望贴现成本可按式（1-27）计算，当时间跨度超过 50 年时，可以近似地把它视为无限，两者结果相差不大。

1.3.2.4 定期更新与寿命延展同时发生时的期望贴现成本

上述更新模型同样适用于任何延长桥梁寿命的维修活动，也就是说也可以用它来对桥梁寿命延展措施的时间间隔进行优化。假设某种寿命延展维修措施每隔 w 年（$w=1, 2, 3, \cdots$）实施一次，其成本为 c_L。于是，在［0，i］时间跨度内，当桥龄为 w，$2w$，$3w$，…，mw 年时［m 等于不超过（$i-1$）/w 的最大整数］，桥梁的寿命被延展，此时的贴现成本为：

$$\alpha^{1w}c_L + \alpha^{2w}c_L + \cdots + \alpha^{mw}c_L = \frac{\alpha^w - \alpha^{(m+1)w}}{1-\alpha^w}c_L = x_{iw}c_L \tag{1-34}$$

因此，从式（1-28）可以得到无限时间情况下既有寿命延展又有定期更新的期望贴现成本：

$$\lim_{n\to\infty}E(K(n,\alpha)) = \frac{\sum_{i=1}^{k}(x_{iw}c_L + \alpha^i c_{F,i})q_i + (x_{kw}c_L + \alpha^k c_{P,k})(1-Q_k)}{1-[Q_{\alpha k} + \alpha^k(1-Q_k)]} \tag{1-35}$$

公式中 $c_{P,k}$ 表示时间间隔为 k 的定期更新的时变预防性更新成本，$c_{F,i}$ 表示时间 i 时的时变纠正性更新成本。这里的失效概率 q_i 取决于寿命延展策略。

该模型能在桥梁设计或使用阶段实施维修优化。在设计阶段，可在初始投资成本和未来维修成本之间寻求最佳平衡；而在使用阶段，可在预防性维修（寿命延展与预防性更新）成本与纠正性维修（纠正性更新与失效）成本之间找到最优平衡点。

1.3.3 两种桥梁维修优化方法的比较[65]

1.3.3.1 名词术语比较

应该注意，即便是对相同的概念，两种方法所用的术语也有可能不同，对此，表 1-5 作了简略比较。

两种桥梁维修方法的术语比较　　表 1-5

基于状态的维修方法	基于可靠度的维修方法	基于状态的维修方法	基于可靠度的维修方法
状态	可靠度指标	纠正性更新	重大维修（更新）
初始条件	初始可靠度	寿命延展	预防维修（寿命延展）
预防性维修水平	未明确给出	初始条件保持期（其间无劣化发生）	劣化开始时间（桥龄）
失效水平	目标可靠度水平	寿命延展的条件改善	预防维修的可靠度改善
更新	更新	条件失效桥龄	重建（修复）桥龄
预防性更新	未明确给出	时间范围	寿命跨度（服务寿命）

在 Fra 的方法里没有明确给出预防性维修和预防性更新的概念，这是因为桥梁管理主

要涉及处理条件失效而不是结构失效，条件失效不会导致严重后果，而且预防性更新从成本角度考虑并不一定是最优的。另外，预防性更新实际上暗含于它的“寿命延展”概念里。

“寿命延展”被定义为“为延长结构或构件寿命而实施的各种活动”。正如钢板涂层的更新可以看作是钢板的寿命延展一样，低层次上的更新活动都可以被视为高层次上的寿命延展。

1.3.3.2　不确定性比较

桥梁维修涉及以下一些不确定性：

（1）初始可靠度表现或初始状态；

（2）劣化开始时间；

（3）无寿命延展措施时的劣化率；

（4）有寿命延展措施时的劣化率；

（5）首次寿命延展时间；

（6）再次寿命延展时间；

（7）寿命延展有效期；

（8）寿命延展对状态或可靠度表现的改善幅度；

（9）维修（预防性更新、纠正性更新、寿命延展）成本；

（10）时间跨度；

（11）贴现率。

Frangopol 的维修方法所建立的模型包含了 8 个随机变量（对应于上述第 1 ~ 8 个不确定性因素），而 Rijkswaterstaat 的模型只包括了第 3 个随机变量，他假定其他不确定因素是确定的，并近似地包含于劣化的不确定性里面。因此，Fra 的方法比 Rij 的更灵活。例如，在 Fra 的模型里，劣化开始时间可以不同于寿命延展措施的效果终止时间。

1.3.3.3　劣化过程比较

两种方法用不同的方式处理劣化过程中的不确定性。在 Fra 的模型（采用可靠度劣化）中，桥梁的劣化被假定跟时间呈线性关系，该线性模型的系数被假设为随机变量；而在 Rij 的模型（运用状态劣化）中，劣化过程被假设是一种具有平均劣化量 at^b 的随机过程（伽玛过程，$a>0$，$b>0$）。

对于劣化程度的体现，两种方法采用的方式也不相同：

Rij 以直观的形象化术语来描述条件的劣化，例如，Pontis 桥梁管理系统中的 107 号组件是涂漆外露钢梁，若无维修措施，它会依次经历以下五种状态：完好（涂漆密实保护功能理想）、涂漆剥落、生锈形成、锈蚀迅速发展、有效面积损失严重。

而 Fra 则用可靠度指标 β 来度量结构表现的劣化，他在文献［6］中指出，一座桥梁在整个服务寿命期内通常可能会依次经历以下可靠度状态：

卓越：　$\beta \geqslant 9.0$；

很好：　$8.0 \leqslant \beta < 9.0$；

好：　$6.0 \leqslant \beta < 8.0$；

一般：　$4.6 \leqslant \beta < 6.0$；

不可接受：　$\beta < 4.6$。

而且，即便是针对同样的组件，在状态劣化与可靠度状态劣化之间也无任何相关性。就是说，状态非常好的构件也有可能突然失效，相反，看起来很糟糕的状态，也可能相当安全。类似地，能够提高可靠度的维修措施未必可以改善状态，反之亦然。

1.3.3.4 差别

两种方法尽管有不少类似的地方，但仍有很大差别：

（1）Frangopol 的多组件、多失败模式、多种不确定性对 Rijkswaterstaat 的单组件、单失败模式、一种不确定性；

（2）从维修策略上看，Fra 的方法是针对类似结构群体，而 Rij 的方法是针对类似（或关键）组件群体；

（3）Fra 的方法基于可靠度，而 Rij 的方法基于状态；

（4）从功能上看，Fra 的模型主要用于评价，而 Rij 的模型则主要用于优化；

（5）从方法上看，一个是基于蒙特卡罗（Monte Carlo）模拟（Fra），而另一个则是分析模型（Rij）。

下面分析它们的特点、优势与劣势：

Rij 提出基于状态维修方法的目的是向维修管理者提供一种用以进行桥梁关键组件维修优化的简单工具，因此，他的模型只集中于一种组件、一种失败模式和一种不确定性。为了便于数学处理，他只考虑了最重要的不确定性——劣化过程中的不确定性。他的维修方法的基础建立在跟寿命延展相结合的基于桥龄的更新策略之上，他采用伽玛（gamma）分布描绘老化（劣化）。这种伽玛分布的劣化与桥龄更新策略相结合，使得期望贴现成本能够以非常清晰的形式表达出来。由于他的模型是分析性的，只要将按年更新的时间间隔与寿命延展的时间间隔结合起来就可以确定最小的期望贴现成本。从根本上讲，Rij 的模型是优化模型。虽然该模型最初开发时是用来寻求类似组件的成本最优维修策略，可它同样适用于确定类似结构的维修策略。

Fra 的方法优于 Rij 的地方在于考虑了更多的组件、更多的失败模式和更多的不确定性，正因为如此，它只能用蒙特卡罗模拟来计算累积期望贴现成本而无法用明确的数学形式表达它。在分析各种寿命延展措施的组合时，Fra 的方法更灵活，譬如，它可以灵活处理寿命延展的首次与再次应用时间、有效期与可靠度改善幅度。他最初开发的方法是评价方法而不是优化方法，后来他又把它扩展成一个优化维修方法，那就是通过重复评价不同的维修策略实现维修优化。

两种方法在概念上的主要差别在于：一个基于可靠度，另一个基于状态。基于可靠度意味着要用可靠度指标来度量桥梁的表现，即：$\beta=-\Phi^{-1}(p)$，这里 p 是失效概率；基于状态意味着要用状态指标来度量桥梁的表现，例如：钢筋的剩余直径或钢板的剩余厚度，整体功能质量等。这里的状态并不一定是指肉眼所能看到的直观状况。当用两种方法研究处理相同组件的劣化问题时，它们的目标水平应该是相同的，也就是说，Fra 的目标可靠度指标（目标水平）与 Rij 的目标状态（失效水平）所体现的失效概率应该是相同的。一旦桥梁的可靠度指标下降到目标水平之下，或者等价地，状态指标落到失效水平之下，那么就应该实施重大维修或纠正性维修。

比较而言，Fra 的方法有很好的近似性，且更加灵活，更易于根据实际数据进行调整，特别是要衡量与体现系统效果。譬如：有关一个桥梁组件的不同失效模式的组合效果，或者在一座桥梁中，各种构件的各种失效模式的组合效果，或者正常使用与承载能力极限状态的综合效果，则只能依靠基于可靠度的劣化模型和维修方法；而 Rij 的则更现实，更易于实行，况且在国外已经有非常成熟的实践经验可资借鉴，因此可以说它是更适合中国桥梁维修管理水平现状的一种桥梁维修方法。

基于可靠度的桥梁管理代表了桥梁管理系统的发展方向。基于可靠度的维修方法的优点在于它直接考虑了可靠度因素；而基于状态的维修方法的优点在于状态可以直接度量或检测，而可靠度则必须根据状态计算。特别是寿命延展措施对可靠度指标的影响往往难以估计。要计算结构的可靠度必须进行概率分析，所以基于可靠度的方法更适合那些具备深厚概率知识的结构工程师们使用；而基于状态的方法则可为那些未掌握太多概率知识的维修管理者运用。

由于两种方法概念上的这些差别使得相应的维修管理决策一般来说并不相同。表 1-6 列出了两种维修方法的主要特点比较。

两种维修方法的比较　　　　**表 1-6**

维修方法	基于状态	基于可靠度
不确定性	劣化	8 个随机变量
劣化	伽玛过程	均匀分布劣化率（适合其他分布）
复杂性	简单	复杂
决策基础	优化	评价
决策变量	寿命延展与预防性更新的均匀时间间隔； 纠正性更新的非均匀时间间隔	寿命延展的均匀与非均匀时间间隔； 重大维修的非均匀时间间隔
系统水平	类似组件群或个体（关键）组件	类似结构群或个体结构
组件数	一个	多于一个
失效模式	一个	多于一个
可能维修行为措施及其成本	寿命延展；预防性更新；纠正性更新	寿命延展；重大维修
实施	根据解析模型	蒙特卡罗模拟
硬件条件	PC 机	工作站
时间范围	有限或无限	有限

1.3.4　小结

本节探讨了基于状态的桥梁维修方法，着重比较了它与基于可靠度的桥梁维修方法的区别以及两种方法的特点、优势与劣势。基于状态的维修方法已经在荷兰得到应用，而基于可靠度的维修方法则代表了未来的发展方向。两种方法虽然有不少类似的地方，但差别仍然很大。前者基于状态并采用解析性模型，后者基于可靠度并使用蒙特卡罗模拟。在为劣化建模方面，前者将劣化视为一种随机过程——伽玛过程，后者把它当成带有随机参数的线性过程。基于状态的桥梁维修方法的优点在于它的简明和易用（由于采用解析模型和用形象化术语描绘状态），而基于可靠度的桥梁维修方法的优势在于，它能够灵活处理复杂的维修措施的组合与变化，能够把握分析对象的系统特征。其实，两种方法可以互相借鉴，譬如：如何用蒙特卡罗模拟来分析确定每一个更新周期的概率特征，如何将期望贴现成本与随机劣化过程的解析公式拓展至多失效模式与多不确定性模型，这些需要作进一步研究[65]。

第2章　桥梁评估

2.1　概述

桥梁评估是进行桥梁维修（包括养护、维修、加固、构件更新、重建等保障发挥桥梁功能的相关活动）决策优化的基础。

任何桥梁结构都会存在一个施工、竣工、使用、老化、破坏的生命过程。在使用过程中，随着材料老化、环境因素的恶化、行车荷载或其他荷载的不断作用，桥梁技术状况不断发生变化。通过评估，正确了解桥梁的现有技术状况，从而正确选择经济、合理的养护、维修、加固方案。

桥梁评估，也称作桥梁结构（状态）评估或桥梁技术状况评估，是指通过测试或计算，获得有关桥梁当前状态的表层信息，然后运用一种或多种桥梁评估理论与评估方法，对桥梁构件或桥梁结构整体的工作状态进行评估，以获得桥梁当前状态的本质信息与综合评定结果。

2.1.1　桥梁评估的内容与过程

2.1.1.1　桥梁评估的内容[66]

一般说来，对既有桥梁的评估大致可以分为两类：一是由专门机构针对某座具体桥梁进行检测和试验，然后通过分析计算确定其承载力或耐久性等，它需要专门的仪器设备；二是由桥梁养护管理部门针对管辖范围内的多座桥梁定期进行病害检查，然后通过一定方法对每座桥梁的缺损状况做出评价，它以目测为主并辅以必要的工具。桥梁结构的评估通常是对桥梁可靠性进行评估，桥梁结构的可靠性包括安全性、适用性和耐久性三个方面，三者相互关联且各有重点。

安全性评估即承载能力评估，在《公路工程结构可靠度设计统一标准》GB/T 50283-1999 中定义为："在正常施工和正常使用时，是否能够承受可能出现的各种作用"以及"在预计的偶然事件发生时及发生后，是否仍能保持必需的整体稳定性"的功能。承载能力评估与结构或构件的极限强度、稳定性能等方面有关，其评估的目的是要弄清楚结构的实际安全储备，以避免桥梁日常使用中发生灾难性的后果。由于这些均与人身安全和财产损失有关，因此承载能力评估是桥梁状态评估十分重要的内容。

适用性评估是指对结构的运营极限状态的评估，在《公路工程结构可靠度设计统一标准》GB/T 50283-1999 中定义为："在正常使用时，是否具有良好的工作性能"。适用性评估与结构和构件在日常荷载作用下的变形、裂缝及振动等有关，主要对桥面平整度、裂缝宽度、主梁挠度等进行分析，从而为结构是否能正常使用提供依据。

耐久性评估主要指通过对材料强度和结构损伤的评估得出结构的疲劳损伤度和剩余寿

命，在《公路工程结构可靠度设计统一标准》GB/T 50283-1999 中定义为："在正常维护下，是否具有足够的耐久性能"，其结果为安全性、适用性评估提供重要信息。桥梁结构的耐久性主要是由桥梁关键构件腐蚀、开裂、老化及疲劳程度所决定的，耐久性评估主要根据材料老化机理对构件或结构做出合理的耐久性评价，涉及的内容有混凝土构件耐久性性能的检测，构件耐久性性能的评定，结构耐久性等级评定及结构剩余寿命的预测等。

2.1.1.2 桥梁评估的过程[66]

桥梁评估大致分为信息收集、分析评价和决策三部分。信息收集是获取、整理能全面描述和记录桥梁基本特征和当前技术状况的信息，提供对桥梁结构进行分析评价和决策的数据支持。需要搜集的信息是：常规或特殊检查所积累的信息、设计施工文件、以往的桥梁维修加固资料、各类试验资料。分析评价是根据所搜集到的信息，选择适当的分析方法，对桥梁结构的工作状态进行综合评价。决策是根据分析评价的结果来决定桥梁的养护、维修、加固改造或替换。桥梁评估通常是一个由浅入深、循序渐进的过程。在开始评估时，通常采用容易收集到的信息，借助简单适用的评估方法，以便获得初评结果。若对初评结果把握不大或需要更精确的分析，则需通过详细的调查收集更多信息或选择更先进、更复杂的分析模型，对结构进行再评估。

2.1.2 桥梁评估的历史发展

2.1.2.1 国外桥梁评估的历史发展[67]

发达国家从20世纪80年代起，桥梁工作的重点已逐步由桥梁建设转向检查评估、养护维修和加固改造等方面，并在理论研究方面取得了累累硕果，关于桥梁状态评估的国际交流活动也非常频繁。1980年英国工程师协会（ISE）发表了《既有结构的评估》；1980年在巴黎和布鲁塞尔、1982年在华盛顿先后召开了关于旧桥问题的国际专题讨论会；1981年由联合国经济合作与发展组织（DECD）主持召开了关于"道路桥梁维修与管理"的会议，会议提出了如何正确评价现有桥梁的实际承载力与安全度的问题以及如何及时发现桥梁的损伤与异常现象，正确评定结构物的损坏程度，从而采用合理的维修加固措施等；1988年在日本大阪召开了"混凝土结构的重新评估"国际会议（International Symposium on Re-Evaluation of Concrete Structures）；1993年在丹麦哥本哈根召开了"结构的剩余能力"讨论会；1990年、1993年、1996年，在英国召开了三次国际性桥梁管理会议，会议分析了现役桥梁影响寿命的问题，讨论了目前桥梁评估的方法和目前发展状况[68]。

1994年，J. de Brito等针对混凝土桥梁开发了桥梁管理专家系统，该系统功能共分为两大模块：检测模块，定期对桥梁现场信息采集，以基于知识的交互式系统作为补充；桥梁管理策略优化模块，共包括三个模块：检测策略、养护和维修。系统中采用了FORM方法对桥梁进行可靠性评估[69]。

1996年，Hitoshi Furta、Jianhong He、Eiichi Watanabe采用遗传算法和神经网络相结合的方法开发了评估桥梁结构损伤的模糊专家系统，该专家系统将神经网络引入遗传算法，能够自动获取新的知识和判断规则[70]。

H. G. Melhem、Senaka Aturaliya利用专家系统工具CLIPS（C Language Integrated Production System）开发了桥梁总体评估程序。提出了采用模糊加权向量方法，由因素比较矩阵得到的权重，采用模糊加法得到相应各评估子集的模糊加权向量，提高了评价结果的稳定性，支持检测者评价结果的分散性，克服了对部分监测者可能不精确检测结果的敏感性[71]。

1997 年，Moriyoshi Kushida、Ayaho Miyamoto、Kazuya Kinoshia 将神经网络和双向联想记忆（BAM）结合起来，建立了混凝土桥梁评级专家系统，并将机器学习引入了该系统[72]。

2003 年，Kei Kawamura、Ayaho Miyamoto 建立了根据表观检测和技术规范评定桥梁等级的专家系统，在神经网络中通过反向传播算法进行模糊推理[73]。

2.1.2.2 国内桥梁评估的历史发展[67]

国内对桥梁状态评估的研究起步相对较晚，但随着相关研究的展开和深入，在桥梁状态评估研究和实践方面做了大量探索，逐步积累了大量的资料和经验。

1996 年，王永平、张宝银、张树人在大量的调查研究基础上，收集整理了专家评估数据，采用多层次模糊评价模型对桥梁状态进行评估，提出用损伤度来度量结构或构件的损伤程度，建立了桥梁评估专家系统的基本体系，并尝试建立了桥梁评估专家系统[74]。

1997 年，李亚东介绍了既有桥梁现状和桥梁评估的发展现状，系统地提出了桥梁评估的基本特点，论述了桥梁评估与设计、管理的关系，对评估规范的主要内容进行了初步探讨，分析了既有桥梁的各种评估方法，讨论了制订桥梁评估规范的若干问题，建议采用结构可靠性理论指导桥梁评估规范的制订[75]。

1998 年，胡雄、吉祥、陈兆能等应用模糊神经网络开发了以斜拉桥为主要研究对象的拉索桥梁安全性与耐久性评估专家系统。该系统能够有效处理数值型和语言描述型变量。利用桥梁监测数据，对桥梁各构件及整体的状况进行评估，及时获得桥梁的损伤程度及运行状态[76]。

2000 年，叶培伦和俞亚南根据混凝土桥梁的结构特点，将影响其综合性能的影响因素层次化并标准化；运用层次分析法建立了混凝土桥梁性能的定量综合评判模型；最后通过实例验证了该评判模型的实用性[77]。

2000 年，兰海，史家钧引入灰色关联分析和变权综合理论，提出用层次分析法建立评价指标体系后，量化并确定评价指标评语和其他层次指标评语的综合方法，并以实例计算分析。结果表明，灰色关联度的概念和变权综合方法可以较好地应用于大型桥梁的状态评估[78]。

2001 年，孙九春，史家钧在应用层次分析法进行综合评估时，为描述客观事物的模糊性和不确定性，对判断矩阵中元素和底层指标评语采用区间数来表示。把集值统计理论拓展到加权集值统计理论，并与重心决策理论相结合，形成了一种新的桥梁状态综合评估方法[79]。

2002 年，郭红仙，任宝双，钱稼茹在对 30 座钢筋混凝土简支桥梁进行现场调查、测试和对 3 根已拆桥面梁进行静力加载试验的基础上，建立了在用钢筋混凝土简支桥梁结构耐久性、安全性和适用性的多层次评估模型和评定方法，并完成了相应的计算机评估系统。对 17 座在用桥梁进行了评估，评估结果与实际损伤情况相符[80]。

2002 年，任宝双、钱稼茹、聂建国等将物元分析理论引入层次分析法，建立了在用钢筋混凝土简支梁桥结构耐久性损伤、安全性和适用性三方面包括子指标层、指标层、项目层和目标层的多层次评估模型。结合专家经验和研究成果，将子指标和指标的评估分级标准量化，为考虑不同损伤程度的子指标和指标对评估结果的不同贡献，采用变权即修正权重进行评估，通过构造关联函数，确定各层次中各元素对各评估等级的关联度，通过逐层次综合评估，得到结构耐久性损伤、安全性和适用性对各评估等级的关联度[81]。

2003年，禹智涛、韩大建研究了既有桥梁可靠性的多级模糊综合评判方法，建立了综合评判的基本框架，并提出了对相关参数修正的方法[82]。

2003年，刘沐宇、袁卫国、任飞用层次分析法建立了较为完整的大跨度钢管混凝土拱桥安全性评价模型以及评价层次体系，并引入模糊理论针对大跨度钢管混凝土拱桥建立了安全性模糊综合评价方法[83]。

2004年，刘沐宇、何祖亮针对传统的层次分析法的缺陷，引入不确定层次分析法，提出了钢管混凝土拱桥安全性评价的指标体系与确定权重的方法。针对常权评价的局限性，在评价中引入了变权原理，探讨了变权原理在评价中的应用。通过实际工程检验，评价结果较好地反映了桥梁的安全性状况，证明了该评价方法的可行性与实用性[84]。

2004年，刘沐宇、袁卫国在深入研究现有桥梁安全性评价方法的基础上，将模糊理论与人工神经网络技术结合起来应用于大跨度钢管混凝土拱桥的安全性评价，建立了一种基于三层神经元的多用途量化模糊神经网络评价模型，通过样本学习训练，获取评价专家的经验知识和直觉思维[85]。

2004年，薛飞宇、郝海霞介绍了径向基函数神经网络和BP神经网络模型的特点，提出了基于神经网络的桥梁结构等级评估方法，讨论了这两种神经网络模型的误差及其收敛速度[86]。

2004年，韩大建、杨炳尧、颜全胜针对现有桥梁评估方法中存在的不足，介绍了一种应用神经网络进行桥梁缺损状况评估的方法，并对几种常见的人工神经网络模型的评估效果进行了比较。利用广东省内1018座桥梁的养护数据，对神经网络进行测试，发现使用神经网络对桥梁进行评估，能够取得比较好的评估效果[87]。

2004年，淡丹辉、孙利民以在线传感器监测信息为基础建立桥梁工作状态空间的表征，结合专家经验建立状态空间的评价体系，并用Mamdani型模糊推理技术建立基于语言量的桥梁工作状态的在线监测机制，从而为桥梁结构健康监测及智能桥梁结构的实现提供一个可行的技术手段。以某刚构桥模型实验为背景，通过整个加载历程中目标点处的同步位移信息来识别整个模型的状态[88]。

2005年，袁海庆、杨燕、范剑锋等在层次分析法的基础上引入模糊分析法，通过专家咨询，将各因素层次化，并且构造模糊一致性判断矩阵，计算出各层因素指标的权重。经过多级模糊运算后，最终得出模糊评估结果[89]。

2005年，钟惠萍、张建仁、张克波等根据模糊神经网络和既有桥梁可靠性的研究特点，引入与所检测的截面裂缝宽度、应变值和相关的评估参数，利用既有钢筋混凝土桥梁养护等级标准给出了构件技术状况等级与可靠指标的对应关系，然后根据模糊神经网络的理论优势，对输入变量（实测数据：裂缝宽度和应变值）进行训练，计算出构件在不同荷载作用下的可靠指标[90]。

2005年，杨则英、曲建波、黄承逵根据钢筋混凝土桥梁的受力特点建立了钢筋混凝土桥梁安全性评价模型，结合层次分析法确定各影响因素的权重，用“加权平均型”模糊综合评定方法评定桥梁的安全性等级[91]。

2006年，钟珞、范剑锋、袁海庆等提出了基于层次分析的承载能力状态评估模型。结合模糊理论和神经网络技术，建立了一套基于监测信息输入的模糊神经网络推理系统框架，并利用模糊规则生成的规则库作为神经网络训练和学习的样本。利用实例验证了采用此智能评估技术进行承载能力状态评估的可行性和实用性[92]。

2.2 桥梁评估方法

准确的桥梁评估离不开适用科学的桥梁评估方法。

桥梁结构状态评估方法研究一直是国内外学术界和工程界的热点问题，不管在理论上还是在实践上都取得了丰硕成果。开发出了许多不同种类的桥梁评估方法，既有已经被广泛应用的传统方法，又有吸收融合当代最新理论最新技术的新方法，例如：

1. 外观调查法[67]

外观调查法是一种由有经验的桥梁技术人员对桥梁进行详细的外观检查，并根据检查结果进行评定的桥梁状态评定方法。这种方法对结构外观调查的详尽程度及技术人员经验的丰富程度有很大的依赖，对结构状态的评价也是定性的，因此评估结果存在较大的人为误差。

2. 现场荷载试验法[67]

桥梁的荷载试验是一种比较直观的评定桥梁承载力的方法，分为静力荷载试验与动力荷载试验两种。静力荷载试验主要是通过在桥梁结构上施加与设计荷载或使用荷载基本相当的外荷载，利用检测仪器测试桥梁结构控制部位或截面在各级荷载作用下的挠度、应力、裂缝、横向分布系数等特征的变化，将测试结果与结构按相应荷载作用下的计算值与有关规范规定值比较，从而评定桥梁结构的承载能力。静力荷载试验的结果直观可靠，比较为广大工程技术人员接受，但由于现场工作量大，需要消耗大量的人力物力财力，并且必须中断交通，只能在特别需要的时候才能使用。

动力荷载试验主要是通过对结构进行脉动或激振测试，测试桥梁结构各控制部位的振动响应，进而分析桥梁的整体工作性能。目前基于桥梁结构振动特性的损伤状态识别的相关研究相当热门，但受限于振动测试手段的相对落后（如设备精度不足与现场干扰大等），通过结构动力特性识别桥梁损伤状态的方法与实际工程应用尚有一定距离。

3. 结构计算评定方法[67]

依据《公路桥梁承载能力检测评定方法》进行旧桥承载能力评定。根据现行桥梁设计规范对桥梁进行建模计算，考虑桥梁构件的表观质量状况，据专家经验给出承载能力验算系数（Z1），用于结构检算分析，验算系数根据损坏程度定性描述而定。在《公路桥梁承载能力检测评定方法》中，对验算系数的取值按桥梁类型划分了大致的范围，但取值比较粗糙，评定结果包含一定的误差。

这种方法以普通的结构分析和现行的设计规范为基础，结合实桥检测的结果进行评估，易被评估者理解和接受，但在对结构失效模式的判断以及在结构非线性的处理上仍存有很大的困难。另外，还有必要对设计准则的调整、安全系数的取值、结构损伤的确定以及分析方法的选择等作进一步的研究。

4. 层次分析法

层次分析法是美国著名运筹学专家 Thomas. L. Satty 于 20 世纪 70 年代中期提出的将半定性、半定量问题转化为定量计算的一种有效决策方法。该方法原理简单，有较严格的数学依据，广泛应用于复杂系统的分析与决策。经过几十年的应用，目前已成为一种较为成熟的决策方法。桥梁评估本身是一种复杂的决策问题，各因素之间相互影响、相互制约，因此层次分析法比较适合用于桥梁评估，在桥梁评估中得到了较为广泛的应用[66]。

层次分析的方法认为影响桥梁结构运营状况的因素非常多，有主有从，相互制约。有些因素的影响虽然小，但是积累达到一定程度的话就会发生质变，从而危及整个结构的使用状况。所以桥梁评估不能单纯地考虑重要构件，而要兼顾考虑次要构件，但是也不能主次不分，使得评估工作的工作量加大且变得繁杂。采用层次分析法，得到各个桥梁构件的重要程度及相互影响的关系，通过多级模糊评判的打分法，有效地简化了量大而繁杂的评估工作，科学、简捷而又实用[67]。

AHP 法的工作步骤和内容大致包括如下几点[93]：

(1) 明确问题；

(2) 划分和选定有关因素；

(3) 建立层次；

(4) 构造各层的判断矩阵；

(5) 检验判断矩阵的一致性并修正判断矩阵。

5. 常规综合评估方法[93]

该方法采用加权算术平均、加权几何平均以及这两种方法的混合评估方法。这种方法简单，应用范围广泛，被认为是一种经典的评估方法。我国的《公路养护技术规范》中的综合评定方法就采用了该常规方法，其综合评定方法的计算公式为：

$$D_r = 100 - \frac{1}{5}\sum_{i=1}^{n} R_i W_i$$

式中 D_r——全桥技术状况评分；

R_i——各构件的评定标度；

W_i——各构件的权重。

此方法的特点是概念清晰、应用简单，主要用于对桥梁运营状态的评估，其广泛的适用性说明该方法具有很强的生命力。但由于采用了固定的权重，很难对事物描述准确，并且规定的权重值可能并不适用于某些特殊的桥梁结构，因此，该综合评估方法的评估结果可靠性不足。

常权综合评估由于其理论简单，思路清晰而受到广泛的运用。但在桥梁状况或其他评估中，往往要考虑到评估的均衡性。为了能够较全面地反映结构的各部分的状况，变权综合原理是一种较为合理的方法，它反映了综合决策中各状态的均衡性。常权综合模式：

$$V_0 = \sum_{j=1}^{m} \omega_j^{(0)} x_j$$

修正为变权模式：

$$V = \sum_{j=1}^{m} \omega_j(x_1, \cdots, x_m, \omega_j^{(0)}, \cdots, \omega_m^{(0)}) x_j$$

式中 V_0，V——评价值；

$\omega_j^{(0)}$——第 j 个指标的权重；

ω_j——变权后的权重；

x_j——第 j 个指标的评估值。

6. 模糊综合评价法

模糊综合评判法（Fuzzy synthetical judgement）以模糊数学为基础，应用模糊关系合成的原理，全面考虑影响桥梁结构性能的因素，通过将一些边界不清、不易定量的因素定量化来对桥梁结构状态进行综合评估。它可以将不确定的各种信息用定量的方法表示出来，再借助于模糊运算得到结构的评判结果矩阵，通过评判结果矩阵，不但可以得出评判对象的评判等级，而且可以得到其隶属于各个等级的具体情况等有用信息，目前在多个领域得到广泛应用。模糊综合评判法把模糊数学与层次分析法结合起来，应用模糊数学进行单因素评价，用层次分析法计算确定各层次因素相对权重，它较好地解决了事物的模糊性和算法的确定性这一矛盾，能很好地反映客观事物的本质，是对桥梁各部件及整体工作状态进行综合评估的一种较理想的方法[93]。

7. 基于可靠度理论的评估方法

结构可靠度理论采用失效概率或可靠指标评价结构的安全水平。该评估法把影响结构可靠性的各种因素均视为随机变量，以大量现场实测资料和试验数据为基础，运用统计数学的方法，寻求各随机变量的统计规律，进而确定结构的失效概率（或可靠度）来度量结构的可靠性[67]。

由于该理论是以概率统计为基础，该理论可以处理荷载和抗力的不定性，尤其是可以处理这些不定性的变化对结构可靠度的影响。因此，它可为桥梁结构评估提供一个合理的理论框架。

可靠度理论常用的方法为一次二阶矩方法和蒙特卡罗数值模拟方法。

应用该理论于桥梁承载能力评估，可分成以下几个步骤[93]：

（1）证实可能的失效模式，这些失效模式可分为构件失效模式和系统失效模式（针对多荷载路径结构而言），取决于桥梁形式和荷载类型。证实的方法可以是失效树分析、模型试验或结构分析。

（2）选择代表各失效模式的分析模型，可采用线弹性分析、非线性分析或极限分析。线弹性分析（如格栅分析）在设计中广泛采用，但在评估中往往给出保守结果。非线性分析（如有限元法）结果可靠，费用较高，可提供全历程响应。极限分析（如屈服线法）基于功能互等原理估计极限荷载，计算简单。

（3）确定荷载和结构抗力的不定性，分别通过荷载模型和抗力模型（分构件水平和系统水平）加以描述。

（4）计算可靠指标或失效概率，采用构件或系统可靠度方法计算。

（5）检算结构安全性，若 $\beta \geqslant \beta_T$，则结构安全。

基于结构可靠度理论直接评估方法主要应用于重要复杂结构的可靠度分析。其面临的主要困难是：

1）难以确定结构的系统失效模式和反映损伤程度的抗力模型；

2）需要结合理论研究和工程实践合理选择 β_T；

3）目前的结构可靠度分析方法多局限于结构随机变量不相关的情形，而实际工程中，有些情况下随机变量往往是相关的，这时就需要考虑随机变量的相关性；

4）目前结构可靠性指标的计算是针对线性极限状态方程或线性化极限状态方程而言的，而大型复杂结构实际上有很多是非线性的，因此还需要解决极限状态方程的非线性项的影响。

8. 灰色综合评估法

灰色系统理论认为人对客观事物的认识具有较大的灰色性，即人们所获取的信息往往是不全面和不确定的，桥梁状态评估搜集的信息往往也具有相同的特性，因此可以借助灰色系统的理论进行综合评价。灰色关联度是灰色系统理论的基础，它反映因素之间的关系强弱，其对象为时间序列，对各序列做出排序。这种方法适用于多目标、多属性的评价，对于有多个属性问题，需要找出可描述这些属性的一组最优数据。由于灰色关联度法能较好地反映客观事物的真实情况，故其在包括桥梁评估在内的众多领域得到了应用[67]。

9. 专家系统评估方法[93]

专家系统评估方法目前主要有以下两种形态：

（1）桥梁评估专家系统

桥梁评估专家系统，就是利用计算机模拟有经验专家的决策机理，对既有桥梁进行综合评估的方法。专家系统评估方法，可以在没有专家或缺少专家的条件下，进行综合评估，同时专家系统评估方法具有辅助专家总结经验、精炼知识、博采众家之长、避免专家个人的局限性的优点。由于桥梁在设计、施工和管理等方面存在不确定性，这使得研究桥梁评估专家系统面临很多困难，真正使用的桥梁评估专家系统很少。日本于1985年开发了主要用于损伤评定的“既有桥梁承载能力评估”专家系统，借助评估专家系统，能在缺乏专家的情况下提供咨询。我国类似这样的系统仍在开发中，进入工程实用阶段尚需时间。但也应该指出，专家系统给出的是连带可信度估计的定性结论，这一结论对评估决策的影响往往是辅助性的。

（2）专家意见调查

专家意见调查（Expert Opinion Surveys）又称特尔斐专家评估法，指直接收集、分析、归纳专家意见，对某一事件的可能结果作出评估的方法。在国外，这一方法已在军事、医学、气象预测、经济、工程等方面应用了多年。在我国，对某些问题也常常采用“专家论证" 的方式加以解决。有文献将这一方法应用于结构失效概率的评估。

结构失效概率的评估方法有两种：一种是对失效记录和试验数据的统计分析；另一种是结构可靠度分析。对形式新颖的、或采用新型材料的、或可靠度高的结构，所能获取的信息十分有限；采用前一种方法来分析失效概率，就会失去统计上的意义。若不了解结构行为或失效模式，或欠缺基本变量的统计分析，或结构分析模型复杂，后一种方法也不适用或费用过高。在上述情况下，可考虑采用专家意见调查的方法。

这一方法的基本流程如下：

1）选择专家。选择若干结构分析、设计、试验方面的专家。

2）情况介绍与讨论。通过会议或书面的形式，进行情况介绍与讨论。情况介绍包括：向专家介绍调查方法及过程、结构可靠性基本理论、被评估结构的特定信息以及其他背景材料。讨论则达到专家们之间充分交换信息和看法的目的。

3）问答。要求专家对组织者拟定的答卷进行书面回答。回答的问题主要是：失效概率及其数字特征，以及对失效概率作出评估的技术依据。

4）综合分析。对所有答卷进行综合分析，即用一系列公式统计处理专家意见并用图表形式表示出来。

5）重复调查。根据综合分析的结果，决定是否需要重复调查过程。若需要，则将调查信息反馈给专家并转向下一轮问答。

6）形成最后文件。

无疑，调查中存在着偏差。这种偏差可分成动机偏差和认识偏差。前者是专家对被调查的事物有抵触，或关心自己的意见是否能被采纳，在提供意见时有意产生的偏差。后者则是在形成意见中无意产生的偏差，来源于过于自信、个人知识的局限以及其他认识上的习惯。减少这些偏差的做法是：以匿名方式进行调查以减少动机偏差，加强情况介绍与讨论减少认识偏差，在综合分析中剔除离散过大的数值。

与专家系统不同的是，这一方法是对某一事件的可能结果直接量化的评估。尽管它在理论上并未得到证实，但实践表明：专家可在缺乏相关资料的情况下，综合任何有关信息，凭借个人的经验积累和判断能力，对所评估事件给出有价值的估计。将此法尝试于桥梁评估或作为评估的辅助手段，似有可能。

应该说，随着人工智能（AI—Artificial Intelligence）技术的不断发展，专家系统是桥梁状态综合评估的理想方法，然而专家系统的开发成本较高，技术难度大，目前在我国还没有得到广泛的研究和应用。

10. 基于模态分析的桥梁状态评估法

模态试验的目的是为了确定结构的频率、阻尼比和振型等。结构的动态特性代表了其固有的本质特性，与荷载和响应有直接关系。有了准确的结构动态特性，就有可能确定结构在已知荷载下的响应，进而对桥梁的服役状态进行评估。采用此模态试验技术，能在桥梁运行状态下获取桥梁的实际动态特性，不需中断交通，是一种较理想的模态分析试验技术。但桥梁结构的运行振动信号分析不同于传统的信号分析，其输入激励不易确定。目前用于工作状态下的频域模态参数识别方法有功率谱峰值法和最小平方曲线拟合法等。这些方法的频率识别一般都是依据结构反应的自功率谱，由自功率谱的峰值位置来确定频率，因此识别精度较低，且只能测定低阶模态参数[94]。

11. 基于遗传算法的桥梁状态评估方法

遗传算法最早于20世纪70年代由美国密执安大学的John Holland教授提出，它是基于自然遗传和自然选择的思想，类似于达尔文“适者生存”理论的寻优方法，主要通过编码、进化、选择、交叉和变异等五种操作来实现。遗传算法的强大寻优功能可以较好地适应可靠性计算与分析的要求，该方法将问题求解表示成“染色体”，进而构成“染色体”群。将其置于问题中，根据适者生存原则，从中选择出适应环境的“染色体”进行复制，即通过选择、交叉、变异操作产生新一代更适应环境的“染色体”群，如此循环往复，使群体中最优个体的适应度和平均适应度不断提高。遗传算法对目标函数不要求连续、可微，尤其适用于处理传统搜索方法难于解决的复杂问题和非线性问题。遗传算法在桥梁状态评估领域应用的主要思路是：其在状态评估领域的应用与在损伤识别领域中的应用相似，作为一种数据处理方法。利用遗传算法在采集的与特性有关的各种数据和表观结构状态的标度之间建立映射关系，进而对桥梁服役状态进行评估[94]。

12. 基于神经网络法的桥梁状态评估方法

神经网络模型是一个智能仿生模型，是由大量神经元互联组成的非线性、大规模、自适应的学习系统。与计算机相比，神经网络具有集体运算能力强、自适应学习能力强、有很强的容错性、能进行联想、综合及具有非线性、非常定性等特点。神经网络模型是对人脑功能的简化、抽象和模拟。通过大量神经元的复杂连接，采用分布方式，处理非形式化信息。在工程应用中常用自底向上的方法，通过学习、组织形成并行神经网络，主要是采用反向传播算法的 BP（Back Propagation）网络。神经网络在结构状态评估领域应用的主要思路是：作为一种数据的后处理方法，在所采集的与结构特性有关的各种数据和表征结构状态的标度之间建立一种非线性的映射关系，从而对桥梁结构的状态进行评估[94]。

13. 模糊神经网络桥梁评估方法

模糊神经网络法采用神经网络的结构和模糊逻辑的推理机制，将神经网络和模糊系统有机结合在一起，有效发挥各自的优势并弥补其不足。采用神经网络的结构和模糊逻辑的推理机制，将神经网络和模糊系统有机地结合在一起，模糊技术和神经网络技术的融合可以有效地发挥各自的优势并弥补各自的不足。神经网络是一类模拟生物神经系统结构、由大量处理单元组成的非线性自适应动态系统，它具有学习能力、记忆能力、计算能力以及智能处理功能，能在不同程度和不同层次上模仿大脑的信息处理机理，具有非线性、非局域性、非定常性和非凸性等特点，其研究成果广泛用于模式识别、自动控制、图像处理、语言识别等领域。模糊技术和神经网络的结合，大大拓宽了神经网络处理信息的范围和能力，可以处理确定的与模糊的信息，同时使模糊系统成为自适应模糊系统。模糊神经网络法虽然可以降低评估过程中的人为因素，能较好地保证评估结果的客观性，但是模糊神经网络的处理类似“黑箱操作”，不能对为什么给出这样或那样的决策做出恰当的解释，因此许多人拒绝使用它。所以在面向具体问题作决策时，让人相信网络决策的可靠性是很困难的。同时，神经网络的学习需要大量的样本，如果积累的资料少，其结果的准确性存在一定的局限[66]。

14. DER&U 桥梁评估方法

DER&U 评估方法是中国台湾昭凌顾问工程公司与南非 CSIR 公司共同研发的桥梁评估法。此方法将构件劣化分为“劣化程度”（Degree）、“劣化范围”（Extend）及该劣化现象对构件的“重要性”（Relevancy）三部分予以评估，并将构件劣化情形分为 1、2、3 及 4 级进行评定等级[66]。DER&U 法只需要记录桥梁劣化构件的 DERU 值，对于完好构件无需记录，因此简捷快速，可节省相当的经费与时间。关于该法的详细情况参见下节。

2.3 DER&U 桥梁状态评估方法

2.3.1 DER&U 评估法[66]

2.3.1.1 DER&U 评估法概念

DER&U 评估法是中国台湾昭凌顾问工程公司与南非 CSIR 公司为中国台湾“交通部国道”高速公路共同研发的桥梁检测评估方法。其内容主要是将桥梁构件的劣化情况分四个因素加以考虑，分别是桥梁构件劣化的严重程度（Degree）、桥梁构件劣化的范围（Extend）及该劣化现象对整体桥梁在结构安全性和服务性的影响（Relevancy）三部分加以评估，再由检查员根据劣化构件是否需要立即进行维修的急迫性（Urgency）作处置对策的评估建议。

进行桥梁目视检测之前，首先必须决定采用何种检测评估方法，此方法将影响未来维修工法与维修时程的决策。过于简单的检测评估方法，将无法提供足够的信息进行维修决策；过于复杂的检测评估方法，将会增加现场检测人员的负担，而且将来进行维修决策较为不易。选择简单适中且具有特色的检测评估方法，对于整个桥梁检测工作的时程、成本或管理有极大的重要性，本节介绍目前中国台湾大多数单位使用的DER&U目视检测评估方法。

2.3.1.2 DER&U评估法的优点

桥梁检测评估方法多种多样，也各具特色。对于不同的桥梁管理系统选用的评估方法是不一样的，如何选用一种合理的检测评估方法是一项重要的工作。

项目级桥梁管理系统，是着重于对重要性高或大跨度的桥梁而开发的具有更详细、更齐全的检测与维护资料的计算机管理信息系统，该系统在实用性上可以界定为当辖区内所有桥梁已完成状况排序及维修优选排序后，需进一步检测评估或维修的桥梁，再作后续的维护管理之用。在该类系统中，每个桥梁都需要一个相应的桥梁管理系统，因每个桥梁都属于大桥或重要性高的桥梁，各自的模型都不一致，因此需要对每个桥梁建立模型，而且模型要求划分细致，检测结果准确可靠，可准确判定其使用状态，以便做出相应的加固或拆除等相应对策。

网络级桥梁管理系统主要针对一个公路网或一个管理单位所管辖的道路网内所有桥梁的检测、维修与决策。着重确定网内桥梁状况排序及维修优选排序，适用于中央管理机关及各桥梁管理机关的上级决策主管部门。因此需要选择评估过程简捷快速、数据存储量少的评估方法。DER&U评估法因为具有以下优点，故可满足网络级桥梁管理系统需求：

（1）可简化检测工作。此法仅需针对具有劣化现象的构件进行评估，对于状况良好的构件，并不需要进行评估，因此可以简化检测工作，并凸显桥梁损坏的重点。

（2）强调缺陷对桥梁整体重要性的影响。此种评估不但针对劣化严重程度与劣化范围进行评估，同时也对缺陷对桥梁整体重要性的影响进行评估，其中包括对桥梁安全性与交通安全的影响。

（3）简化计算机资料的输入。由于仅针对具有缺陷的构件进行评估，因此只需记录具有劣化现象的构件信息，对于其他功能完整的构件，并不需要将该信息输入计算机中，可以减少并简化资料的输入与输出量，检测报告更为精简。由于目前我国桥梁多，必然导致庞大的数据库，可因采用本法而精简数据库的结构与储存量。

（4）针对维修急迫性提出维修时程。对桥梁构件检测后的处理方式与对策有专用表格供检测人员书写维修建议，可以清楚且明确地交代其适合的维修方式，如此可使维修时程有明确的概念，方便管理者进行维修工作的规划。

（5）可以在网内进行桥梁维修排序。可以根据桥梁的状况指标、功能指标、优选指标计算桥梁的整体性优选指标，为桥梁维修排序提供依据。

2.3.1.3　DER&U 评估法的评估准则

在进行目视检测评估时，考虑到检测员检测工作的方便及劣化现象能够充分表达的情况，对于每个参数的表达级数，不宜过多或过少。过多等级的表达，例如十分法，对于劣化现象的评估详细程度有极大的帮助，但往往会造成检测员判定级数的困扰，不同的检测员可能因看法不同，对级数的给定也不尽相同；而过少的级数，例如二分法，对于劣化现象的评估结果，可能产生极大的偏差。

一般认为四分法至六分法可以满足以上叙述的要求，因此下面以分为四个等级的评估为例阐述该法，此时其评估值为 1～4，如果评估值为 0，则有其特别代表的意义：程度为 0 时，表示无此项目；范围为 0 时，表示无法检测；影响性为 0 时，则表示无法判别。其评估准则如表 2-1 所示。

评估准则　　**表 2-1**

类	0	1	2	3	4
程度（D）	无此项目	良好	尚可	差	严重损坏
范围（E）	无法检测	小于 10%	10%～30%	30%～60%	大于 60%
影响性（R）	无法判别	微	小	中	大
急迫性（U）	无此项目	例行维护	3 年内必须维修	1 年内必须维修	紧急处理维修

2.3.1.4　DER&U 法评估的基本流程

DER&U 法评估的基本流程如图 2-1 所示。

1. 明确问题

弄清所要研究问题的范围、目标、要求和所能掌握的原始信息，本节主要研究混凝土桥梁检测评估。

2. 建立桥梁结构的编号系统

建立桥梁结构的编号系统是一项非常重要的任务，以确认桥梁各种不同的构件。如果以前的检测已经设有编号系统，则须采取相同的一套系统。编号系统依据公路里程行进，涵盖桥梁的起点与终点。

编号系统主要将桥梁分成桥台（A）、跨号（S）、桥墩（P）、主梁（G）、横隔梁（D）等部分，编码系统以桥梁里程数较小的一端为起点，面对里程数增加的方向，以 A_1 桥台的左端设定为原点，分别以检测员的右手方向及正前方向定义为编码系统的 X 轴正向与 Y 轴正向。编码的准则如表 2-2 所示。

此编号系统可应用于目视检测记录表格与简图绘制的过程中，可以系统地描述各构件所在位置，以免造成混乱。

编码示例如下：简支 T 梁跨数为 2，每跨主梁数目为 3，主梁间设横隔板数目为 3，则构件编码如表 2-3 所示。

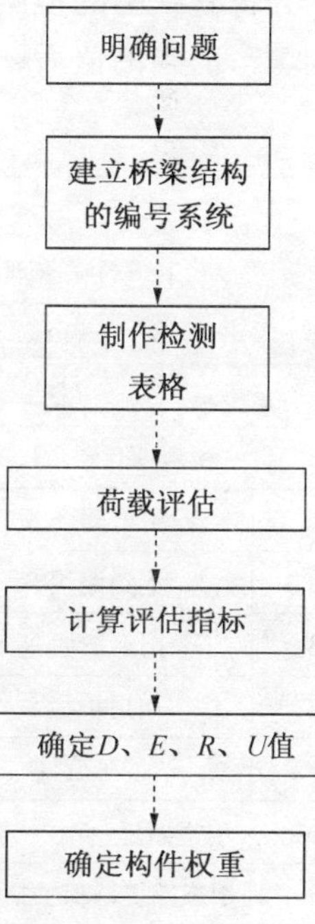

图 2-1　DER&U 法评估的基本流程

编码准则 **表2-2**

已知	跨数：m		主梁数量：n	主梁间的横隔梁数量：q
构件编码	桥台： A_1，A_2	桥墩： P_m	主梁： mG_1，$mG_2\cdots$，mG_n	横隔梁： $mD_{1\text{-}1}$，$mD_{2\text{-}1}\cdots\cdots$，$mD_{q\text{-}1}$； $mD_{1\text{-}2}$，$mD_{2\text{-}2}$，……，$mD_{q\text{-}2}$；……； $mD_{1\text{-}(n-1)}$，$mD_{2\text{-}(n-1)}$，……，$mD_{q\text{-}(n-1)}$

编码示例 **表2-3**

已知	跨数：2		主梁数量：3	主梁间的横隔梁数量：3
构件编码	桥台： A_1，A_2	桥墩： P_1，P_2	主梁： $1G_1$，$1G_2$，$1G_3$； $2G_1$，$2G_2$，$2G_3$	横隔梁： $1D_{1\text{-}1}$，$1D_{2\text{-}1}$，$1D_{3\text{-}1}$；$1D_{1\text{-}2}$，$1D_{2\text{-}2}$，$1D_{3\text{-}2}$；$1D_{1\text{-}3}$，$1D_{2\text{-}3}$，$1D_{3\text{-}3}$；$2D_{1\text{-}1}$，$2D_{2\text{-}1}$，$2D_{3\text{-}1}$；$2D_{1\text{-}2}$，$2D_{2\text{-}2}$，$2D_{3\text{-}2}$；$2D_{1\text{-}3}$，$2D_{2\text{-}3}$，$2D_{3\text{-}3}$

3. 制作检测表格

检测表格的形式如表2-4表2-6所示。该表格具有桥梁编号、名称、检测单位等项目，以记录桥梁的基本资料，另外必须检测的项目共计26项，其中第1项至第17项为一般检测项目，当检测人员到达第一座桥梁时，应先对该桥梁进行一般项目全面性的宏观检视，并将有缺陷的检测项目，依据缺陷的程度、范围及对整体桥梁安全及服务的影响性，分别填写适当的值后，再针对每座桥孔进行第18项至第26项检测项目的检视。

桥梁检测构件劣化表 **表2-4**

B/S桥梁管理系统：劣化表		检测日期：	
		桥梁编号：	
		桥梁名称：	
检测单位：		检测人员：	

检测项目		D	E	R	检测项目		D	E	R
1	引道路堤N				10	桥台N			
2	引道路堤S				11	桥台S			
3	引道护栏N				12	挡土墙N			
4	引道护栏S				13	挡土墙S			
5	河道				14	摩擦层			
6	引道路堤-保护措施N				15	排水设施			
7	引道路堤—保护措施S				16	缘石及人行道			
8	桥台基础N				17	护栏			
9	桥台基础S				18	桥墩保护设施			

续表

B/S 桥梁管理系统：劣化表					检测日期：				
					桥梁编号：				
					桥梁名称：				
检测单位：					检测人员：				
检测项目		*D*	*E*	*R*	检测项目		*D*	*E*	*R*
19	桥墩基础				25	副构件（隔梁）			
20	桥墩墩身				26	桥面板			
21	支承/垫				27	其他			
22	抗震块				说明	评估等级			
23	伸缩缝					N/A	良好	尚可	差	严重破坏
24	主构件（主梁）					0	1	2	3	4

桥墩项目明细表 表 2-5

检测项目	桥墩保护设施 18			桥墩基础 19			桥墩墩身 20			支承 21			抗震块 22			伸缩缝 23		
桥墩	*D*	*E*	*R*	*D*	*E*	*R*	*D*	*E*	*R*	*D*	*E*	*R*	*D*	*E*	*R*	*D*	*E*	*R*
1																		
2																		
3																		
4																		
i																		

桥孔项目明细表 表 2-6

	主构件（主梁）24			副构件（隔梁）25			桥面板 26		
桥孔	*D*	*E*	*R*	*D*	*E*	*R*	*D*	*E*	*R*
S1									
S2									
S5									
S*i*									

4. 荷载评估

根据桥梁的原始资料对桥梁进行影响安全的荷载评估，初步荷载评估主要分为几个大项，分别是基本资料、桥面板、伸缩缝、上部结构、下部结构、限载限速及其他影响荷载安全的异常现象等，共 14 项，所有项目的总分合计为 100 分。

根据得分判定是否为危桥，若为危桥需对其进行检测评估。

5. 确定 D、E、R、U 值

根据构件的判断标准及评估准则，对构件进行 DER&U 评估，给出评估值，D、E、R、U 值的判断方式在第 2.3.2 节中进行详细讨论。

6. 确定构件权重

通过相关资料查询的方法，确定各个构件的权重，构件权重值在第 2.3.3 节中详细讨论。

7. 计算评估指标

根据构件的 D、E、R 值计算构件的状况指标，进而计算桥梁的优选指标，同时，根据桥梁基本资料计算桥梁的功能指标，最后对优选指标和功能指标进行配权相加，得到整体性优选指标，其作为桥梁维修排列的主要依据，评估指标的详细介绍在第 2.3.4 节中论述。

2.3.2　构件的判断标准[66]

桥梁构件的判定首先需清楚地知道每项判断数值评估的方式及其定义，并提供实际照片作对比，供检测者在判断劣化模型上做参考，对于劣化情形可清楚地给出定义，并可迅速地做出判断，节省检测的时间。

2.3.2.1　D 值判断方式

D 值为描述构件劣化的程度，劣化主要与检测构件的材质有关，故分成混凝土及钢结构来描述，采用专家准则的方式评定劣化的判断值，并将其劣化程度利用文字的描述、并辅以图片或示意图作参照，协助检测人员判定检测标准，表 2-7（a）给出了桥面排水设施堵塞的劣化照片及 D 值描述，其他检测项目 D 值参见表 2-7（b）和表 2-7（c）。

桥梁构件劣化类型配合劣化照片及文字说明　　　　**表 2-7（a）**

检测项目	劣化类型	劣化照片	劣化状况描述
桥面排水设施	阻塞		$D=2$ 排水孔部分淤塞，水流受到阻碍，但排水设施仍具有功能
			$D=3$ 排水设施完全堵塞，水流受到严重阻碍
			$D=4$ 排水设施完全失去功能

桥梁构件劣化类型劣化程度及其 D 值　　　　**表 2-7（b）**

劣化现象	劣　化　程　度	D 值
保护层厚度不足	由于保护层厚度不足使得混凝土表面产生轻微的锈斑表示钢筋已经开始锈蚀	2
	沿钢筋的方向在混凝土表面有明显的斑驳，沿钢筋方向有裂缝产生	3
	钢筋的锈蚀现象持续扩散，且造成局部剥落	4

续表

劣化现象	劣化程度	D值
摩擦层表面劣化	坑洞或表面磨损小于直径150mm及深度25mm； 表面材质裂缝宽度大于1mm小于5mm； 由于结合料受冲洗或表面固材的磨光使表面的抗滑能力逐渐消失； 表面材料剥落不超过5mm； 车辙的深度不超过10mm	2
	坑洞或表面磨损介于直径150mm至300mm且深度为25~30mm之间； 表面材质裂缝宽度大于5mm，小于10mm； 由于结合材料受冲洗或表面固材的磨光使表面的抗滑能力已经消失；表面材料剥落大于5mm，小于10mm； 车辙的深度大于10mm，小于20mm	3
	坑洞或表面磨损大于300mm且及深度大于30mm； 表面材质裂缝宽度大于10mm； 由于结合料受冲洗或表面固材的磨光使表面的抗滑能力消失； 表面材料剥落、骨材散离超过10mrn，当粗骨材脱离和沥青结合材料的散失，可能造成过往交通的危险； 车辙的深度大于20mm，雨水累计地中可能造成车辆的水滑现象	4

桥梁构件劣化类型劣化程度及其D值 表2-7（c）

劣化现象	劣化程度	D值
支承劣化	与下一项相同，但程度上较不严重	2
	弹性支承垫超过突出的边缘，没有因为超载而造成的开裂。剪力变形尚在弹性支承垫的设计极限内，支承的边界条件（束制或可移动），因外界环境所改变。由于埋入板周围水泥浆的不足，引起机械支承底部接头板的变位；机械支承活塞阻塞，导致支承无法如设计要求移动或转动	3
	轴向机械支承未对其导致挤压变形，弹性支承发生开裂及腐蚀现象，支承材料变质或支承垫移动	4
伸缩缝劣化	突出部分混凝土剥落、锚定螺栓脱落。接缝处杂物堆积使伸缩缝功能减弱	2
	压力风散失； 锚定螺栓遗失； 埋入接头上方的材料开裂； 弹性材料变质但仍具有水密性	3
	合成的尖端材料开裂； 伸展接头完全被密封； 压力对完全掉入膨胀缺口； 弹性元件开裂； 碎石滑道从尖端分离	4
混凝土表面劣化	由于骨材效应造成混凝土表面产生网状裂缝，由于水分渗透造成桥面板的混凝土表面褪色变质。混凝土表面受污染变色。混凝土的白华表示遭受硫酸的侵蚀。一般混凝土表面变软表示遭到化学药剂的作用	2
	由于碱骨材反应造成严重开裂	3
	以上各项缺陷，但程度上更为严重	4

续表

劣化现象	劣化程度	D值
洪水冲积物	桥墩处有小树枝堆积； 桥面板上有小树枝堆积	2
	桥墩处有大树枝或小树枝堆积； 桥面板上有大树枝或小树枝堆积	3
	桥墩处有大树枝堆积； 桥面板上有大树枝堆积	4

2.3.2.2 *E* 值判断方式

E 值为劣化程度占构件的范围，以百分比表示，构件的大小不同所得的范围也不全相同，在此以概念的叙述，范围大小的差异只能反映出桥梁状况的优劣，并无法以范围大小来判定其受损的程度，因此无法以表格方式提供给检测者作参考，可以透过示例及计算的方式得知 *E* 值大小，表 2-8 给出了桥面排水设施堵塞的劣化范围描述。表中劣化范围百分比为损坏面积或长度除以构件面积或长度。其他检测项目 *E* 值计算也可参考表 2-8 中的劣化范围描述。

桥梁构件劣化类型配合劣化范围及文字说明 **表 2-8**

检测项目	劣化类型	劣化范围描述
桥面排水设施	阻塞	$E=1$ 劣化范围占构件的 10% 以下
		$E=2$ 劣化范围占构件的 10% 以上，30% 以下
		$E=3$ 劣化范围占构件的 30% 以上，60% 以下
		$E=4$ 劣化范围占构件的 60% 以上

2.3.2.3 *R* 值判断方式

R 值为劣化对整体桥梁安全性与服务性的影响，不同构件于不同位置的劣化程度及范围均将产生不同程度的影响。*R* 值的判定需依赖检测人员的工程经验及工程素质来判断，但对于初用 DER 检测系统的检查员可能会造成困惑，因此将构件各种劣化情形的 *R* 值列成表格提供参考。本章对于引路路堤、引道护栏、河道的 *R* 值采用专家问卷的方式，并根据构件的重要性加权计算得出评估值。部分专家问卷内容如表 2-9 所示。

评分方式根据专家所勾选的影响性编码，从 0 到 4，分别给予影响数值，将所有专家对该项劣化状况对桥梁结构安全的分数取平均值，得到该劣化状况对桥梁安全的 R_{safety}；将对桥梁服务性的分数取平均值，得到该劣化状况对桥梁服务性的 $R_{service}$，最后依据管理单位对结构安全及服务性的重视度不同，给予不同的比例加权平均后四舍五入，得到该劣化状况对桥梁的 *R* 值，桥墩及主梁等主要受力构件对结构安全性较为重要，其权重取 0.8，而服务性构件取0.2，此权重值根据管理单位的要求可予以修正。

桥梁构件劣化类型影响性专家问卷　　表2-9

检测项目	劣化类型	对桥梁结构安全之影响					对桥梁结构服务性之影响				
		0	1	2	3	4	0	1	2	3	4
引道路堤	路堤沉陷										
	冲刷或侵蚀										
	路基掏空										
	边坡滑动										
	裂缝										
引道护栏	混凝土裂缝										
	混凝土剥落										
	混凝土蜂窝										
	护栏脱落										
	护栏腐蚀										
	支柱损坏										
	垫块损坏										
河　道	河道深切										
	河道水流改道										
	河床掏空										
	河道淤积										
	堤防冲刷或侵蚀										
	高谭地地形盖面										
	盗采沙石										

举例说明如下：假设三位专家给“引道护栏混凝土裂缝”对结构安全的影响的评分为1、1、1，因此，$R_{safety}=(1+1+1)/3=1$；三位专家给“引道护栏混凝土裂缝”对服务性的影响的评分为0、0、0，因此，$R_{service}=(0+0+0)/3=0$；$R=(R_{safety}\times0.8)+(R_{service}\times0.2)=0.8$，四舍五入取1，汇总于表2-10。

桥梁构件劣化类型影响性计算示例　　表2-10

检测项目	劣化形态	R_{safety}	$R_{service}$	R	四舍五入后 R
引道护栏	混凝土裂缝	1	0	0.8	1

2.3.2.4 *U* 值判断方式

U 值为维修急迫性，决定构件对发现劣化后何时需进行维修，最理想的情况是只要一发现劣化就立即修复，然而在维修预算及人力有限的情况无法达到立即维修的水准，因此由 *U* 值的判断可确定出该劣化状况是否急需维修，在有限资源下要先修 *U* 值较高的构件，故此值必须客观，为避免人为因素造成实际上急需维修的构件无法分配到资源，本章以公式推导出 *U* 值，提供无法以专家判定时的参考依据。

据前所述，*D* 值描述劣化严重性，站在桥梁管理者的立场，劣化越严重的构件应越快做处置；*E* 值为劣化范围，主要与维修数量及经费有关，一般来说若构件需要维修，无论范围多少都一并发包或做一次处理，因此与维修急迫性之关联性较弱；*R* 值牵涉到该劣化对桥梁结构安全及服务性的影响程度，对桥梁安全或服务性影响越大的劣化状况发生时应越快做出处置，以免该劣化影响到用路人安全。

综上所述，*U* 值的判定与 *D* 及 *R* 相关性较大，而与 *E* 值无太大关系，因此可由 *D* 和 *R* 判断出 *U* 值，本法初步选择将 *D* 值与 *R* 值分别乘以权重后相加，公式如下：

$$X = \frac{a}{a+b} \times D + \frac{b}{a+b} \times R \tag{2-1}$$

式中 X——紧迫性指标；

D——劣化程度；

R——劣化对桥梁结构安全及服务性的影响程度；

a——D 值对 U 的影响程度大小；

b——R 值对 U 的影响程度大小。

所得出的 *X* 值越大，表示桥梁维修的迫切性越高，目前系统预设 $a=1$，$b=1$。

由表2-11可看出所有可能的 *X* 值为：

3/2，4/2，5/2，6/2，7/2，8/2，

将3/2 ~8/2划为四等分，另外理论上维修迫切高的情况应较少，故令 $X \leqslant 2$ 时，$U=1$；令 $X \leqslant 3$ 时，$U=2$；令 $X \leqslant 3.5$ 时，$U=3$；而 $X>3.5$ 时，$U=4$。因此 $X=3/2$、$X=4/2$ 时，$U=1$，将 $X=5/2$、$X=6/2$ 划定为 $U=2$，将 $X=7/2$ 划为 $U=3$，而 $X=8/2$，则 $U=4$，*X* 值分布与 *U* 值对应关系如表2-12所示。

紧迫性指标 *X* 计算 表2-11

		D			
		2	3	4	
R	1	3/2	4/2	5/2	$a=1$
	2	4/2	5/2	6/2	$b=2$
	3	5/2	6/2	7/2	
	4	6/2	7/2	8/2	

***X* 值分布与 *U* 值对应关系** 表2-12

X	$X \leqslant 2.0$	$2 < X \leqslant 3$	$3 < X \leqslant 3.5$	$X \geqslant 3.5$
U	1	2	3	4

2.3.3 桥梁构件重要性权重[66]

不同构件对于桥梁的重要性有所不同，故在计算桥梁的状况指标时，管理系统应对不同构件给予不同的权重。中国台湾高速公路局经过集合该局内有关桥梁检测人员研讨结果，拟定桥梁各构件重要性的权重如表2-13所示。

各构件对桥梁重要性权重　　表2-13

构　　件	权　重	构　　件	权　重
桥墩保护设施	6	引道护栏	2
桥墩基础	8	河道	4
桥墩墩身	7	河道路堤保护设施	3
支座	5	桥台基础	7
抗震块	5	桥台	6
伸缩缝	6	侧墙	5
主构件（主梁）	8	铺装层	3
次构件（隔梁）	6	排水设施	4
桥面板或铰接板	7	缘石及人行道	2
引道路堤	3	护栏	3

2.3.4 综合评估[66]

桥梁综合评估是确定桥梁状态的主要部分，分为三个方面，分别是桥梁安全评估、桥梁功能评估、结构满足性评估。

2.3.4.1 桥梁安全评估

桥梁安全评估是判别桥梁是否处于危险状态、何时进行检测的主要依据，安全评估的项目分别为桥面板、伸缩缝、上部结构、下部结构、限载限速及其他影响荷载安全的异常现象等，共14项，所有项目的总分合计为100，采用表格方式进行说明，如表2-14所示。评定标准分三个等级：

桥梁安全评估表　　表2-14

桥梁名称			桥梁编号	
项　　目	权重	评　估　内　容	危险度评分	
设计荷载	6	汽车—10级（1.0）；汽车—20级（0.5）； 汽车—超20级（0）		
重车每日流量	10	2000辆以上（1.0）；1000~2000辆（0.5）； 0-1000（0）		

续表

桥梁名称			桥梁编号
项目	权重	评估内容	危险度评分
结构形式	6	简支（1.0）；非简支（0.5）	
桥面铺装层表面平整度	4	严重不平整(1.0)；略不平整(0.5)；平整(0)	
桥面铺装层厚度	10	$(h_\varepsilon - h_0)/[0.5(h_0 + h_P)] \leqslant 1.0$； $h_\varepsilon - h_0 \geqslant 0$ 其中：h_0 为铺装层设计厚度，h_ε 为铺装层实际厚度，h_P 为桥面板设计厚度，计算值越接近1.0越不安全	
混凝土桥面板	12	严重裂损（1.0）：裂损（0.5）； 微裂损（0.25）；无裂损（0）	
伸缩缝构造现状及功能	6	劣（1.0）；尚可（0.5）；良好（0）	
主梁	12	严重裂损（1.0）；裂损（0.5）； 微裂损（0.25）；无裂损（0）	
横隔梁数	4	$[L/(N+1)-6]/12 \leqslant 1.0$ 其中：L 为跨度，N 为中隔梁数目； 计算值越接近1.0越不安全	
横隔梁功能	4	劣（1.0）；尚可（0.5）；良好（0）	
主梁支承现状	6	劣（1.0）；尚可（0.5）；良好（0）	
盖梁桥墩墩台基础	6	严重裂损（1.0）；裂损（0.5）； 微裂损（0.25）；无裂损（0）	
限载及限速	4	两者皆无（1.0）；有其中一种（0.5）； 两者皆有（0）	
其他影响荷载安全的异常现象	10	附挂管线、改建、加建及河川冲刷等	
总计	100		
评估者		评估日期	

（1）危险度评分大于60分，安全有疑虑，应该立即进行详细检测及评估。

（2）危险度评分于30～60分之间的，安全略有疑虑，近期应进行详细的检测及评估。

（3）危险度评分小于等于30分，安全无疑虑，但须继续进行例行性检测维护。

现举例说明桥梁安全评估：假设简支T梁跨度为32m，设计荷载为汽—超20，限速80km/h，重车每日流量为1000～2000辆，桥面铺装层表面严重不平整，铺装层实际厚度为0.25m，设计厚度为0.2m，桥面板设计厚度为0.1m，混凝土桥面板出现微裂缝，伸缩缝构造现状良好，主梁出现微裂损，横隔梁数目为4，横隔梁功能尚可，主梁支承良好，盖梁桥墩墩台基础良好，危险度得分为25.363，据评定标准第三条，此桥只需继续进行例行性检测维护。计算过程汇总于表2-15。

桥梁安全评估计算示例　　表 2-15

桥梁名称	某简支桥梁		桥梁编号	
项目	权重	评估内容	危险度评分	
设计荷载	6	汽车—超20级（0）	$6\times0=0$	
重车每日流量	10	1000~2000辆（0.5）	$10\times0.5=5$	
结构形式	6	简支（1.0）	$6\times1=6$	
桥面铺装层表面平整度	4	严重不平整（1.0）	$4\times1=4$	
桥面铺装层厚度	10	$(h_\varepsilon-h_0)/[0.5(h_0+h_P)]\leqslant1.0$；$h_\varepsilon-h_0\geqslant0$ 其中：h_0 为铺装层设计厚度，h_ε 为铺装层实际厚度，h_P 为桥面板设计厚度，计算值越接近1.0越不安全	$\frac{0.25-0.2}{(0.2+0.1)\times0.5}=0.33$	
混凝土桥面板	12	微裂损（0.25）	$12\times0.25=3$	
伸缩缝构造现状及功能	6	良好（0）	$6\times0=0$	
主梁	12	微裂损（0.25）	$12\times0.25=3$	
横隔梁数	4	$[L/(N+1)-6]/12\leqslant1.0$ 其中：L 为跨度，N 为中隔梁数目；计算值越接近1.0越不安全	$\frac{32/5-6}{12}=0.033$	
横隔梁功能	4	尚可（0.5）	$4\times0.5=2$	
主梁支承现状	6	良好（0）	$6\times0=0$	
盖梁桥墩墩台基础	6	无裂损（0）	$6\times0=0$	
限载及限速	4	有其中一种（0.5）	$4\times0.5=2$	
其他影响荷载安全的异常现象	10	附挂管线、改建、加建及河川冲刷等	5	
总计	100		25.363	
评估者		评估日期		

2.3.4.2 桥梁功能评估

功能评估是判断桥梁重要性的主要依据，以“功能降低性”来表示。“功能降低性”的考查项目有结构等级、桥梁承载能力、绕道距离三项。

1. 结构等级

依桥梁对该桥附近居民交通的重要性，分为三级，并分别为1~4分，5~8分，及9~12分，定义如下：

（1）第一级：若该桥梁为当地居民不可或缺的交通要道，或该桥发生损坏时，将造成严重的灾难，评1~4分；

（2）第二级：若该桥梁对当地居民为不可忽视的交通要道，或该桥发生损坏时，将造成生命损失，评5~8分；

（3）第三级：若该桥梁发生损坏时，不致造成毁坏性的后果，或该桥可容许一段时间丧失其服务性，评9~12分。

2. 桥梁承载能力

以桥梁的“平均每日交通量”与“桥梁净宽”的比值来表示。并以比值200为界，比值>200时评分为0分；比值≤200时评分为2分。

3. 绕道距离

绕道距离指该桥梁损坏时，该桥两端的交通需绕道的距离。绕道距离越远，表示该桥越重要。绕道距离以20km为界，绕道距离>20km，评分为0分，绕道距离≤20km，评分为1分。

4. 功能指针

表示桥梁功能重要性的，功能指针值越低，表示该桥功能越重要，也即有损坏时，应立即维修；反之，功能指针值越高，表示该桥功能越不重要，可较缓维修。

功能指针计算公式：

$$FI=\frac{100\times(CS+BC+DL-1)}{12-1} \tag{2-2}$$

式中 FI——功能指针；

CS——结构等级；

BC——桥梁承载能力；

DL——绕道距离。

2.3.4.3 桥梁结构满足性评估

结构满足性是以结构评估值表示一座桥梁现况尚拥有其原来结构功能的情形。为量化计，这里使用状况指标来表示。

1. 状况指标的定义

利用状态残余价值评价的观念，假设状况良好，评分满分时为100，有劣化状况时，先计算该劣化的评分，再以100减劣化的评分后所得的余数，称为状况指标。

2. 构件状况指标

构件状况指标是以构件劣化的检测评估值（D、E、R）计算劣化评分，再以100减去劣化评分后所得的余数，即为构件状况指标。构件状况指标计算见式（2-3）和式（2-4）。

$$IC_{ij}=100-(100\times(D+E)\times Ra)/((4+4)\times 4a) \tag{2-3}$$

$$IC_i=\frac{\sum_{j=1}^{n}IC_{ij}}{n} \tag{2-4}$$

式中 IC_{ij}——单个构件的检测评估值；

IC_i——构件类的检测评估平均值；

a——取2；

n——构件数目；

i——构件类的编号；

j——单个构件在构件类中的编号。

3. 桥梁状况指标

桥梁状况指标是对构件状况指标的加权综合计算。不同构件类对于桥梁的重要性有所不同，故计算桥梁的状况指标时，管理系统应对不同构件类给予不同的权重，计算公式见式（2-5）。

$$CI = \frac{\sum_{i=1}^{20} IC_i \times W_i}{\sum_{i=1}^{20} W_i} \tag{2-5}$$

式中 CI——桥梁状况指标；

IC_i——构件类的检测评估平均值；

W_i——构件重要性权重。

2.3.4.4 桥梁综合评估指标计算

1. 优选指标

该法用优选指标表示桥梁结构劣化的状况，以构件劣化检测（D、E、R）值及构件对桥梁重要性的权重乘积计算，但仅计算影响结构安全的构件，不计影响交通安全的构件，计算值为“优选指标”。以一座桥梁检测结果的最差构件的 IC_{ij} 值，当作该检测构件类的 IC_i 值，也即如有一处桥面板已严重破损，则该桥的桥面板视为严重破损，并根据最差构件的 IC_{ij} 值的大小，分三种情况计算某一项构件类的 IC_i，再经加权计算而得优选指标。

优选指标计算如下：

（1）先找出各检测构件项目中构件 IC_i 的最小值，即 IC_{ij}（min）。

（2）每项检测项目构件的 IC_i 值计算方式如下：

1）若 IC_{ij}（min）值小于 50，则将小于 50 的 IC_{ij} 值计算平均；

2）若 IC_{ij}（min）值介于 50 ~ 75 之间，则将此范围的 IC_{ij} 值计算平均；

3）若 IC_{ij}（min）值介于 75 ~ 100 之间，则将此范围的 IC_{ij} 值计算平均。

（3）将桥梁检测项目中影响结构安全项目的 IC_i 值，经过加权计算可以得到优选指标，见式（2-6）。

$$PI = \frac{\sum_{i=1}^{20} *(IC_i \times W_i)}{\sum_{i=1}^{20} W_i} \tag{2-6}$$

式中 PI——优选指标；

IC_i——结构构件状况指标；

W_i——结构构件重要性权重；

i——检测构件类的编号；

*——影响结构安全的构件。

2. 功能指标

功能指标是表示桥梁功能重要性的，功能指针值越低，表示该桥功能越重要，也即有损坏时，应立即维修；反之，功能指针值越高，表示该桥功能越不重要，可较缓维修。计算过程见式（2-2）。

3. 整体性优选指标

桥梁整体性优选指标是考虑结构满足性计算优选指标，考虑功能降低性计算功能指标，并综合考虑优选指标及功能指标，而得整体性优选指标。其计算流程如图2-2所示。整体性优选指标计算公式如下：

$$OPI=(W_p\times PI)+(W_F\times FI) \tag{2-7}$$

式中 $W_p+W_F=1$；

OPI——整体性优选指标；

PI——优选指标；

W_p——优选指标权重；

W_F——功能指标权重；

FI——功能指标。

这里主要考虑结构满足性，故取优选指标权重 W_p 为0.8，而功能指标权重 W_F 为0.2，此权重值根据管理单位的要求可予以修正。

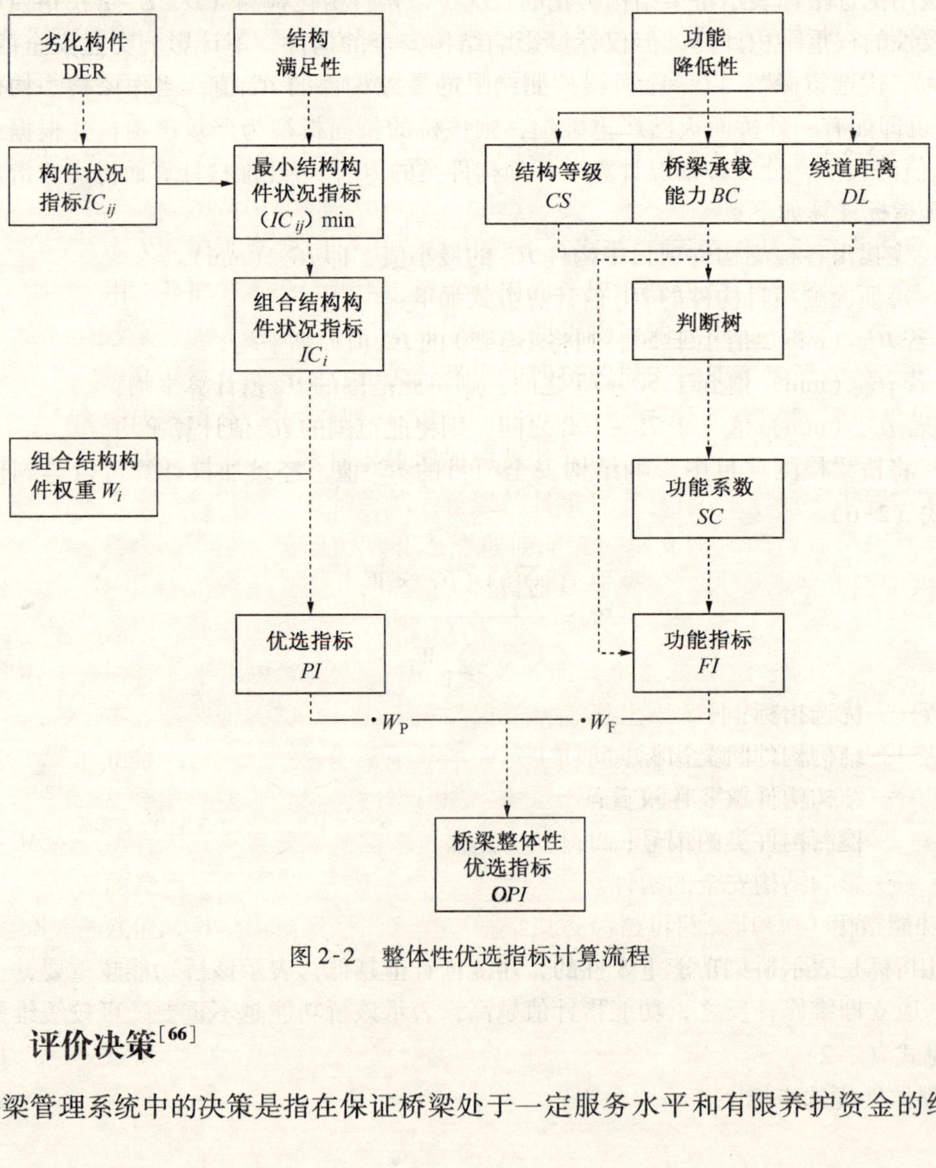

图2-2 整体性优选指标计算流程

2.3.5 评价决策[66]

桥梁管理系统中的决策是指在保证桥梁处于一定服务水平和有限养护资金的约束下，

确定最佳养护对策和实施时间的过程。桥梁管理系统的决策分为网络级决策和项目级决策。

网络级决策针对整个桥梁网。决策过程是根据桥梁主管部门的相关政策和预算方案，制定网内的管理政策和管理目标；通过分析各桥梁的状况及维修计划，对其进行优选排序：制定投资预算的优先分配方案；选择养护维修措施的经济有效对策，以达到合理分配和使用有限养护资金，使网内的桥梁处于良好的服务水平。

项目级决策是网络级决策的基础和结果。项目级管理系统在对桥梁检查的基础上，产生养护需求，并向网络级管理系统提供养护计划，由网络级管理系统决策。同时，要根据网络级管理系统的管理目标、资金分配计划和养护维修计划，制定项目内具体的管理办法、资金使用计划和养护维修方案。在决策过程中，对一个或多个桥梁项目在评定、优先排序、费用分析和对策分析的基础上，确定进行维修养护的工程项目。

无论是网络级管理系统还是项目级管理系统，为了使做出的养护对策具有科学性和可行性，在决策过程中经常采用的方法有：经济分析法、排序法和优化法。

经济分析法是指全面考虑桥梁寿命周期内的所有主要费用，将桥梁各个时期内发生的费用以现值表示，通过分析、比较各方案的合理性，做出决策。这种方法在分析过程中，不仅考虑桥梁建设的初期建设费，同时还考虑整个分析期内的养护费、改建费以及产生的经济效益等。所以由此做出的决策是以可靠的经济分析为基础，使各项资源得到最有效的利用。

项目排序和方案优化是通过对可能的项目或项目的各个对策方案进行分析、比较，按某种指标（例如使用功能指标、经济分析参数、总费用、效益等）进行判断，确定各项目或方案的优先排序。

排序模型通常是在初步确定维修改建时间和对策的情况下，根据预算的约束和优先次序的要求，决策某一时间段内的项目规划。优化方法是在决策时同时考虑网内各个项目的对策方案和采取措施的时间，以确定在规划期限内可使整个桥梁网得到最大效益的最佳对策方案。排序方法简单易行，灵活方便。

对网络级桥梁管理系统，在资金有限的条件下考虑各个项目的轻重缓急程度，优先安排对交通运输影响大、急需解决的项目，以达到合理地分配和使用有限资金，保证桥梁网处在规定地服务水平上，使养护维修资金发挥最佳的经济和社会效益。

针对网络级桥梁管理系统和 DER&U 评估法的特点，这里采用排序法进行决策。

排序方法模型是在安排好桥梁网内的改建时间和改建对策，考虑预算的约束和优先次序的基础上，决策规划期内的项目规划。如果改建时间是以桥梁的技术状况指标下降到一定的水平作为判断标准，则改建时间可与改建对策分开考虑，这时采用的方法是按桥梁的技术参数进行各项目的排序；若不以时间为标准，而以各项目的经济分析参数为标准排序，这时，改建项目和改建对策是同时确定的。

因此有两种排序方法：按技术参数排序法和按经济分析研究参数排序法。

按桥梁的技术参数排序时，通常是根据决策者的工程经验提出影响桥梁技术参数的几个主要因素，使之定量化，并制定相应的排序规则，由此得出项目的排序结果。

这种排序方法受人为因素影响较大，得到的排序结果并非最佳。但这种方法概念清楚，容易被接受，对管理水平较差的地方更显出它的这种优点。

这里按桥梁技术参数排序方法排序时，将桥梁整体性优选指标、维修费用作为主要影响因素，排序的原则为：

（1）整体性优选指标越低的桥梁最先维修；

（2）整体性优选指标分数相近时，遵循费用最低最先维修。

系统对网内桥梁通过使用功能和结构满足性两个方面进行综合评估，并在数据库中记录下评定结果，根据桥梁整体性优选指标进行桥梁状况排序。然后根据桥梁病害的处治方法数据库对网内的每座病害桥梁进行加固对策确定。并确定桥梁加固维修工程量，进而根据单价费用进行桥梁维修总费用分析：

$$桥梁维修总费用 = 单价费用 \times 维修工程量$$

第3章 桥梁管理系统

3.1 概述

3.1.1 桥梁管理系统的基本概念

桥梁管理系统一般具有桥梁养护维修管理决策优化的功能。桥梁管理系统是关于桥梁基本数据、桥梁检测、状态评估、结构退化预测、维护对策和计划以及经济分析的计算机信息系统，它是桥梁管理的方法和工具。桥梁管理系统综合运用系统分析、运筹学、经济学、工程技术以及计算机技术等多学科知识，从系统的角度综合考虑技术、经济、社会和政治等方面因素，协调桥梁管理各层面的内容，优化利用桥梁可用资源，促使桥梁高效低成本地发挥最大功用。

桥梁管理系统运行的基础是桥梁综合数据库。通过数据处理和系统中的专家知识库，对桥梁的技术状况做出准确评价，提出切实有效的处治措施及其优先选用次序。除了可以安排实施必要的日常养护外，还可以在恰当的时候安排维修加固，使桥梁处于最佳的工作状态。当桥梁使用一定年限后，可以检验桥梁养护投资是否正确，同时预测桥梁的使用年限、优化桥梁养护费用计划，使资金能得到最合理有效的利用，从而达到桥梁管理决策的快速化、自动化和系统化。桥梁管理系统的建立能为桥梁管理部门的决策人提供科学的管理工具和方法，使资源得到最大程度的利用和发挥[95]。

桥梁管理系统可分为网级桥梁管理系统和项目级桥梁管理系统，分别应用于不同的管理层次。

网级桥梁管理系统（见图3-1）是涉及整个桥梁网的、用于制定桥梁网养护政策、确定桥梁网养护需求和养护费用优化分配的宏观分析系统。它通过对整个辖区范围内所有桥梁状况的检查结果进行分析与评定，将桥梁划分成完好、需要检测和需要立即加固维修等几种状态，进行桥梁分级排序，同时根据这种分级排序对这些桥梁的有限的维护资金进行合理配置、重建和养护优先权分析，以使系统整体功用与效益达到最大化[95]。

项目级桥梁管理系统则是以单个桥梁为对象，从技术和经济角度分析养护维修方案的系统。其主要任务是为管理部门对某一具体工程进行技术决策时提供对策并选择费用、效果最佳的方案。它根据网级系统所给定的约束条件，把与计划项目有关的设计、施工、养护和改建活动组织协调在一起进行系统的考虑。它比较不同方案的效益和费用，寻求在分析期内以最小代价获得所需要的效益或服务水平的养护维修策略。它通过对桥梁的检测或试验结果进行理论分析计算，对单个桥梁的结构状况进行评价，对桥梁的未来状态进行预测，并为桥梁的维护加固提供具有科学依据的决策方案[95]。

总之，两种系统具有不同的作用和同样的重要性。对于综合性的桥梁管理系统，应该

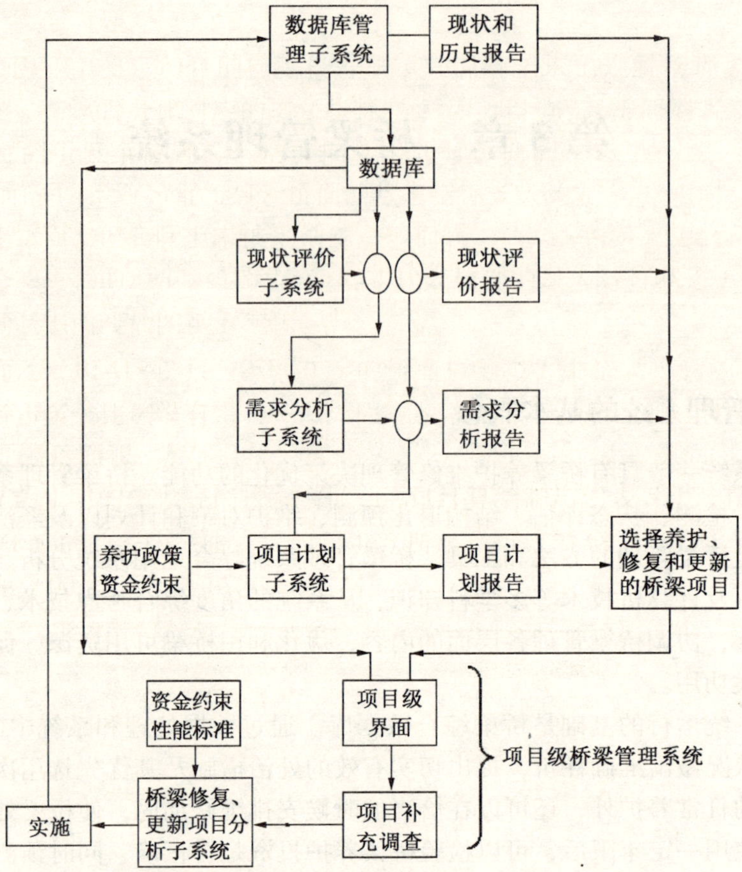

图3-1　网级桥梁管理系统与项目级桥梁管理系统结构与关系[95]

同时包括这两种类型，建立从宏观至微观的管理流程。网级和项目级管理系统相互协调、相互作用，才能最好地发挥桥梁管理系统的作用。

3.1.2　桥梁管理系统的基本功能与构成

一个完整的桥梁管理系统，要达到有效实现协调桥梁各项管理活动、辅助桥梁管理部门正确决策、使桥梁管理过程系统化的目的，一般至少应具备以下三个基本功能模块：数据库模块、仿真分析模块和决策支持模块：

（1）数据库模块　这一部分是整个桥梁管理系统的核心所在。它的主要任务是桥梁信息的存储和管理。数据库模块直接接收桥梁状态监测信息，为仿真分析模块提供初始数据，并直接或间接服务于决策支持模块。

（2）仿真分析模块　仿真分析模块是桥梁或桥梁构件性能退化模型（Deterioration Model）的系统实现。它直接读取数据库模块的相关分析指标的初始数据，利用内部建立的仿真模型进行未来的使用状态预测和维护需求分析，并且为决策分析提供备选方案。

（3）决策支持模块　决策支持模块将直接面对一般用户，为桥梁管理资金的分配和桥梁管理活动的计划决策提供支持。它将在主管部门的整个辖区范围内根据桥梁部分构件的危险程度以及仿真分析得到的维护需求分析结果进行决策分析，统筹分配有限的资源。

一般来说，桥梁管理系统包括桥梁档案库、桥梁状态等级评估、承载力评估、桥梁维护对策分析、退化预测、桥梁维护优化与优先级等主要功能。从其构成上看，一般应包括下列四个基本子系统[95]：

1. 数据采集及数据库管理子系统

这是系统的核心，主要完成整个系统内所有数据库的管理工作，包括数据的编辑、修改、校验等，并进行数据的检索、查询、常用桥梁卡片的打印等功能。其余模块或子系统均以此为基础进行工作，共同完成桥梁管理功能。

主要模块有：

（1）桥梁原始数据库模块：包括桥梁结构设计数据、施工数据等；

（2）桥梁评价数据库模块：包括检查情况数据、技术状况评价等级等；

（3）桥梁维修数据库模块：包括养护维修方案、养护维修记录数据等；

（4）费用分析数据库模块：包括对策方案基价、费用分析数据等。

桥梁管理系统必须建立在大量信息的基础上，以数据作为支撑。数据的质量和数量直接影响系统的正常运行及功能的可靠性，是桥梁管理系统建立的基石。但这并不意味着数据越多越好，相反，数量有限而意义重大的数据比数量多意义较小的数据更有益。

桥梁数据库中应该包含桥梁管理系统所需的各种桥梁相关信息，主要有：桥梁结构设计数据、施工数据、养护改建历史数据、技术状况数据、费用数据、交通环境数据等。桥梁管理系统的所有功能和决策都来源于数据库。

2. 桥梁技术状况评价子系统

依据桥梁技术状况监测系统采集的数据，选择能反映桥梁结构特点、功能特点、服务特点、管理特点的一系列指标，按照一定的标准进行评定，其结果是进行桥梁养护对策分析、需求分析以及项目优化排序的重要依据。

3. 桥梁技术状况预测子系统

预测桥梁在车辆荷载及环境因素作用下技术状况的变化规律及采取某种养护维修措施后，桥梁技术状况随时间或交通变化的规律。这是制定桥梁养护维修中、长期计划及进行寿命周期费用分析的依据。

4. 养护维修计划子系统

分析年度或中长期需要采取多种不同养护措施的桥梁数量或资金需求。它是确定管理目标、制定养护政策、估计费用需求的重要依据，主要包括：

（1）养护维修对策选择模块：依据桥梁技术状况，综合考虑技术、材料、环境、经济等因素，选择技术上先进、经济上合理的对策方案；

（2）费用—效果分析模块：分析处于某种技术状况的桥梁采取某种对策所需的费用及产生的效益（或效果），以便选择费用—效果最佳对策方案；

（3）优先次序排列模块：根据桥梁的不同指标制定排序规则，按此规则对桥梁网内需要养护维修的桥梁排定先后次序。

各个模块一般以它前面的模块为基础建立，才能更优地实施桥梁的养护维修。

桥梁管理系统的基本结构如图 3-2 所示，其运行示意图如图 3-3 所示。

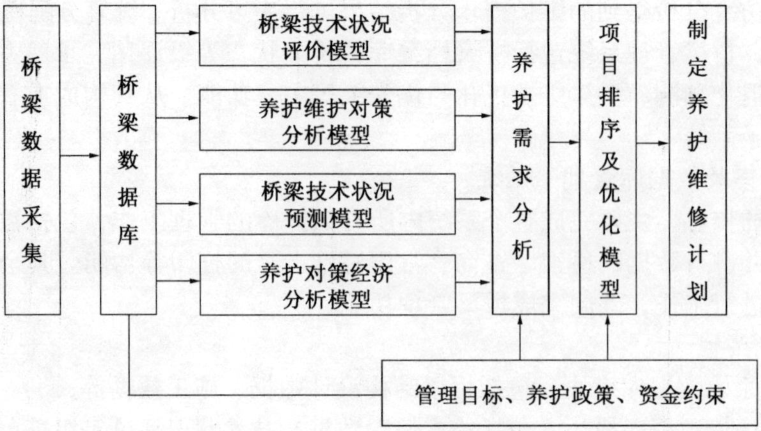

图3-2　桥梁管理系统基本结构

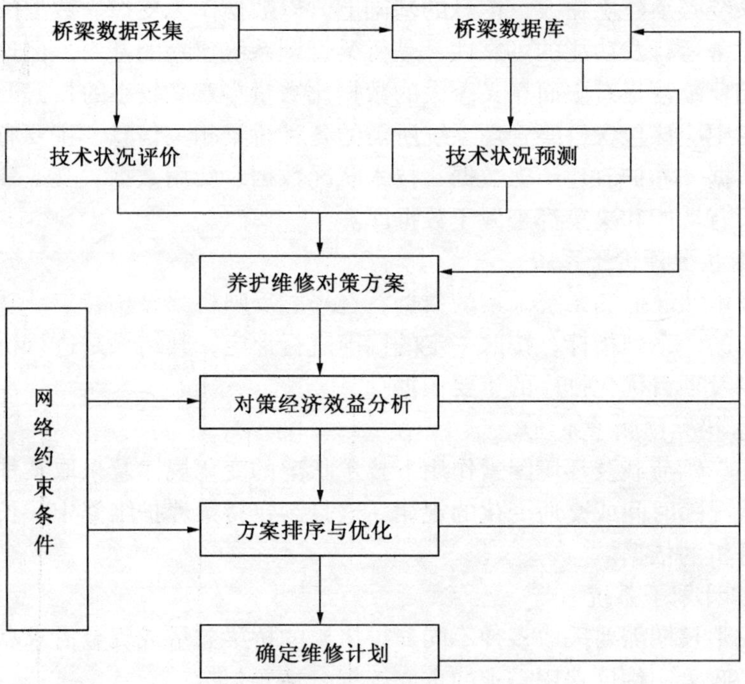

图3-3　桥梁管理系统运行示意图

3.2　国内桥梁管理系统

3.2.1　概述

桥梁管理系统（CBMS）的研究与运用使桥梁管理更加科学化、规范化，最大限度发挥有限的资金、劳力、机械设备、材料和能源的作用，为做好桥梁的养护、维修工作提供了有力的技术支持。

我国关于桥梁管理系统的研发虽然起步较晚，但也有许多学者对桥梁管理方面的有关问题进行了研究，并开发了一些桥梁管理系统软件，例如：

交通运输部公路科学研究所开发的“公路桥梁管理系统（CBMS)”，结合桥梁结构工程、病害机理、检测技术和数据采集技术，运用电子计算机系统所提供的数据处理功能、评价决策方法和管理学理论，对现有桥梁进行状况登记、评价分析、投资决策和状态预测，是一种能够为公路桥梁的养护、维修、评价、决策和投资提供实用管理方法和有效管理手段的综合管理技术与辅助决策工具。

西南交通大学开发的“桥梁工程设计数据库管理系统”，实现了对各种桥梁的设计数据、施工数据及运营养护数据的录入、查询和修改功能。

大连大学和日本山口大学联合开发了钢筋混凝土桥智能决策辅助系统，该系统利用神经网络、模糊评判、遗传算法及免疫遗传算法等最新信息处理技术，开发了包括数据库管理系统、老化评价系统以及根据桥梁老化原因选择维修管理对策的系统等。

我国台湾省于1996年完成有关桥梁管理的系统软件——“高速公路桥梁管理系统”，利用计算机整合处理高速公路路网上所有桥梁的构件状况，并以0至4量化的劣化数据具体描述构件劣化状况及等级，以优选评估的理论模式分析构件维修的优先级，达到提高桥梁管理效率的目的。

3.2.2 中国公路桥梁管理系统 CBMS[95]

3.2.2.1 CBMS3000（WEB）版的总体介绍

中国公路桥梁管理系统 CBMS3000（WEB）版是基于 B/S 架构的 WEB 版公路桥梁管理系统，它与以前所使用的 CBMS 系统的革命性变化体现在：它在网上发布的数据是实时更新的数据，也就是说，上级单位所看到的桥梁数据是管养单位随时更新的数据，系统的升级维护只需在省级服务器网站上进行即可，更好地发挥了网络的功能。即：使用 NET 开发平台，C#开发语言，MS SQL Server 关系数据库开发的基于 B/S 结构（浏览器和服务器）的桥梁管理系统，满足了客户新的需求。同时，该系统依据最新制定的公路桥梁分类体系标准，着眼于利用网络或公路交通专用网络实现桥梁管理系统的功能。

而基于 C/S 架构的桥梁管理系统则不能很好地实现远程维护、升级和共享，也不能对数据库进行及时的更新和维护。

WEB 版桥梁管理系统的具体功能充分参照了目前运用的 C/S 省级桥梁系统的各项功能并作了扩展和优化，具体包括数据资源管理、统计汇总、桥梁评价与决策、费用分析、维护方案优化五大模块。通过各项功能模块，配合灵活的输出功能，可方便地得到所需的管理内容。系统具有统计图表与 EXCEL 动态交互，提供评价决策模型、费用分析模型、桥梁养护报告自动生成等功能。系统结构和界面风格简洁明快，其中省级系统与部级系统的数据交互将设计专用接口，实现无缝链接和交互。工作界面是通过浏览器来实现，主要事务逻辑在服务器端（Server）实现，极少部分事务逻辑在前端（Browser）实现，从而大大简化了客户端的电脑载荷，减轻了系统维护与升级的成本和工作量，就目前情况来说它是一次性到位的开发；能实现不同的人员，从不同的地点，以不同的接入方式（比如 LAN，WAN，Internet/Intranet 等）访问和操作共同的数据库；设置了访问权限等级，能有效地保护数据平台和服务器数据库的安全。B/S架构产品软件系统的改进和升级方式简单，无论规模有多大、有多少分支机构都不会增加任何维护升级的工作量，所有的操作只需要针对服务器进行即可，实现了远程维护、升级和共享；应用了最新的桥梁分类标准和评估体系，由C/S版至B/S版，体系发生变化，增加了邮件服务、新闻发布与浏览、日志管理、远程访问等功能。

3.2.2.2 系统数据库

1. 系统数据库总体结构

CBMS3000系统使用SQL Server 2002网络数据库，提供桥况登记、数据录入管理、查询统计、评价决策、加固对策、资金分配、GIS多媒体管理、维修检查计划和年度报告等综合管理功能，系统设有6个分类数据库、24个库文件、300余项字段，提供了6个子系统、50多个模块、100余项功能。

2. 数据库设计

公路桥梁数据库是公路桥梁管理系统CBMS的重要组成部分，数据库的设计包括数据库的逻辑设计、物理设计和系统安全保密设计三个部分。

（1）数据库逻辑设计

根据使用要求及数据库设计理论，确定整个数据逻辑结构，在SQL Servers V2000网络数据库的环境下，即确定整个数据库由哪些关系模式构成，每个关系模式又由哪些字段及关键字组成。经过对省、地两级现行系统的详细调研和对数据需求分析、筛选、合并，最终确定系统为6个库、24个库文件、300项字段。子模式是根据不同的应用要求而构成的逻辑模型。模式是在各子模式的基础上，经过数据分类、合并而构成的数据存贮逻辑模型，如图3-4所示。

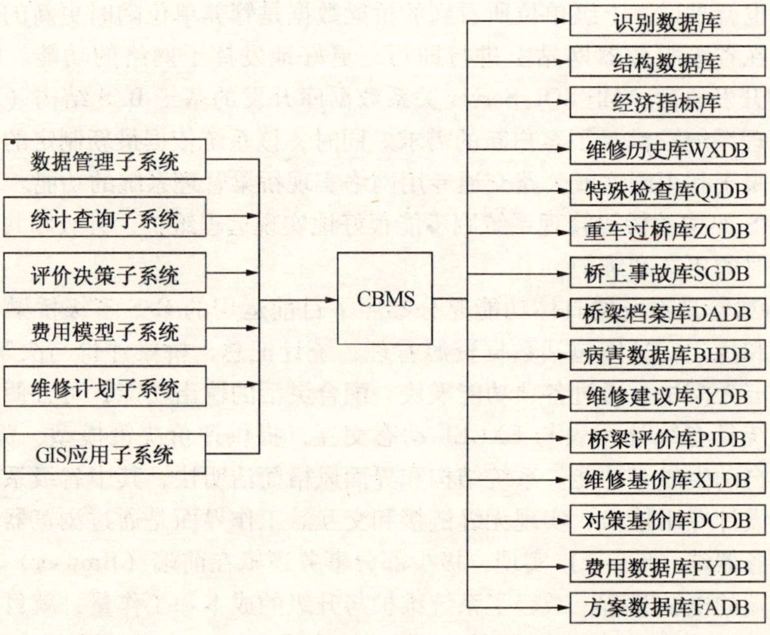

图3-4 系统数据库构成图

（2）数据库物理设计

物理设计指对数据结构中有关数据的存储要求、访问方法、存取物理关系（索引、顺序文件等）及保密处理方式的具体物理确定。桥梁数据库的一个基本特点是采用代码进行信息处理、存储和传输。系统中300项数据的45%为代码字段，其中90%以上的代码为数字型代码，存储量小。省级公路桥梁总记录数设定为30000座，市级公路桥梁总记录数设为3000座，数据存储空间为40Mb，应用程序存储空间为150Mb，图片存储空间为3000Mb，动态图像存储空间为6000Mb，其他编译程序800Mb，共计10Gb。微机硬盘配置20Gb。各库结构关系见表3-1。

数据库关系表 **表3-1**

序号	库文件代码	库文件名	字段个数	记录字节数	关键字	索引文件	最大记录（条）	支持视图
1	JCSBDB	识别数据文件	23	119	桥梁编号	JSBSY	3000	SBV1
2	JCSJDB	结构数据文件	16	160	桥梁编号	JCSJSY	30000	SBV4
3	JCFSDB	经济指标文件	23	137	桥梁编号	JCFSSY	30000	FSV1
4	BHDB	桥梁病害文件	17	55	桥梁编号	BHSY	30000	PXVW
5	WXDB	维修历史文件	20	220	桥梁编号	WXSY	30000	查询
6	QJDB	特殊检查文件	09	136	桥梁编号	QJSY	500	查询
7	ZCDB	重车过桥文件	10	117	桥梁编号	ZCSY	500	查询
8	SGDB	桥上事故文件	09	102	桥梁编号	SGSY	300	查询
9	PJDB	桥梁评价文件	08	33	桥梁编号	PJSY	30000	PJV1
10	JCDB	加固对策文件	06	380	对策号	JCSY	300	查询
11	XLDB	维修费用文件	06	119	修理编号	XLSY	300	查询
12	JYDB	维修建议文件	05	32	桥梁编号	JYSY	50000	查询
13	DADB	技术档案文件	12	505	桥梁编号	DASY	30000	查询
14	DCDB	对策基价文件	21	795	对策号	DCSY	3000	查询
15	FADB	方案数据文件	5	35	桥梁编号	FASY	3000	查询

（3）系统安全设计

SQL Servers V2000数据库管理系统基于网络化数据管理设计，设计中主要是考虑如何有效地管理对系统资源的使用，特别是局域网数据共享下控制对数据的安全存取。系统设系统管理员、业务管理员和社会使用人员三级登记管理，采用名、口令进行分级管理，以保证系统安全。此外，在数据库设计时考虑了局域网服务器共享数据管理，远程实现数据交换，系统与“路况数据库”实现了资源信息库数据共享功能，与“路政管理系统”、“高速公路桥梁系统”、“特大桥管理系统”、“办公信息系统”等统一了数据平台。

同时，还设计了数据备份、恢复功能，目的是在进行系统维护、更新后能够全面、及时地对已采集录入的桥梁数据恢复到新的系统。以确保桥梁数据的安全。备份恢复：打开基本功能菜单栏，点击备份恢复即可进入系统默认备份界面，里面有所有的数据库列表，选择需要备份或恢复的数据库，系统将对选中的数据库备份成文件或恢复到系统中。

3.2.2.3　系统功能模块设计

CBMS3000系统采用结构化模块设计，这样层次分明，通过对子系统的模块设计来达到整个系统的功能设计。整个系统分为：总控制层、子系统层、模块层和功能层，通过串联和并联的方式来设计各层之间的关系，分层调用，多窗口显示，相互关联又相对独立。系统设计了6个子系统、45个模块、100余项功能模块，各子系统功能设置如图3-5所示。

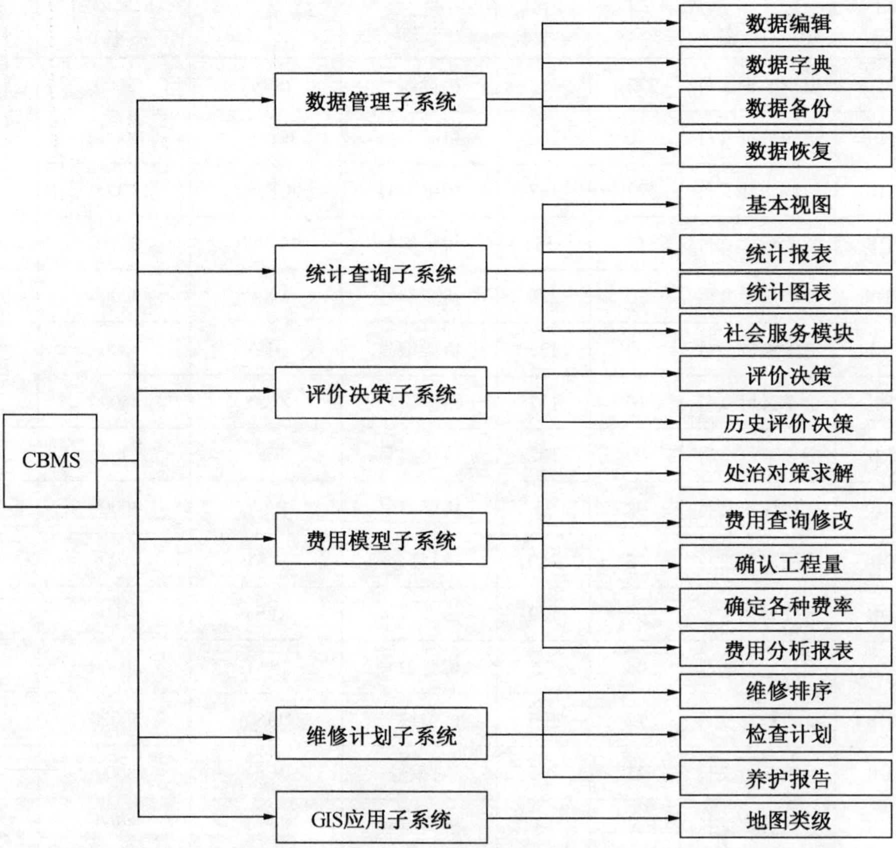

图3-5　系统功能构造图

1. 数据管理子系统

整个系统由六个子系统来支持，而数据管理子系统是系统的基础，是其他系统的运行的前提条件。数据管理子系统主要完成基础数据和检测数据的录入、删除、插入、更新、修改、查询、数据校验、数据备份、传输等功能；同时还辅助提供GIS与编辑区和浏览区的数据同步和定位功能；提供管理、系统参数设置、数据字典维护、多媒体路径修改及系统恢复和省级系统汇总功能。

数据管理主要通过数据编辑、数据字典、数据备份与恢复三项子模块来实现。数据管理主要包括基础数据库、病毒数据库、评价决策数据库、费用分析数据库、历史数据库、涵洞数据和数据字典，其中基础数据库主要有识别数据库、结构数据库、经济指挥库、维修历史库、特殊检查库、重车过桥库、桥上事故库和桥梁档案库，数据字典包括系统字典和用户字典。

具体功能体现如下：

(1) 数据浏览：进入系统的默认页面，可对管理的数据列表，数据项目进行浏览、查看，了解系统管理的数据条目情况。

(2) 数据添加：数据添加、修改编辑区自动添加一张空白表，在相应的数据项目中填入数据。

(3) 数据修改：在数据条目列表区选中要修改的数据条目，在数据添加、修改编辑区进行操作。此操作可用于对上一座桥梁的数据进行复制、粘贴再进行修改来快速录入数据。

(4) 数据删除：在数据条目列表区选中要删除的数据条目，系统可删除相应的数据（系统会进行确认提示，一旦删除，数据是不可再恢复的，除非进行重新录入）。

(5) 字典的应用举例：

数据管理—基础数据库—识别数据库—添加或修改功能—依次填入或选入相应字段，利用字典选择录入“主桥上部结构”的相关内容，在鼠标移动到“主桥上部结构”框内时右侧“操作功能区”会弹出字典，依次序选择材料编码、桥面板位、受力形式、主桥上部类型即可。

选择控制区内的基础数据库时，系统进入基础数据库界面，基础数据库共有识别数据库、结构数据库、经济指标库、维修历史库、特殊检查库、重车过桥库、桥上事故库和桥梁档案库 8 个。基础识别库中桥梁代码应严格按照《编目编码集》、《数据采集指南》进行编码输入，因为桥梁代码是所有数据库查询、计算的关联数据项。并且其余的数据库都是通过字典查该桥梁对应的名称，所以对基础识别数据库桥梁代码要求一定正确无误。该模块中还包括“结构数据库”、“经济指标库”、“桥梁档案库"、“维修历史库”、“特殊检查库”、“桥上事故库”、“重车过桥库” 等。

(6) 病害数据库：当进入病害数据库时，系统可以对病害数据库数据录入与修改。

[部件病害类型]：进行部件病害类型数据的录入、浏览、修改、删除、添加等操作，与识别数据库雷同。

[部件详细信息]：桥梁的具体部件信息的录入界面。选择某座桥梁后进入部件编辑库，进行部件信息的录入。

在录入过程中，有三种输入形式：

[部件状况编辑]：进行病害数据的录入。病害数据录入完成保存后自动生成“维修建议库”。

[经常检查库]：进行经常检查数据的浏览、修改、删除、添加等，与识别数据库相同。

[病害描述库]：进行桥梁养护、清洁、检查日期和下次检查日期数据的浏览、修改、删除、添加，与识别数据库类似。

[梁、拱桥病害库]、[斜拉桥病害库]、[悬索桥病害库]：进行病害数据浏览与备份等。

[评价决策数据库]：技术状况评价库中的数据项目是由评价决策模块中的整理与评价功能根据基础数据库、病害数据库中的数据，对桥梁技术状况进行评价计算并将评价的结果填入其中；安全性、适应性、耐久性评价库中的数据是评价决策模块中的整理与评价功能根据相应的桥梁基础数据库、病害数据库评价计算得出的值，相应将这评价计算结果值填入；其余库中的项目也是通过评价决策将评价结果填入到相应的数据库中的结果。

[费用分析数据库]：包括工料与机械单价库、维修方法基价库、对策方法基价库、施工项目定额库、施工项目估算费用库、概算费用库、估算费用库和方案库。其中前五个数据库是可以根据实际情况进行修改、添加、删除；而[概算费用库]、[估算费用库]和[方案库]是运行费用模型生成的数据。

[数据字典]：数据系统字典是为数据编辑中对应代码进行"翻译"时使用的，它使管理者更方便地对数据进行查询、修改和录入，使公路桥梁相关代码及其汉字寓意一目了然。系统已设置了所有《编目编码集》中的代码及含义，有添加权限的可根据需要对新增的代码及含义可添加至数据字典中。系统字典主要定义桥梁的一些静态和动态数据属性。如桥梁的支座类型、桥墩可能出现的病害类型、桥梁跨越类别等。可以自己添加、修改等。但是值得注意的是，桥梁静态和动态数据属性有一标准问题，当需要添加时，得让上级单位逐级审核，认可后才能统一添加，否则在汇总数据后，系统将自动覆盖原来的数据，以前修改或添加的工作也就徒劳了。

系统字典的编码要非常小心，正如上面所说的，要经过上级部门的同意才能添加或修改。字典中包括以下四项字段：[字典项编码]、[字典标题]、[子项目编码]和[含义]。[字典项编码]、[字典标题]两项内容通常不允许修改或添加。需要修改或添加的只是[子项目编码]和[含义]的内容，如表3-2所示。

系统字典示例 **表3-2**

字典项编码	字典标题	子项目编码	含义	字典项编码	字典标题	子项目编码	含义
8.4	处治方法	c02	增大梁的截面积	1.11	桥类	1	特大桥
8.4	处治方法	d02	增大梁的截面积	1.11	桥类	2	大桥
8.4	处治方法	D097	拱脚拉杆加固法	1.11	桥类	3	中桥
8.4	处治方法	E03	拱脚拉杆加固法	1.11	桥类	4	小桥
7.20	涵底评价	12	剥落深度不足2cm，面积小于3%	1.12.1	设计荷载	00	公路一级
1.10	桥梁性质	1	永久性	1.12.1	设计荷载	01	公路二级
1.10	桥梁性质	2	半永久性	1.13	基价单位	01	M
1.10	桥梁性质	3	临时性	1.13	基价单位	10	条

注：目前公路桥梁所具有的相关代码及对应项已全面录入。

[字典]：字典主要是定义所管养的桥梁的所在地、管养单位等内容。字典共包括以下四项字段：[字典项编码]、[字典标题]、[子项目编码] 和 [含义]。

字典项编码分两类，如表3-3所示。

编码数据表格 **表3-3**

字典项编码	字典标题	子项目编码	含义
1.1	行政区代码	行政区代码（6位）	行政区名称
1.2	管养单位	管养单位代码（13位）	管养单位名称

字典标题的内容为：1.1代表行政区划；1.2代表管理形式码。

（7）行政区代码：录入桥梁所在地区的县级及以上的行政区代码，共六位。

（8）管养单位代码：共由13位组成。管养单位代码的采集录入要严格参照中国公路桥梁管理系统《数据采集指南》中管理形式码进行，其1~2位为单位分类码，可参考《数据采集指南》第6页表；3~8位为行政区划码；9~13位为单位顺序码。

关于子项目编码的编码规则注意如下四点：

（1）管理形式码对应的字典项编码为1.0（只高速公路录入）；

（2）所在地对应的字典项编码为1.1；

（3）管养单位所对应的字典项编码为1.2；

（4）必须将字典项编码与字典标题同时录入正确。

这部分内容应该由在数据采集时进行正确的录入，这样才能确保桥梁与其管养单位相符，并确保桥梁数据添加录入时查出正确的管养单位字典。高级查询是根据用户的需要，进行相应条件的设置，系统灵活组合查询符合相应条件的数据的一项功能。

2. 统计查询子系统

统计查询功能为日常管理中常用功能，实现报表分类处理、统计结果输出和高级查询输出，实现图表输出结果与Excel电子表格嵌套，可直接对图表进行修改。

统计查询子系统主要表现为报表处理模块，包括基本视图、统计报表、社会服务模块三部分。

（1）基本视图

基本视图包括了桥梁信息卡片、单桥事故卡片、单桥维修卡片、桥梁特检卡片、重车过桥卡片、经济指标卡片。桥梁信息卡片如表3-4所示。

桥梁卡片 **表3-4**

序号	识别类		管养单位	宜兴市 公路管理处	弯坡桥	0
1	桥梁编号	G104L0020320282	设计荷载	汽车-20级	交叉特征	
2	桥名	新圩桥	目前荷载	汽车-20级	桥梁总长	24.8
3	路线名	G104	主桥结构	上承，简支	桥跨组合	20
4	路名	京福线	桥墩类型		桥宽组合	0.5+16.0+0.5

续表

序号	识　别　类		管养单位	宜兴市 公路管理处	弯坡桥	0
5	所在地	宜兴市	桥面铺装	沥青混凝土	桥高	
6	桥桩号	1253.72	支座类型	橡胶支座 （板式、盆式）	桥下净空	3
7	路等级	二级公路	桥墩基础		建桥年月	2009-9-1
8	跨越类别	河流（运河、湖泊）	伸缩缝	15		
9	桥性	永久性			技术经济指标	
10	桥类	中桥	结构数据			
11	病害程度		支座病害		桥面铺装	
12	翼墙病害		上部承重件		桥头跳车	
13	护坡病害				伸缩缝病害	
14	墩台桥身		上部一般件		照明标志	
15	基础病害		防护病害		人行道	
16	墩台帽梁		河床病害		栏杆病害	

制表日期：2007年9月3日

其余单桥事故卡片、单桥维修卡片、桥梁特检卡片、重车过桥卡片、经济指标卡片的界面基本相同。

（2）统计报表

统计报表包括了根据不同需要进行的各类报表处理、统计汇总，可根据需要进行统计与处理。

其功能可按单位/路线统计、桥梁构件统计、各类桥梁历史类统计。如需要对某地区的桥梁进行汇总统计（以无锡市为例，对其下辖的七个管养单位所养护的桥梁进行汇总统计），只需以其身份登录系统，进入报表处理—统计报表—按单位/路线统计—桥梁汇总，选择统计所有桥梁（可根据需要选择统计所有桥梁、统计左线桥梁、统计右线桥梁、统计跨线桥梁、统计匝道桥梁），确定后系统自动进行相应处理，生成相应条件的桥梁汇总报表。统计报表分为按单位/路线统计、构件类统计和历史类统计。其中按单位/路线统计有公路桥梁汇总、各地桥梁技术状况、各类桥梁分类统计、各线路桥梁技术状况、各路线桥梁分类统计、危险桥梁统计、按路线统计桥比例、跨越地物桥梁比例、不同结构形式技术、四五类桥梁分布统计和公路桥梁技术状况几部分。

3. 评价与决策子系统

桥梁评价与决策模块是根据桥梁基础数据库和桥梁病害数据库中的数据对桥梁目前的情况进行评分，为桥梁维修养护提供依据。该子系统提供桥梁使用功能评定及加固对策人工智能处理两个模块。桥梁使用功能评定是根据桥梁的结构缺损状况、荷载承重足够性和桥面交通适应性等三方面，考虑交通量等条件变化进行综合评价，通过对桥梁现状评定，以确定桥梁对路网的适应程度，从而为桥梁的维修改造计划制定提供依据。CBMS采用了AHP层次分析和模糊评判两种评定方法，这两种方法均为系统工程中较为有效的方法，其中层次分析法（AHP）的评价结果以分数形式表达（CBMS中采用100分制），模糊评判以模糊数学为理论基础，其结果采用等级制形式表示（CBMS采用0～5等级制）。桥梁状态评价子系统包括评价和历史评价两个子模块。其中，评价决策包括以下七个子功能：权重分设置（构件评分）、构件扣分值、评级分界表、整理及评价、桥梁评价结果表、桥梁部件评分结果表、查看历史数据。

4. 评价决策

评价决策包括构件评分、构件扣分值、评级分界表、整理及评价、桥梁评价结果表、桥梁部件评分结果表，查看历史数据。构件权重部分主要包括桥梁、上承式拱桥、刚架拱桥、桁架拱桥、拱式组合体系、钢管混凝土拱、斜拉桥和悬索桥。

其中构件评分列出了各类型桥梁的部件权重表，可根据实际情况进行查、改、删除以及浏览、添加权重、权重选择，一般情况下，采用通用标准为其权重值，如表3-5所示。

桥梁权重值表 **表3-5**

翼墙 耳墙	椎坡 护坡	桥墩	桥台 拱座	墩台 帽梁	墩台 基础	支座	上部 承构件	上部 一般构件
0.05	0.05	0.20	0.20	0.10	0.25	0.15	0.60	0.25
0.05	0.05	0.20	0.20	0.10	0.25	0.15	0.60	0.25

构件扣分值列出了不同病害等级、技术状况等级情况的扣分值情况，供桥梁评价时针对不现情况进行桥梁对应评分（桥梁完好状态为满分100，用100减去通过评价计算出桥梁的扣分值，得到桥梁的对应评分）。

评级分界表列出了各分类情况下不同分界类的评分值表。

整理及评价功能是根据桥梁基础数据库和病害数据库中的数据，运用前面桥梁评价指标体系和桥梁使用功能评定模型进行计算，并得出桥梁技术状况、桥梁安全性指标评价、桥梁耐久性指标评价、桥梁适应性指标评价、涵洞适应性评价结果，并将这些结果自动填入相应的评价数据库表中（桥梁技术状况评价，将评价计算结果填入数据管理模块中评价决策数据库的技术状况评价库中；安全性、耐久性、适应性评价，将评价计算结果填入数据管理模块中评价决策数据库的安全性、耐久性、适应性评价库中）。桥梁部件评分结果表中，是经过评价、评分的桥梁的各部分的分值。桥梁评价结果表及桥梁部件评分结果表可查询各类桥梁评价结果统计和各类型桥梁部件评分结果统计。查看历史数据是对各类型桥梁评价的历史结果进行回顾查询。每更新一次桥梁的评价结果，其以前的评价情况就存入历史结果中，供追踪其历史评价结果用，提供其历史评价档案。

5. 费用分析模型

费用分析模型模块是基于评价决策中的加固对策模型及费用分析模型的设计原理，根据实际工作中的需求，加强了人机对话功能。提供以下几个功能：

（1）各维修方法、加固方法单价查询；

（2）各种费率的设置；

（3）针对单桥的不同病害、不同方案进行维修加固费用分析；

（4）可对已进行费用分析的桥梁的维修加固费用组成进行查询；

（5）分类统计路网桥梁加固维修费用。

费用分析模型模块包括：处治对策求解、确定各种费率、确定方案及工程量、费用查询修改、费用分析报表等5项。

3.2.2.4　处置对策和费用计算

1. 处治对策求解模块

桥梁使用功能评价结果将作为旧桥加固对策模型的基本依据，系统针对AHP评价结果，适应性评分总分小于等于60分的桥梁自动求解对策方案。对策模型将根据桥梁的结构类型、年龄、地基类型及加固方法库等优选出三个以上对策方案。另外，也可针对认为需要加固的桥梁求解处治对策方案，即可在维修建议库中对于上部承重构件（部件号07）、墩台身（部件号03）、墩台基础（部件号04）三个构件直接选择一种适合的处治方法代码，表示该构件需要进行加固对策求解。求解结果将存入对策求解结果数据库中。

2. 确定各种费率模块

此模块可以设置费率、查询处置方法单价。根据交通部及相关的定额标准，将费率和基价及通用处治方案的单价录入本模块中，为确定维修加固费用提供基本数据。本模块包括［维修方法基价］、［加固对策基价］、［费率修改］三项功能。

（1）［确定各种费率］中［维修方法基价］系统显示各种维修方法的人工费、材料费等费用组成汇总内容，如表3-6所示。

维修方法费用汇总表　　　　**表3-6**

维修方法	维修方法名称	基价单位	人工费（元）	材料费（元）	机械费（元）	直接费（元）
101	浇筑素混凝土	$1m^3$	138.9	222.94	55.64	417.48
101-1	凿除	$1m^3$	93.56	0.66	0	94.22
101-2	浇筑混凝土	$1m^3$	45.34	222.28	55.64	323.28
102	喷射纤维混凝土	$1m^3$	216.43	450.13	264.21	930.77
102-1	凿除	$1m^3$	93.56	0.66	0	94.22
102-2	喷射纤维混凝土	$1m^3$	122.87	449.47	264.21	836.55
103	人工涂抹水泥砂浆	$1m^2$	20.41	6.97	0	27.38
103-1	凿除	$0.02m^3$	18.71	0.13	0	18.84
103-2	擦环氧	$1m^2$	0.42	2.57	0	2.99
103-3	水泥砂浆抹面	$1m^2$	1.28	4.27	0	5.55
104	喷射素混凝土	$1m^3$	216.85	377.7	264.21	858.76
104-1	凿除	$0.02m^3$	93.56	0.66	0	94.22

（2）［确定各种费率］中［加固对策基价］系统显示各种加固对策方法的人工费、材料费等费用组成汇总内容，如表3-7所示。

加固对策费用汇总表 **表3-7**

对策号	对策名称	基价单位	人工费（元）	材料费（元）	机械费（元）	直接费（元）
a01	旋喷注浆法	$1m^3$	1758.99	482.93	22023.57	24285.59
a01-1	钻孔	1m	1717.34	306.17	22004.01	24027.52
a01-2	喷射	$1m^3$	41.65	176.76	19.66	238.07
a02	扩大基础法	$1m^3$	58.92	273.6	18.86	351.38
a02-1	挖基坑	$1m^3$	12.34	0	0	12.34
a02-2	基坑挡土板	$4m^2$	13.26	101.94	0	115.2
a02-3	浆砌块石	$0.25m^3$	6.57	22.2	0	28.77
a02-4	现浇混凝土	$1m^3$	26.75	149.46	18.86	195.07
a03	增补桩基加固	$1m^3$	232.41	1748.29	113.13	2093.83
a03-1	打桩平台	$10m^2$	21.15	226.67	0.03	247.85
a03-2	预制桩钢筋	0.28t	71.32	811.9	16.29	899.51
a03-3	预制桩混凝土	$1m^3$	75.42	267.68	10.36	354.46

（3）［确定各种费率］中［费率修改］系统弹出对话框显示各种费率的默认值（参考值，不能修改），可以根据项目需要添加或修改符合需求的费率，当费率修改完，重新计算对策方法库和维修方法库中的数据。所有关系到费用的都得重新计算。各项费率应根据《公路基本建设工程概算、预算编制办法》规定计算得出。系统内部设置其他直接费率、现场经费综合费率、间接费综合费率组成如表3-8和表3-9所示。

其他直接费 **表3-8**

序号	项目	冬季施工增加费（元）	雨季施工增加费（元）	夜间施工增加费（元）	高原施工增加费（元）	沿海地区增加费（元）	行车干扰增加费（元）	施工辅助费（元）	综合费率（元）
1	构造物Ⅰ	3.67	0.22	0.5	12	0.15	2.58	2.26	21.38

现场经费和间接费 **表3-9**

序号	项目	临时设备费（元）	基本费用（元）	主副食运费补贴（元）	职工探亲路费（元）	职工取暖补贴（元）	工地转移费（元）	综合费率（元）	企业管理费（元）	财务费用（元）	综合费率（元）
1	构造物Ⅰ	5.17	5.95	0.95	0.63	0.66	2.32	15.68	4.57	0.75	5.32

计划利润系指按照国家有关规定的施工企业应取得的计划利润，其费率按7%计算。税金系指按国家税法规定应计入建筑安装工程造价的营业税，其费率为3.41%。系统默认

设置的桥梁日常养护费按20元/m计算。

3. 确定方案及工程量模块

确定方案及工程量模块可以确定加固对策、确认维修建议库中的处治方法及工程量等内容，系统可根据需求对同一座桥梁生成多个维修加固方案，以方便选择最佳的方案。具体介绍如下：

（1）需要加固的桥梁

1）选择分析对象

[费用分析模型] 中 [确定方案及工程量] 功能模块可以选择费用分析的桥梁范围。系统将根据 [处治对策求解] 模块结果，以及在维修建议库中输入的内容，将需要进行维修加固的桥梁分为两类，即需要加固的桥梁和需要维修的桥梁。

2）选择需要加固分析的桥梁

通过加固概算功能模块可以从数据库中检索出需要加固处理的桥梁及其相关信息。

3）确定加固方案

选定需要分析的桥梁之后，可以对需要分析加固的桥梁信息进行修改。通过 [修改] 功能模块来实现，可以对需要分析加固的桥梁信息进行修改。

若有新的需要加固的桥梁部件，则在 [添加数据] 中进行，其步骤如下：

第一步：选择“部件号”后，在 [字典] 中，系统会列出该桥需要加固的构件，选择部件号。系统会自动在 [部件号] 一栏中显示针对该部件的加固对策。

第二步：选择处置方法。在 [处置方法] 一栏中，选择某一对策方案后，选中需要的方法，进行确定。

第三步：输入对策方案相应的工程量。

（2）需要维修的桥梁

可以通过与确定加固桥梁方法一样的步骤来实现。

3.2.2.5　维护方案优化

维护方案优化包括维修方案优化排序、预算费用维修排序、检查计划和养护报告四项功能。其中维修方案优化排序功能包括按单位维修排序和按路线维修排序。排序原则是：将桥梁状况最差的或实施时间最近的排到输出表的最前面。检查计划功能包括定期检查、特殊检查、公路定期检查表、公路桥梁经常性检查表、日常养护任务单。养护报告功能可自动生成各年份的养护报告表。

1. 维修方案优化排序

维修方案优化排序包括单位维修排序和路线维修排序两类。单位维修排序是按不同单位对评价分析后桥梁状况较差需要进行维修的桥梁进行排序，方便各单位对需要进行维修的桥梁进行查询用；路线维修排序是按不同路线对评价分析后桥梁状况较差需要进行维修的桥梁进行排序，方便各单位对各线路需要进行维修的桥梁查询用。

单位维修排序，表示按单位进行维修排序；路线维修排序，表示按登录单位所管的道路编号进行桥梁的维修排序。选择按单位维修排序后，进行“管养单位”选择。

系统会列出管养单位需要维修的桥梁的排序表。数据浏览则对以前运行的维修排序表的副本进行快速查询、浏览。如果运行重新生成，则重新生成维修排序的最新的表。按路线维修排序与按单位维修排序基本雷同，只不过排序的集合是不同的路线而已。

2. 预算费用维修排序

预算费用维修排序包括［按单位预算排序表］和［按路线预算排序表］两类。按单位预算排序表是按不同单位对预算维修费用进行排序，方便各单位对预算费用进行查询；路线预算排序表是按不同路线对预算维修费用进行排序，方便各单位对各线路预算费用进行查询。按单位预算排序表，表示按单位进行预算排序，按路线预算排序，表示按登录单位所管的道路编号进行桥梁的维修预算排序。

以上是我国的桥梁管理系统发展应用情况，总的来看，国内的桥梁管理系统研究与应用仍处于探索阶段。虽然国外已开发出了一些比较成熟的桥梁管理系统，像 Pontis 系统，而且已经应用了几十年，但是，由于国内外管理制度和养护规范的不同，很难直接引用国外的做法。因此，借鉴国外先进桥梁管理系统的成功之处，建立适合我国国情的、科学高效的桥梁管理系统，是我国桥梁界的一项艰巨任务。

3.3 国外桥梁管理系统

3.3.1 国外桥梁管理系统的发展

桥梁管理系统最早出现在美国。1968 年，美国“国家桥梁状况数据库（NBI）”的建立，标志着世界上第一个桥梁管理系统的诞生，从 20 世纪 70 年代以来，美国联邦公路管理局（FHWA）便开始运用 NBI 的信息资料进行桥梁管理决策。到 20 世纪 90 年代，美国各州公路与运输工作者协会（AASHTO）意识到，为了得到更好的桥梁管理需要有更详细的桥梁数据。例如，桥梁构件的状况、交通状况、交通事故的影响、桥梁及其构件的历史数据等。为此，美国于 1991 年制定发布了综合陆上交通运输效率化法案（ISTEA），明确要求各州的交通运输部门应用桥梁管理系统以便收集储存并共享广泛的桥梁数据，为进行进一步的桥梁管理（维修、加固、改造等）优化提供支持[65]。

美国的桥梁管理在很长时期内发展非常缓慢，直到 20 世纪 60、70 年代，桥梁管理仍处于“应对需要”的状况。那时，桥梁工程界正忙于进行大量新桥的建设与探索。这种局面到 20 世纪 60 年代末期开始转变。当时有几起桥梁倒塌事故使美国上下大为震惊。此后，服役桥梁的劣化问题尤其是安全问题引起了桥梁界的高度关注。为了使桥梁检测程序标准化，1971 年美国首次发布了桥梁检测国家标准（National Bridge Inspection Standards），该标准强调了几个特别容易出现安全问题的因素，例如，材料劣化、疲劳和超载问题等，要求长度在 6.1m 以上的桥梁必须由专人负责进行至少两年一次的定期检查并记录规定项目的检测数据。直到现在，它仍在对美国的桥梁安全发挥着作用。而且，该标准的实施积累了大量的有用数据，这些数据构成了美国桥梁状况数据库（NBI），并为此后的美国桥梁管理奠定了基础。从 20 世纪 70 年代以来，美国联邦公路管理局（FHWA）便开始运用 NBI 的信息资料进行桥梁管理决策，譬如根据 NBI 所揭示的各州桥梁状况向它们分配桥梁维修改造资金[65]。

可是到了 20 世纪 80 年代中后期，由于 20 世纪 60、70 年代高峰建设期所建桥梁陆续进入频繁维修阶段，美国桥梁所需资金缺口日益扩大，迫切需要有一种基于优化的桥梁管理决策支持系统与之相适应。于是，在美国官方的资助下，两个著名的桥梁管理系统——

Pontis 和 BRIDGIT 应运而生[65]。

以 Pontis 为例，目前在美国，已被 80% 的州级交通运输部门所采用。它具有三个功能模块：网络级维护模型、功能性改进模型和决策优化模型。它可以帮助桥梁管理者摆脱获取和处理原始检测数据的繁琐工作，确定养护、加固和更新的最佳时机，它能用数学方法从经济上对桥梁网络进行优化，能用经济学上收益与成本的形式来解释工程师们所关心的桥梁老化与结构状态问题[65]。

目前，在美国被广泛使用的桥梁管理系统主要包括联邦公路管理局开发的 Pontis 系统和联邦公路研究合作组开发的 BRIDGIT 系统。目前 FHWA 的研究开发的重点之一是研究建立以提高桥梁非破损检测、评价技术和管理水平为目的的桥梁资产管理（bridge asset management）系统。

在欧洲，典型的桥梁管理系统有丹麦目前使用的 DANBRO 系统、法国的 Edouard、英国的 NATS、挪威的 Brutus、芬兰的国家公路署管理系统等。

在亚洲，较为典型的管理系统有日本的道路公用桥梁管理系统、韩国的 SHBMS 等。

最近（2006 年），韩国的 Lee，Sang-Ho 与 Jeong，Yeon - Suk 开发了一种基于 ISO 10303 的钢桥梁产品模型的集成框架，该框架的综合数据库管理系统 DBMS 可用以管理和处理钢桥信息，它基于互联网并适用于各种计算机环境。

同时，桥梁管理软件系统的研究也经历了从简单到复杂，从单项数据处理到多项数据、多知识综合处理的人工智能的发展过程。

J. de. Brito 等针对混凝土桥梁开发了桥梁管理专家系统，该系统分为两大模块：（1）检测模块：进行桥梁现场信息的定期采集；（2）桥梁管理策略优化模块：包括三个子模块，检测策略、养护和维修，系统采用了 FORM（first-order reliability methods）方法进行可靠性评估。

Ichizou Mikami 等建立了修复钢桥裂缝的专家系统。Hitoshi Furuta 等采用遗传算法与神经网络相结合的方法开发了桥梁损伤模糊评估专家系统。

经过几十年的努力，目前，美国、加拿大、南非、英国、丹麦、澳大利亚、日本等国家和地区已经建立了较为成熟的桥梁管理系统。这些系统能够在预算资金给定的情况下选出规划期内成本最低、最有效的方案，其普遍应用对于改善桥梁维护和管理水平，确保车辆和行人桥上通行安全，为合理地利用有限的维护资金起到了很好的作用。但是经过多年的使用与进一步研究，人们发现这些桥梁管理系统仍存在缺陷，因而需要建立一种更加完善的桥梁管理系统。

从功能方面看，桥梁管理系统经历了 3 个发展阶段。起初的桥梁管理系统只是用简单的电子数据库来代替繁杂的桥梁管理资料；其后桥梁管理系统中除桥梁数据库外，还包括桥梁检测、养护及维修信息，涵盖各桥梁构件的检测细节和详细的等级划分以及维修历史等；第三阶段的桥梁管理系统增添了维护决策功能，即制订维护策略、进行维护优化等。近年来，国际桥梁管理界对于在桥梁管理系统中引入全寿命成本概念、预防性维修战略、可靠度方法与优化技术等进行了探索，勾画出了下一代基于可靠度的桥梁管理系统（参见第 3.4 节）的轮廓，它是未来若干年内桥梁管理系统的发展方向。

3.3.2　国外典型桥梁管理系统

到目前为止，大部分西方发达国家都拥有适合本国桥梁管理需求的桥梁管理系统。比较有代表性的有美国的 Pontis 系统和 BRIDGIT 系统，丹麦的 DANBRO 系统。

3.3.2.1 Pontis 桥梁管理系统

Pontis 桥梁管理系统由美国联邦公路管理局（FHWA）开发，由美国国家公路交通协会提供技术支持。它是目前运营历史最久、用户最多的桥梁管理系统，是目前世界上最先进的桥梁管理系统，它被美国 80% 的州和其他许多国家或地区所采用，已成为桥梁管理系统的典范。

Pontis 的数据库在设计时就特别注意各种资料格式间的转换方式与可行性，以及资料集中储存管理所面临的储存容量、撷取速度、备份管理、后续资料扩充的弹性等问题。Pontis 在开发时便针对构件的材料与形式收集各种构件类别并建立成构件数据库，为构件选项及描述提供参考。Pontis 考虑到桥梁构件劣化状态的认定较易受个人主观因素的影响，因此特别强调每一种构件状态的明确定义，并于系统中建立具体且详细的描述，供检测人员作为识别的参考。

Pontis 能够基于最小生命周期费用在网络级水平选择最优策略，它通过投资利润分析，为每一个结构推荐养护方案。Pontis 的显著特点在于它对桥梁构件状态的统计方法，桥梁的每一个构件都从单个的桥梁中分开，被认为是构件族的一部分，它采用了 Markov 链的简单形式来模拟退化进程，采用概率论模拟各个构件状态评估的变化。Pontis 不单是一个计算机应用软件，它还构成了一个管理组织框架，能够帮助桥梁管理者从获取和处理海量原始安全监测数据的繁重工作中解放出来，将主要的精力放在研究优化桥梁网络经济效率的方法上，它为养护、加固和更新等工作时机的选择决策提供客观的方法。

图 3-6 所示为 Pontis 系统的模块流程图，代表了现代桥梁管理系统的基本构架。

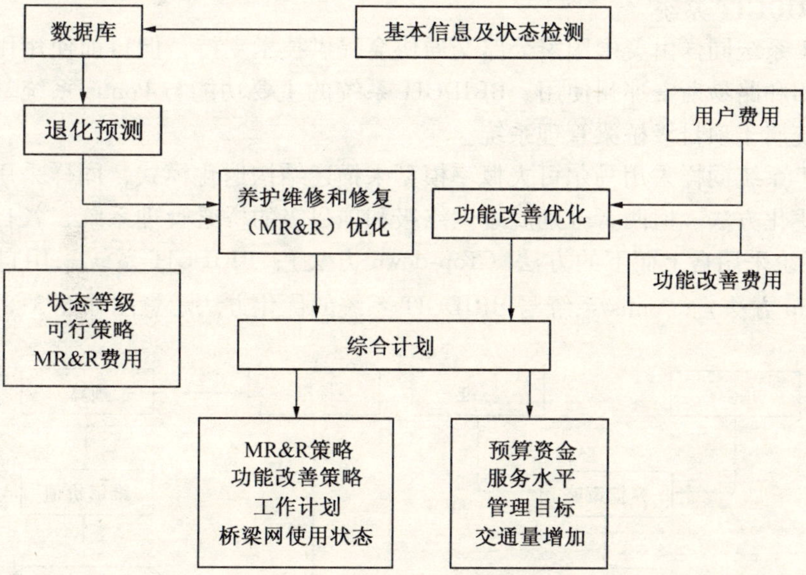

图 3-6 Pontis 系统模块流程图

Pontis 系统是一个功能全面的网级桥梁管理系统，具有桥梁数据存储查询、健康状态评估、退化趋势预测、费用效益分析以及网络优化决策等功能。其核心功能模块是网络级维护模块、性能改善模块和决策优化模块。Pontis 系统结构示意图如图 3-7 所示[57]。

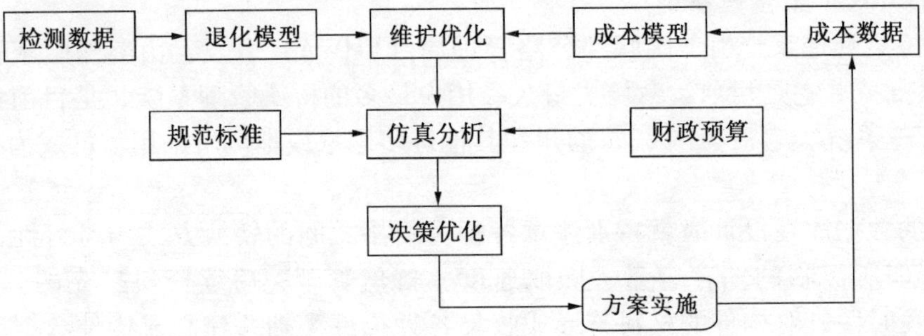

图 3-7　Pontis 系统结构示意图

Pontis 系统核心数据库支持国家桥梁档案数据库（NBI），包含用于分析程序和决策支持的数据，系统支持结构化查询语言（SQL）和简化的图形查询功能[57]。

网络级维护模块采用了自上而下的网络优化模型（Top-down 方法），运用马尔可夫概率模型来描述结构退化，运用动态规划法（D. P.）制订网络长期维护方案。

性能改善模块以桥梁使用要求和设计标准为基础，目标是桥梁性能改善和节约管理养护经费。评价改善的标准就是管理养护所需的成本，模型主要从事故减少和车辆绕行减少两方面考虑功能改进和成本降低。

决策优化模块以网络级维护模块和性能改善模块为基础，针对项目级桥梁维护和性能改善需要进行优化。优化决策的原则是收益费用比最大[57]。

3.3.2.2　BRIDGIT 系统[57]

BRIDGIT 系统同样由美国国家公路交通协会提供技术支持，但目前使用用户较少，主要在华盛顿州和路易斯安那州使用。BRIDGIT 系统的主要功能与 Pontis 系统基本相同，但 BRIDGIT 系统属于项目级桥梁管理系统。

BRIDGIT 系统同样采用马尔可夫概率模型来描述结构退化模式，同样采用收益—费用比最大化的优化方法。但两者分别属于网络级和项目级的桥梁管理系统，各自优化过程不同。Pontis 系统采用自上而下的方法（Top-down 方法），BRIDGIT 系统采用自下而上的方法（Bottom-up 方法）。Pontis 系统与 BRIDGIT 系统的优化方法示意图如图 3-8 所示。

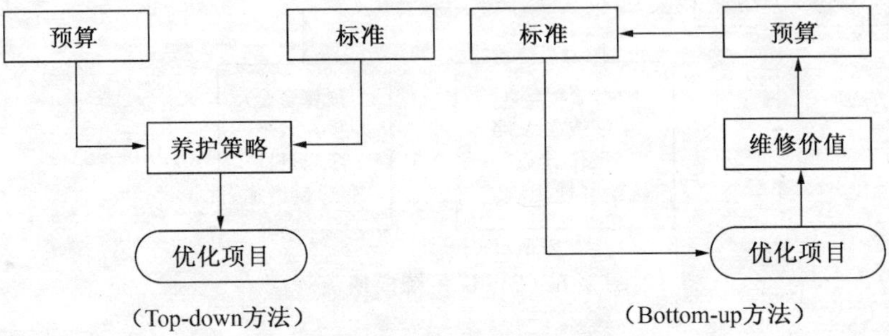

图 3-8　Pontis 系统与 BRIDGIT 系统的优化方法示意图

在决策优化模块中，Pontis 系统通过对每一年的管理需求进行动态规划来形成一个长期的优化对策。而 BRIDGIT 系统考虑进行多年长期优化，这样可以得到最优维护费用分配，而且对养护时间安排方面更加合理。

3.3.2.3　DANBRO 系统[57]

丹麦除与德国接壤外，四周被海水环绕，桥梁管理需求很大。1987 年，丹麦道路管理部门研究开发了 DANBRO 系统，并在实践中进一步发展完善了这套系统。目前，丹麦所有的桥梁管理机构和世界的其他一些国家都使用 DANBRO 系统。

DANBRO 系统结构示意图如图 3-9 所示。

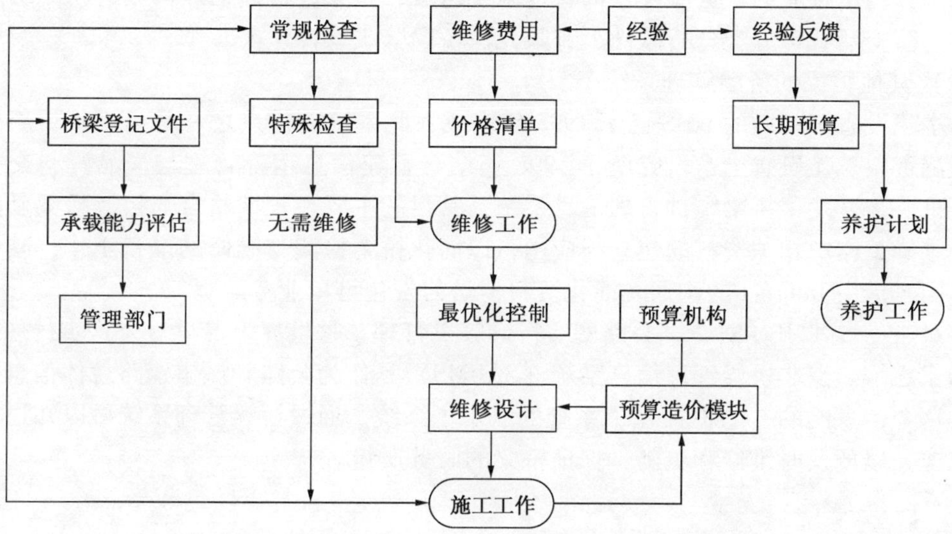

图 3-9　DANBRO 系统结构示意图

DANBRO 系统主要组成部分包括：一系列与桥梁相关的活动，包括桥梁的规划、设计、施工、检查、维护和预算工作；一整套的规范与规定，包括道路法规、设计与施工规范等，以及系统中逐一列出的各项准则；一个存储上述管理工作数据的数据库；一套用以核对数据的软件。DANBRO 系统是一个网级桥梁管理系统，从项目级的角度来看，每一座桥的建设工作一开始，DANBRO 系统就进行全程的监控，施工过程、完整的桥梁构造与施工图纸一起存储在数据库中。

DANBRO 系统根据不同用户需求在执行、计划、管理、维护四个层次上使用。采用常规、一般、细化、特殊的检测确定结构的状态等级，DANBRO 系统没有结构退化预测模型；其费用优化基于净现值方法（NPVM）的概念，对维护资金进行优化分配。

3.3.2.4　国外其他桥梁管理系统

（1）美国的其他桥梁管理系统

美国许多较大的州，如纽约州、宾夕法尼亚州等，均自行开发了适合其本身需求与制度的桥梁管理系统，且这些州级桥梁管理系统都是以能满足或转换至 Pontis 核心数据库的格式与项目为依据。例如，佛罗里达州交通运输部于 1995 年开始开发的桥梁管理系统，共包括七大册有关桥梁检测、评估、分级、维护等的作业程序及操作手册（Procedure &

Operation Manual)，分别为：

1）桥梁检测作业与报告记录手册；

2）桥梁数据录入与存储手册；

3）桥梁荷重分级、告示方法以及允许通行车辆的路线分析手册；

4）桥梁维护规划与修补方法手册；

5）桥梁水下检测潜水作业手册；

6）桥梁作业与养护手册；

7）桥梁养护运作系统手册。

各部分均由相应的数据库及查询管理系统组成，桥梁分析评估软件则有桥梁分析与分级系统、简支活载重分配分析软件、有限元法桥梁分级软件包等。

（2）其他国家的桥梁管理系统

日本建设省第一版的 BMS 已于 1995 年完成，此系统的优点之一是可逐年更新桥梁的实际检测资料。建设省土木研究所于 1998 年结合营建信息运筹管理与产品资料交换标准技术，进一步开发了桥梁维护管理信息系统，其目的主要在长期整合与控制桥梁新建、检查以及维修工作中相关资料的建立与应用，以简化桥梁检测与维修的准备工作，减少发包经费，同时借由 Internet 的沟通，简化资料传送与发包订单业务。

1974 年，南非开始对全国公路网实行计算机管理，是世界上最早对公路实行现代化管理的国家之一。南非桥梁管理信息系统（SABMS）是作为公路和城市道路总体信息管理系统，是这个信息网的“中枢神经”系统的一个子系统。通过桥梁管理系统可以知道桥梁的基本状况，以便及时维修和更新，保证桥梁的服务质量。

3.4　下一代基于可靠度的桥梁管理系统

在发达国家，目前的桥梁管理系统对桥梁的养护、管理、评价及资金的优化配置与使用起到了积极的作用，但在工程实践中人们发现，它们仍有许多局限性。近年来，国际桥梁管理界对于在桥梁管理系统中引入全寿命成本概念、预防性维修战略、可靠度方法与优化技术等进行了有益的探索，这不仅为桥梁管理提供了丰富的理论基础，还勾画出了下一代基于可靠度的桥梁管理系统的轮廓。

3.4.1　下一代桥梁管理系统的产生背景[65]

1999 年 4 月，国际桥梁管理会议在美国丹佛（Denver）召开，会议报告了桥梁管理方面的最新发展。会议指出，包括 Pontis 和 BRIDGIT 在内的桥梁管理系统存在很大局限性，它们一般基于以下假设：

（1）桥梁及其构件的劣化方式和劣化程度可以用形象化的术语用离散状态来描绘（例如，Pontis 系统中的 107 号组件是露天的涂漆钢梁，若无维修措施，它会依次经历以下五种状态：完好、涂漆剥落、生锈形成、锈蚀迅速发展、有效面积损失严重）；

（2）采用马尔可夫劣化模型预测状态间的转移概率（如将劣化视为一种随机过程——劣化量平均值为 at^b 的伽玛过程）；

（3）假定状态的劣化是以一年为单位发生变化的，也就是说，在任何给定的一年内只有一种状态；

（4）转移概率跟时间无关。

在这些假定中，有的限制过严，有的不够全面，致使以其为基础的桥梁管理系统具有如下一些主要局限性：

（1）没有从可靠度的观点出发来研究描述桥梁及其构件的状况；

（2）未能考虑桥梁劣化过程的全部历史，即认为未来的状态不依赖桥梁劣化的历史；

（3）没有从总体上研究描绘桥梁系统的可靠度，即只考虑了单桥的失败模式，尽管桥梁系统的可靠度状况很可能跟其组成部分完全不同。

总之，这类桥梁管理系统的最大缺陷是没有将可靠度的概念与方法直接引入到桥梁管理中。桥梁管理的决策必须考虑与桥梁服务过程相关的各种不确定性，而概率与可靠度的理论与方法正是度量这种不确定性的合适工具。因此，下一代桥梁管理应该运用这种工具，只有这样才能使桥梁管理的决策科学化、最优化、系统化、定量化。

Thoft-Christensen 早在 1995 年就提出要在桥梁管理系统中应用可靠度方法，Frangopol（1999 年）则建立了一套引入了全寿命可靠度等概念的桥梁管理方法，他们还提出了基于可靠度的桥梁维修方法。此后，Frangopol 等人又结合实际工程实施了基于最小期望成本的桥梁维修规划优化，并探索了网络水平的桥梁管理；Liu 等人提出并研究了时变桥梁网络可靠度的概念；Neves 等人则构建了一个考虑了桥梁维修成本和维修对可靠度的影响及其相互关系的模型；Frangopol 和 Estes 还研究了基于体系可靠度的全寿命桥梁维修战略。这些开创性工作使得基于可靠度的桥梁管理系统渐显雏形。这种新方法把可靠度引入桥梁全寿命管理，为实现更加合理的桥梁管理打下了基础，是未来若干年内桥梁管理的发展方向。

3.4.2　桥梁可靠度状态[65]

可靠度指标 β 是桥梁安全性的度量，它既可用于新桥的设计，也可用来评价旧桥的安全程度。为计算 β，需引入失效概率的概念。失效概率 P_f 是指结构构件的抗力 R 小于作用在其上的荷载效应 S 的概率，即：

$$P_f = P(R - S \leqslant 0)$$

当 R 和 S 都服从正态分布时，失效概率 P_f 与可靠度指标的关系为：

$$1 - P_f = \Phi(\beta)$$

或　　$$P_f = \Phi(-\beta)$$

其中 Φ（·）为标准正态分布函数。

$$\beta = \frac{m_R - m_S}{\sqrt{\sigma_R^2 + \sigma_S^2}},$$

式中　$m_{()}$——平均值；

　　$\sigma_{()}$——标准差。

对于单个桥梁来说，可靠度指标 β 是时变可靠度，其劣化被假定与时间（桥龄）呈线性变化关系，但描绘该变化关系的三个参数（见图 3-10 中的 β_0、t_I 和 α）被假设为随机变量。根据《公路工程结构可靠度设计统一标准》GB/T 50283-1999，我国公路桥梁二级结构主要组合延性破坏构件在设计基准期 100 年内的目标可靠度指标 β_T 为 4.2，在此基础上，一级公路桥梁结构构件或脆性破坏构件加 0.5，附加组合减 0.5。考虑到中国的经济水平，维修决策用的目标可靠度指标可取上述规定值的0.85倍，于是，二级公路桥梁结构主要组合延性破坏构件维修决策用目标可靠度指标为：$\beta_T=3.5(4.2\times0.85=3.57$，取3.5)。

桥梁可靠度状态及其范围　　表3-10

含　义	状　态	可靠度范围
卓　越	状态5	$\beta\geqslant6.5$
很　好	状态4	$5.5\leqslant\beta<6.5$
好	状态3	$4.5\leqslant\beta<5.5$
一　般	状态2	$3.5\leqslant\beta<4.5$
不可接受	状态1	$\beta<3.5$

当不进行预防维修时，一座桥梁在整个服务寿命期内有可能会依次经历5个可靠度状态，参见表3-10。应该注意，第一，一座新桥的可靠度可能处于状态2~5中的任何一个；第二，桥梁可靠度的这种线性变化只是对现实中的非线性可靠度劣化的近似体现；第三，这种可靠度状态划分是针对我国桥梁总体而言的。

3.4.3　影响桥梁可靠度的不确定性因素[65]

在桥梁全寿命过程中存在各种影响桥梁可靠度的不确定性因素，对单桥来说，这些因素及其对应的随机变量为：(1) 桥梁初始可靠度水平；(2) 桥梁劣化开始时间；(3) 无维修时桥梁的可靠度劣化率；(4) 重大维修首次发生时间或桥龄；(5) 由于重大维修而使可靠度水平得到改善的幅度；(6) 首次重大维修后劣化开始时间；(7) 重大维修后可靠度劣化率；(8) 后继重大维修发生时间或桥龄。

图3-10显示了影响桥梁群体系统的全寿命可靠度的随机变量，其中各符号含义如下：

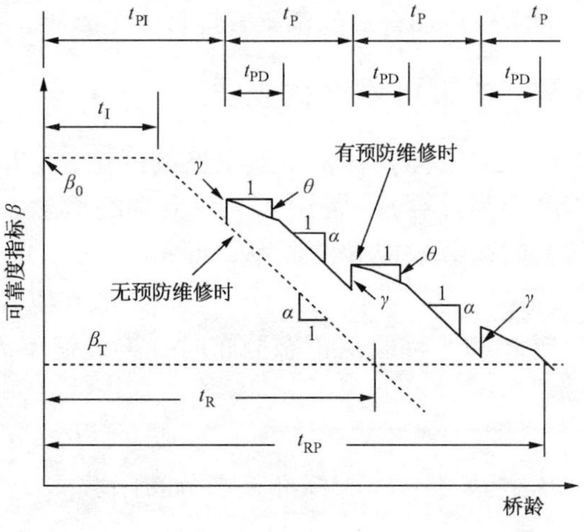

图3-10　影响桥群系统全寿命可靠度的随机变量

β_0—初始可靠度指标；t_I—劣化开始时间；α—无维修时的可靠度劣化率；t_{PI}—预防维修开始时间；t_P—预防维修时间间隔；t_{PD}—预防维修的效果持续时间；θ—预防维修有效期内的可靠度劣化率；γ—预防维修完成时可靠度指标的跃升值（如果存在的话）；t_R—无预防维修时重大维修发生时间（桥龄），它取决于初始可靠度指标β_0、劣化开始时间t_I和无维修时的可靠度劣化率α；t_{RP}—有预防维修时的重大维修发生时间，它取决于前面所定义的所有随机变量

基于可靠度的桥梁管理维修方法采用蒙特卡罗方法模拟所有这些不确定性因素，从而体现在桥梁全寿命服务期内的种种不确定性因素的复杂影响。正是由于蒙特卡罗方法的采用，才使得这种基于可靠度的新方法能够灵活处理复杂的维修措施的组合与变化，能够捕捉到桥梁或桥梁系统的整体特征，能够考虑与未来的可靠度状态、重大维修、预防维修、成本和需求

相关的所有不确定性。总之，运用这种基于全寿命可靠度的桥梁管理方法，可以进行期望总成本最小化的优化工作，从而得到桥梁管理维修的最优策略，而且这些策略还将随着得到的最新信息而适时更新，优化—实施—更新，不断循环。

3.4.4 总结

在桥梁的整个寿命期内，不确定因素错综复杂，因此，下一代桥梁管理系统应以能够处理不确定性的可靠度理论为基础，并将是基于全寿命可靠度和全寿命成本的桥梁管理系统。这种全新的桥梁管理方法把桥梁全寿命可靠度分析和桥梁全寿命成本分析结合起来进行桥梁管理维修决策，从而能够帮助桥梁管理者，在面对诸多不确定因素与资金紧张的情况下，获得最优策略，实现高效科学的桥梁管理。

我国目前的公路桥梁管理状况，从总体上看仍然处于“应对需要”的管理水平和比较初级的发展阶段。因此，不论从安全角度还是从经济角度看，我国公路桥梁的养护管理系统都应尽快完善或更新，特别是要向基于全寿命可靠度的桥梁管理系统发展，以缩小跟国际先进水平的差距。应该指出，要缩小差距仅靠引进或开发桥梁管理软件是远远不够的，还要在养护管理的理念上进行更新，要借鉴国际上桥梁管理实践的成功经验，要掌握这种目前国际上最为先进的桥梁管理系统，并要探索如何把它跟中国的实际结合起来。中国的桥梁管理可谓任重而道远！

第4章　桥梁维修优化全寿命成本分析方法

4.1　概述

4.1.1　桥梁全寿命成本分析方法的发展历程及基本原理

全寿命成本（Life Cycle Cost，简写成 LCC）及全寿命经济性概念首先由美国军方于20世纪60年代提出，应用于军用器材采办领域，之后该方法在英国、德国、法国、挪威等国的军队中得到普遍运用，后迅速推广到民用企业。目前 LCC 大多应用于设备和项目管理领域，其核心思想是从设备、项目的长期经济效益出发，全面考虑设备、项目或系统的规划、设计、制造、购置、安装、运行、维修、改造、更新，直至报废的全过程，旨在使全寿命成本 LCC 最小的一种管理理念和方法[63]。

从提出到20世纪70年代，是酝酿和探索阶段，到20世纪80年代，全寿命成本方法已在国际上得到公认，成为投资决策的重要依据。

从20世纪80年代开始，LCC 方法逐渐应用到道路交通行业，人们开始研究建设项目的全寿命成本优化问题。从成本的角度提出了全寿命管理的理念，综合考虑了建设成本后选择全寿命成本最优的方案。以美国为首的一些国家，率先针对道路、桥梁等基础设施项目提出了“全寿命成本分析”的概念（Total Life Cycle Cost Analyze，简写成 LCCA）。

在20世纪90年代，LCCA 方法在交通基础设施建设中的应用产生了一些阶段性成果，其中有代表性的是1998年美国联邦公路局颁布的“道路设计中的全寿命成本分析”（Life-Cycle Cost Analysis in Pavement Design）。关于全寿命的设计理论和原理也已经写入了美国和英国桥梁设计的有关规范和手册，例如英国的 BD 36（1992）以及 BA 28（1992）等。近年来，国际上对于桥梁全寿命问题开展了更为系统的研究[96~105]。这些研究成果对于在役桥梁的维护管理策略优化和新建工程的耐久性设计及经济性评估都起到了非常积极的作用。

4.1.2　国内外关于全寿命成本分析的相关研究

Corotis（2002）[106]认为，桥梁的全寿命成本包括初始成本和运营成本。初始成本由涉及规划、设计和建设的成本组成，假设它发生在现在；运营成本发生在许多不同的时间，而且有时其发生时间是不确定的，运营成本可以分成三个不同的大类：结构表现成本、维修成本和失去利益的成本。

对于桥梁全寿命分析而言，建设成本、检测成本、维修成本、用户成本和失效成本是最基本的成本项目（Frangopol 等[107]；Das[108]；Kong 与 Frangopol[11]）。

FHWA[109]报告说，需要提出有效的成本评价方法来评估劣化结构在整个寿命期内的成本支出的合理性并帮助管理者做出最佳决策。一直以来，关于桥梁管理系统的研究重点之一就是从桥梁网络水平上进行成本估计与成本数据分析（Kong 等[110]；Roberts 和 Shepard[111]；Small 等[112]；Frangopol 等[6]）。

Lin[113]指出，为了计算全寿命维修成本，累加未来的成本时必须考虑资金的时间价值。桥梁全寿命成本分析，要求确定和评价各种维修检测策略的经济结果。一般而言，可通过使用贴现率来计算桥梁在全寿命周期内所有开支的现值之和[114]，这就是所谓的现值方法，一种最常用的经济分析方法（Frangopol 等[115]；Flanagan[116]）。

美国科罗拉多大学的 Frangopol Dan M 以及日本的古田均等学者将 LCC 引入到桥梁、道路系统等工程的设计、维护管理及其方案优选决策当中，开辟了一个 LCC 与工程相结合的新的研究领域。之后该领域的研究引起了很多学者、工程师及有关政府部门的浓厚兴趣。由国际桥梁和结构工程协会（IABMAS）和美国土木工程师协会（ASCE）发起并主办的“土木工程设施 LCC 分析与设计研讨会”已经连续举办了 3 届，研究的主要热点问题主要有：

（1）寿命周期内建筑物性能分析与劣化程度评价；

（2）建筑物各构件在环境因素作用下的劣化机制、劣化模型及劣化水平预测；

（3）各种工程方案或措施的费用、工期、效果调查；

（4）既考虑 LCC 最小又兼顾建筑物安全性的设计、补修方案的多目标优化；

（5）如何考虑风险因素（如地震等）；

（6）LCC 与结构健康监测等[63]。

目前，土木工程领域应用 LCC 技术较广泛的国家依次是美国、日本、加拿大等，研究对象大多数集中于道路桥梁等交通基础设施。美国已强制实施基建工程管理“全寿命成本分析（Total Life Cycle Cost Analyze）”，即在设计施工阶段，不论是事先采取防护措施还是以后“坏了再修”，都要做出经济预算和比较，设计者和承建者要对工程的“全寿命”负责到底。此外，美国已在桥梁 LCC 优化设计和维护管理方面形成了较成熟的理论体系和方法。如 Frangopol 指出桥梁寿命周期成本包括设计成本、施工成本、检测成本、预防性或必要性维护成本、改造成本、失效成本、地震灾害作用成本等几类，并提出了考虑结构劣化的设计成本优化方法。Abaza 建立了适用于柔性路面维修加固优化的 LCC 分析模型。Min Liu 在分析了桥梁结构劣化过程中不确定性的基础上提出了桥梁维修方案的优选方法。Kong 提出针对劣化结构进行维护成本分析时，不仅需要考虑维护方案对成本的影响，也同时需要考虑维护成本同结构性能提高之间的关系，并且详细论证了维护成本同可靠度提高之间的关系。韩国学者在 LCC 优化系统的开发方面做了大量工作，Lim，Jong-kwon 开发了用于钢桥梁设计的维修管理的寿命周期成本分析系统 LCCSteB；Kwang-Min Lee 开发了考虑地震风险的预应力桥梁 LCC 优化设计程序。在日本，由于地震发生频繁，LCC 理论还被用于震后道路系统修复方案的优选以及地震区多个桥梁维修的排序[63]。

近年来，国内的一些学者也逐渐认识到了 LCC 研究在保证工程结构长期投资控制和服务水平方面的重要性，将 LCC 理论与分析方法用于道路桥梁工程的设计与维修决策。如文献［117］在对桥梁性能进行评估与预测的基础上，利用概率的思想表示结构所期待的维护时间和维护方案，并应用事件树的方法对维修决策进行优化。文献［118］在对桥梁寿命周期成本分析的基础上，提出了以桥梁寿命周期成本最小为优化目标对设计方案评估的方法。文献［119］对道路工程 LCC 分析中的风险分析原理和方法进行了研究。目前我国对于 LCC 理论的应用还仅局限于道路桥梁工程[63]。

4.1.3　桥梁全寿命成本分析的计算模型

桥梁全寿命周期成本现值的计算公式可以写成：

$$PV \text{ of } \quad LCC = DC + CC + \Sigma(\lambda_i MC_i + \lambda_i RC_i) + \Sigma(\lambda_i UC_i) + \lambda_n SV$$

$$\lambda_i = (1+r)^{-i}$$

$$i = 1, 2, \cdots n$$

式中　PV——全寿命周期费用现值；

n——分析期；

DC——设计成本；

CC——建设成本；

MC——维修成本；

RC——修复成本；

UC——用户成本[120]；

SV——剩余价值（可以为正，也可以为负）；

r——分析时的贴现率。

Frangopol（1999）[121]则给出了如下的 LCC 计算公式：

$$C_E = C_I + C_{PM} + C_{INS} + C_{REP} + C_{FAIL}$$

式中　C_E——总的期望全寿命成本；

C_I——初始成本；

C_{PM}——预防性维修成本；

C_{INS}——检测成本；

C_{FAIL}——失效成本，它被定义为：$C_{FAIL} = C_F \cdot p_f$，其中，C_F 是由于桥梁失效所造成的损失，p_f 为失效概率。

4.2　桥梁养护寿命周期经济分析法

养护资金短缺问题一直是桥梁管理部门面临的“顽疾”。桥梁养护寿命周期费用分析的目的就是对养护资金进行优化分配，让有限的资源发挥最优的经济效益，即是将有限的养护资金进行合理分配，使得在养护部门管辖内的桥梁保持总体良好的运营状态，保证路网的通行效率。从全体来看，分配桥梁养护资金不仅仅是看桥梁目前的综合技术状况，还应综合桥梁在路网中的重要性、养护费用以及它所带来的经济效益等多项目标，只有将资金分配给能够使各项目标值达到最满意的桥梁，才能达到最终的养护优化目的[122]。

桥梁养护寿命周期经济分析法全面考虑桥梁寿命周期内的所有费用，将桥梁各个时间内发生的费用以现值表示，通过分析、比较各方案的合理性，从而做出决策。这种方法在分析过程中不仅考虑桥梁建设的初期建设费，同时还考虑寿命周期内的养护费、改建费以及产生的经济效益等，所以由此做出的决策以可靠的经济分析为基础，使各项资源得到最有效的利用。

4.2.1 寿命周期费用分析法[122]

4.2.1.1 寿命周期费用分析的意义

由我国工程界提出并大力推行的全过程工程造价管理模式，只考虑从设计到施工这个过程的成本，而不考虑将来的运营维护成本，人为地把建设阶段和运营维护阶段割裂开来，严重影响项目在将来运行的经济性。从长远来看，设施未来的运营和维护成本要远远大于它的建设成本，前期建设成本的高低对将来运营维护成本的高低有重大影响。

对于桥梁结构，从设计开始到寿命期或分析期末，称为桥梁的寿命周期或分析期。在分析研究期内，会发生各种形式的费用，将桥梁生命周期内所有费用都考虑进行分析的方法，称为寿命周期费用分析法。采用寿命周期费用分析法的根本出发点，是要求人们从工程寿命周期出发去考虑造价和成本问题，其中最关键的是要实现工程项目整个寿命周期总成本的最小化。因此，采用寿命周期费用分析法对桥梁养护项目寿命周期内发生的各项费用进行分析，在此基础上对养护方案进行经济比较优化，是一种科学合理、行之有效的费用分析方法。

4.2.1.2 寿命周期费用分析的内容

寿命周期费用分析法中分析的费用主要包括桥梁管理部门费用和桥梁用户费用两大类。其中，鉴于目前我国需养护维修的桥梁多为修建桥龄在20年以上的桥梁，许多此类桥梁没有完整的档案记录，初期建设费用难以统计，故对此类桥梁可不考虑养护前在本桥上所花费的建设和维修费用，只讨论桥梁养护方案之间、养护方案与新建方案（重建）之间的寿命周期成本对比。另外，在我国的实际情况下，对于用户费用尚且难以进行计算。

1. 桥梁管理部门费用

管理部门费用中包括了桥梁养护项目中使用的各种资源，如资金、人工、机械台班和消耗的材料。依据对桥梁采取的养护措施的规模大小可分为：

（1）日常养护及小修费用：为了使桥梁结构性能维持在预定水平而进行的日常预防性维护和修补工作所需的费用；

（2）大中修及改造费用：为了恢复桥梁结构状况到某一预定水平或提高桥梁使用功能而进行的修建或改造活动所需费用。

桥梁在其寿命期末，其缺损状况严重到无法修复或修复已不经济时，就需采用重建措施。新建费用与重建费用的区别在于是否计入拆除旧桥费用。

桥梁管理部门费用按照时间分类可表示为图4-1。

2. 用户费用

用户费用包括由桥梁使用者引发的所有附加费用，主要包括：

（1）车辆运营费用　车辆在桥梁上或在绕行道路上行使过程中各项资源消耗所支出的费用，如燃油、轮胎、保修材料和车辆折旧费等；

（2）行程时间费　车辆在桥梁上或在绕行道路上行使时乘客或货物花费的时间价值；

（3）事故费用　因发生交通事故而支出的费用，通常以事故率乘以每个事故的平均费用进行计算；

（4）其他费用　由于桥梁维修活动造成的车辆延误费用，以及绕行道路的拥挤程度而引发的额外费用等。

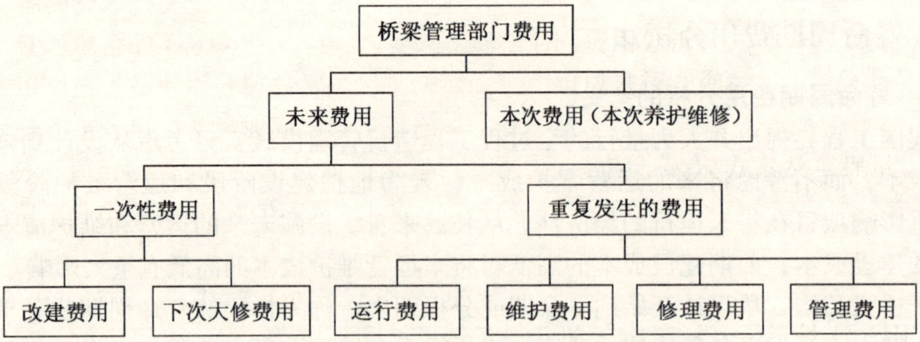

图 4-1　桥梁管理部门费用按照时间分类

3. 寿命周期费用计算

寿命周期费用计算的通用公式如下：

寿命周期费用 = 初始化建设费用 + 运行 + 维护 + 修理 + 能源 + 水 + 替换 − 剩余值

寿命周期费用计算的数学模型（按运营费用、维护费用和残值来划分），见式（4-1）。

$$LCC = C_0 + \sum_{t=0}^{T} O \times PV_{\mathrm{SUM}} + \sum_{t=0}^{T} M_1 \times PV_{\mathrm{SUM}} + \sum_{t=0}^{T} M_2 \times PV_{\mathrm{SUM}} - S \times PV \quad (4\text{-}1)$$

式中 LCC——寿命周期费用（Life Cycle Cost）；

C_0——本次养护维修费用与用户费用总和（旧桥既有技术状态检测分析评定费用、养护方案设计费用、桥梁结构的养护维修费用、养护维修实施完毕后效果检测评定费用；桥梁加固施工使货物运输成本提高额、旅客运输成本提高金额、使得附近相关公路增加拥挤的损失、使车辆延长绕行里程的运输成本提高、货物延长在途时间的价值、旅客延长在途时间的价值、公路增加交通事故及货损事故增加的费用等）；

O——未来运行费用（养护维修后桥梁的日常保养费用，包括清理桥面杂物、保持桥面清洁、疏通泻水孔、清理伸缩缝、钢支座加润滑油、构件的除锈、刷漆等工作相关人工、机械、材料器具等费用；路政管理部门费用；桥梁使用期间健康状况监测费用）；

M_1——所有未来维护和修理费用（将来可能发生的桥梁的小修、中修、大修成本。需要明确的是，由于桥梁技术状态退化跟多种因素有关，为保证桥梁正常运营的这些修理费用具体的发生时间点和金额很难预测。出现突发事故导致桥梁部分结构物修理成本也是不确定的和很难预测）；

M_2——所有未来更换费用（将来可能发生的桥面重新铺装、伸缩缝和支座等更换的费用）；

S——残值（即桥梁退役后的残值。桥梁退役后被拆除，其残值可能为正，也可能为负。计算方法：残值 = 可回收利用的材料价值 − 拆除工程费用 − 垃圾处理费用）；

PV_{SUM}——现值和；

T——寿命周期；

t——时间变量；

PV——折现系数。

4.2.2 桥梁养护效益[122]

桥梁养护后的经济效益包括直接效益和间接效益，这里仅作简要介绍。

直接效益包括桥梁养护实施后客、货运输成本降低的效益；桥梁养护实施导致原有相关公路减少拥挤、降低运输成本的效益；旅客、货物和车辆节约在途时间的价值；交通事故和货损事故减少的效益；诱增交通量导致运输企业增加的效益等。

间接效益是桥梁养护在交通运输部门以外为国民经济带来的实际成果和利益。

可见桥梁养护效益是由桥梁养护实施完成后桥梁上的交通运输流量决定的，相应的效益分析也是基于桥梁养护前后的交通量的分析、计算。

然而收益分析的前提是桥梁养护后能拥有正常的工作状态，但是桥梁不可避免地要进入再一次性能退化的历程。当桥梁性能再次逐渐退化，其服务水平会逐渐降低，必然会影响到桥梁的交通运输流量，桥梁的效益也将受到严重影响。为保证桥梁正常运营，就需要在恰当的时机选择恰当的方式对桥梁再次养护。因此，桥梁养护与效益的产生和衰减是一个循环的过程，做好桥梁养护寿命周期内的效益分析，对于延长桥梁使用寿命，增加经济效益是非常重要的。

4.2.3 桥梁养护费用组成

要对桥梁养护费用进行分析和估算，必须知道桥梁养护费用组成。依据《公路养护工程预算编制导则》中规定的预算费用组成，并结合桥梁养护工程的实际情况，其养护费用组成如图 4-2 所示[122]。

- 桥梁养护总费用
  - 桥梁养护工程费用
    - 直接费用
      - 人工费
      - 材料费
      - 机械使用费
    - 其他直接费用
      - 冬季施工增加费用
      - 雨季施工增加费用
      - 夜间施工增加费用
      - 行车干扰施工增加费用
      - 施工辅助费用
    - 现场费用
      - 基本费用
      - 临时设施费用
      - 食品运送费补贴
      - 工地转移费用
      - 职工探亲、取暖费用补贴
  - 设备购置费用
  - 桥梁养护工程其他费用
    - 养护工程管理费用
    - 养护工程监理费用
    - 桥梁特殊检查费用
    - 研究试验费用
    - 勘察设计费用
  - 桥梁养护预留费用
    - 工程造价涨价预留费
    - 预备费用

图 4-2 桥梁养护费用组成

4.3　混凝土桥面维修优化全寿命分析方法

世界各地的桥梁管理部门最关心的问题是由氯离子引起的碳钢钢筋的腐蚀（腐蚀的结果是混凝土皱裂、脱落乃至钢筋面积损失）所造成的混凝土桥梁（尤其是桥龄超过 25 年的桥梁）桥面的劣化问题。根据 2001 年美国威斯康星（Wisconsin）州的统计资料，全州共有 9700 多座混凝土桥面，其中有 1580 座采用的是水泥混凝土罩面，713 座采用沥青混凝土（AC）罩面，378 座使用底铺应力吸收膜的沥青混凝土罩面，有 7062 座平均桥龄为 20 年以上的桥梁桥面未采取任何措施。对这类桥面，桥梁工程师们在决策过程中经常遇到的问题是如何选择维修办法，但是到目前为止尚缺乏解决这个问题的有效方法。因此，当务之急是要发展出一种能够预测桥面劣化并评价各种维修策略的维修决策方法。本节的目的正是要从经济的观点在项目水平上对混凝土桥面提出选择和确定维修策略与维修办法的决策方法。

美国联邦公路局（FHWA）2000 年年度报告指出，需要提出有效的成本评价方法来评估劣化结构在整个寿命期内成本支出的合理性并帮助管理者做出最佳决策，这样的方法之一就是桥梁全寿命成本分析方法。近年来，国际上对此开展了系统研究，这些研究成果对于在役桥梁的维护管理策略优化和新建工程的耐久性设计及经济性评估都起到了非常积极的作用。桥面是桥梁的易损部件，因此桥面的劣化问题与维修管理一直受到桥梁管理部门的特别关心。那么如何选择最佳的桥面维修办法？一条有效的途径是将全寿命成本分析方法应用于桥面维修优化管理决策中。

4.3.1　基本概念

4.3.1.1　桥面状态指标

我们用状态指标 S 来衡量一个桥面之状态差的程度，S 取值于［0，100］。该值越高，桥面状态越差。

4.3.1.2　最大容许状态指标

随着混凝土桥面的老化与劣化，它的状态指标会不断增加，直至达到桥面必须维修或更替的某一点，该点就是最大容许状态指标，用 S_m 表示。

4.3.1.3　桥面状态曲线

桥面状态曲线是体现桥面状态指标 S 跟桥面使用年限相互关系的曲线，它取决于混凝土剥落面积与皱裂面积的百分比以及混凝土中钢筋处的氯离子含量。图 4-3 就是这种桥面状态曲线的典型形式。

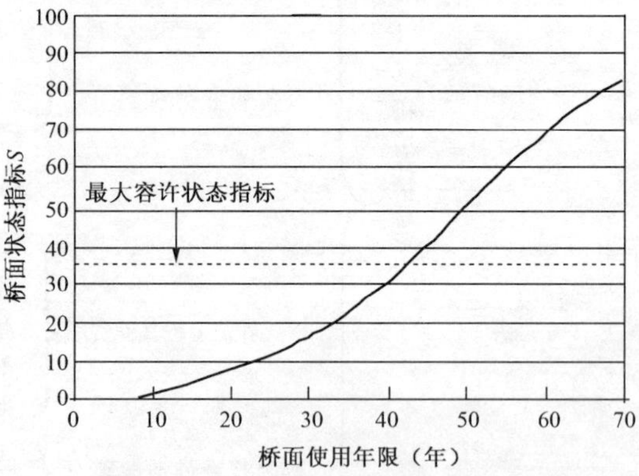

图 4-3　典型的混凝土桥面状态曲线

4.3.1.4　皱裂与脱落的面积之比

目前，在进行构件水平上的混凝土桥面检测时，对混凝土破损面积百分比的记录并未区分是皱裂还是脱落，而在本节的分析中，皱裂和脱落被当作劣化过程的两个不同阶段。根据美国威斯康星州交通厅桥梁维修工程师的经验与估计，皱裂与脱落的面积之比可设定为3:1。

4.3.1.5 *K* 因素

我们用*K*因素来衡量维修措施的效果，*K*因素被定义为“维修后跟维修前钢筋锈蚀率增率（斜率）之比”。*K*取值于（$-\infty$，1）。*K*值越小，维修措施的效果越好。这里根据*K*因素值大小将其划分为四组：

（1）$K=1$：维修措施实施后，锈蚀率以与实施前相同的速率增加（加速度不变）；

（2）$0\leqslant K<1$：维修措施实施后，锈蚀率以比实施前更低的速率增加（加速度降低）；

（3）$K<0$：维修措施实施后，锈蚀率下降；

（4）$K=-\infty$：维修措施实施后，锈蚀率下降为0。

4.3.1.6 维修措施的估计服务寿命

一项维修措施的估计服务寿命*ESL*不仅取决于*K*因素值，还取决于桥面达到最大容许状态指标的时间t_m、锈蚀初现时间t_0和维修措施实施时间t^*。根据美国威斯康星州积累的常用混凝土桥面维修措施（水泥混凝土罩面、沥青混凝土罩面和底铺应力吸收膜的沥青混凝土罩面）的服务寿命数据资料，估计服务寿命可由下列两公式给出：

（1）当$K\neq 0$时，有：

$$ESL=\frac{6.88-5.37K}{K}\left\{\sqrt{(t^*-t_0)^2+K(t_m-t_0)^2}-(t^*-t_0)\right\} \tag{4-2}$$

（2）当$K=0$时，有：

$$ESL=\frac{6.88}{2}\frac{(t_m-t_0)^2}{(t^*-t_0)}$$

据此可绘出常见混凝土桥面维修措施的估计服务寿命与*K*因素值的关系图，如图4-4所示（假定$t^*-t_0=t_m-t_0=6$）。可见，维修措施的*K*因素值越低，其抗锈能力就越强，服务寿命就越长。

4.3.2 状态指标 *S* 和 *CSI* 的关系

在美国乃至全世界，Pontis桥梁管理系统得到广泛应用，在使用该软件的过程中，桥梁管理部门积累了丰富的桥梁检测数据，但是这些数据都是以Pontis的状态指标*CSI*为基础的，而*CSI*指标与这里所建立模型的状态指标*S*并不一致。因此，为了充分利用现有的数据资料，需要建立这两种指标之间的对应关系。

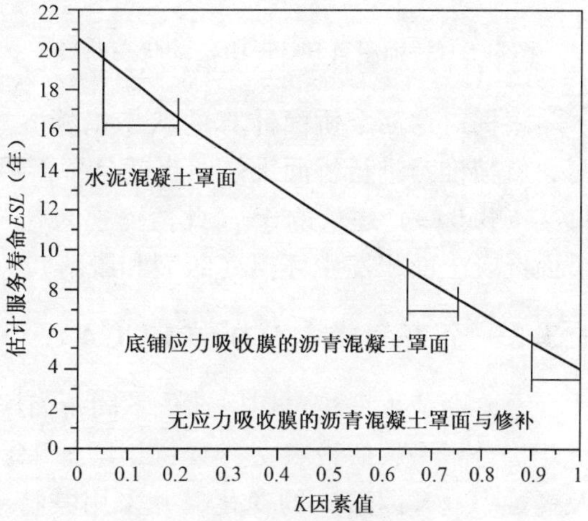

图4-4 常见混凝土桥面维修措施的估计服务寿命与*K*因素值的关系

状态指标*S*是皱裂面积百分比、脱落面积百分比和混凝土中钢筋处氯离子含量的函数；而Pontis的*CSI*指标是总坏损面积百分比的函数。因此，*S*和*CSI*之间的对应关系可以根据实例近似地推算出来，这里利用从美国威斯康星州的两座桥梁桥面得到的数据来建立它们之间的关系（正相关关系）。

1999 年桥面甲（B-35-10）的检测报告显示其混凝土未出现脱落现象，但有 26.4% 的面积出现皱裂，与该百分比对应的 *CSI* 指标是 5。与此同时，桥面混凝土中钢筋位置处的氯离子含量也测了五个位置，于是可推算出此时桥面的状态指标 *S* 大概是 20。而在 1997 年，该桥面的 Pontis *CSI* 值是 4，桥面的状态指标 *S* 大约是 17，当时已经被建议对它实施水泥混凝土罩面，但实际上未被采纳。一般而言，*CSI* 达到 4 或更高即表明构件劣化已达到应该维修或更替的地步，也就是 *CSI* = 4 代表构件的最大容许状态。根据这些资料，可估计该桥面的状态曲线如图 4-5 所示。

再考虑桥面乙（B-41-43），在 2000 年的桥面检测报告中记录了它的 *CSI* 值为 4，皱裂与脱落面积各占多大比例没有给出，这里假定脱落与皱裂面积之比为 1∶3，也就是坏损面积中的 25% 是脱落面积，75% 是皱裂部分。

为估计 *CSI* 为 4 时的最大容许状态指标，通过计算绘制出代表 *S* 上下限（对应于坏损面积 25% 和 10%）的两条状态曲线，如图 4-6 所示。可以看到，当 *CSI* 为 4 时，该桥面的状态指标 *S* 在 2000 年时介于 16 和 23 之间。

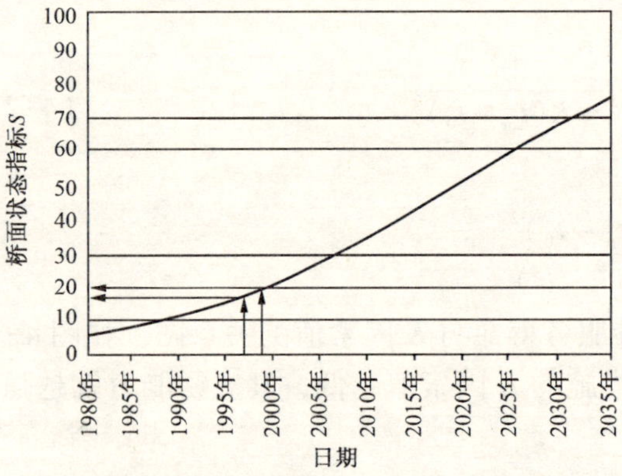

图 4-5　桥面甲（B-35-10）的状态曲线

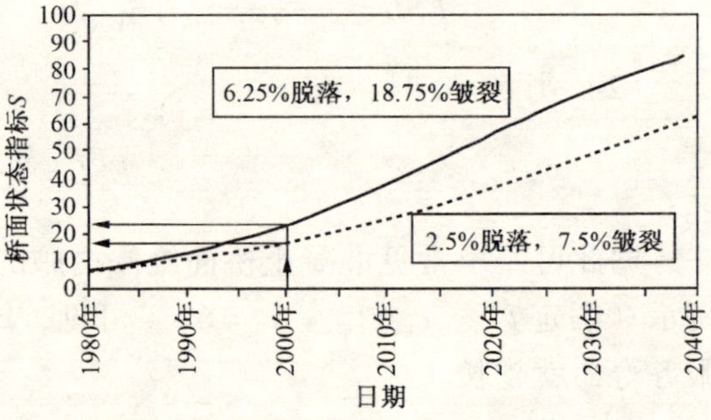

图 4-6　桥面乙（B-41-43）的状态曲线

根据对这两个桥面计算的状态指标 *S*，得出如下结论：当桥面状态指标达到 16 ~ 23 时，就被推荐进行桥面维修，也就是桥面最大容许状态指标 S_m 为 16 ~ 23。该范围低于贝贝艾（Babaei）建议的 35（此值可视为 S_m 的上限）。实际上，S_m = 35 代表有大约 50% 的桥面混凝土面积发生坏损（皱裂和脱落）。

4.3.3　全寿命成本分析（LCCA）

全寿命成本分析可用以评价不同桥面维修措施的长期经济性，可对桥面维修策略进行优化。分析中，假设日交通量每年增加 1%，考虑机构（agency）单位成本的不确定性以及锈蚀率（*K* 因素）的变化，并采用蒙特卡罗模拟来体现各种不确定性和随机变量的影响，从而按照在可接受的状态指标范围内成本最低的原则，找到首次和后续各次维修措施的最佳实施时机。

下面给出一套可以相互替代的、交通领域常用的混凝土桥梁桥面全寿命维修情形，对每一种情形，用分号分开不同的维修措施，括号内的处理办法系列假定一再重复直到分析期结束。

情形1：新建（水泥混凝土罩面；桥面更新）；

情形2：新建（修补；修补；修补；桥面更新）；

情形3：新建（修补；修补；修补；沥青混凝土罩面；桥面更新）；

情形4：新建（底铺应力吸收膜的沥青混凝土罩面）；

情形5：新建（桥面更新）。

在上述维修情形中，实施“水泥混凝土罩面”和“沥青混凝土罩面”时，假定所有达到钢筋位置的劣化混凝土都被清除；在实施“修补”时，假设所有的混凝土脱落都被修理好，50%的皱裂面积可埋留在混凝土中；而“桥面更新”则包括剔除旧桥面和提供带有环氧涂层钢筋的新桥面。

根据美国威斯康星州交通部门桥梁维修工程师提供的资料，可得到不同维修措施机构成本的范围，如表4-1所示。机构成本包括准备工作费用（如混凝土制备等）和交通控制成本。

表4-1还给出了各种维修措施的K因素值，但对于“带环氧涂层钢筋的桥面更新”没有给出任何K值，因为，目前这种桥面的服务寿命尚不得而知，然而，在威斯康星州这类桥面实际上已经有20~25年不用维修的一些实例。

在进行全寿命成本分析时，每一种维修措施的机构成本和K因素值以及桥面更新的免修时间，都被视为具有三角形分布的随机变量，这些随机变量的最小值、最可能值和最大值也已在表4-1中列出。

不同维修措施的机构单位成本、K因素值和免修时间　　表4-1

维修措施	机构单位成本（美元/m^2）			K因素值			免修时间（年）		
	最低	最可能	最高	最小	最可能	最大	最短	最可能	最长
修补	108	161	215	0.90	0.95	1.00	—	—	—
水泥混凝土罩面	269	323	377	0.05	0.125	0.20	—	—	—
无应力吸收膜的沥青混凝土罩面	43	54	65	0.90	0.95	1.00	—	—	—
有应力吸收膜的沥青混凝土罩面	54	81	108	0.65	0.70	0.75	—	—	—
桥面更新（带环氧涂层钢筋的新桥面）	377	398	431	—	—	—	25	30	35

分析中除了机构成本外，还要考虑用户成本。用户成本包括维修期间用户成本和无维修时的用户成本，前者源于行车时间的增加（由于桥梁封闭带来绕道或施工期间速度受到限制）；后者源于桥面状态以及它对交通流的影响。上述5种维修情形的全寿命成本比较（以桥面乙为例）参见第4.3.5节。

4.3.4　相关影响因素分析

4.3.4.1　维修时机对服务寿命的影响

一项维修措施的服务寿命受该措施的实施时机的影响，为了演示这种影响，现以桥面乙为例对三种常用的维修措施的估计服务寿命作一比较（见表 4-2）。本例采用 6.25% 脱落面积和 18.75% 皲裂面积的状态曲线（见图 4-6），最大容许状态指标 S_m 考虑 23 和 35 两个值，$S_m = 23$ 基本上对应于威斯康星州所使用的桥面最大容许状态指标，而 $S_m = 35$ 对应于 S_m 的上限。这里分三种情况进行比较，即及时维修、早维修和迟维修。所谓及时维修是指当桥面达到规定的最大容许状态指标即进行维修，早维修或迟维修是指比及时维修早或迟 5 年进行维修。

三种维修情况下不同桥面维修措施的平均估计服务寿命比较（单位：年）　　表 4-2

最大容许状态指标	$S_m = 23$			$S_m = 35$		
维修情况	早	及时	迟	早	及时	迟
水泥混凝土罩面	22	18	18	30	30	30
底铺应力吸收膜的沥青混凝土罩面	11	8	6	14	12	10
修补	6	4	3	7	5.5	5

通过将 K 因素视为随机变量并取 100 次蒙特卡罗模拟可得到三种情况下不同桥面维修措施的平均估计服务寿命，如表 4-2 所示。表中数据显示了维修时间安排以及最大容许状态指标对维修措施的估计服务寿命的影响，现细述如下：

（1）早维修考虑“水泥混凝土罩面”，当最大容许状态指标取 23 时，如果提早 5 年进行维修，则其服务寿命增加 4 年；当最大容许状态指标取 35 时，提早维修对其服务寿命没有任何影响。对于“修补”和“底铺应力吸收膜的沥青混凝土罩面”，当取 $S_m = 23$ 时，在早维修的情况下，服务寿命同样增加，尽管没有“水泥混凝土罩面”增加的多；当取 $S_m = 35$ 时，早维修的服务寿命增加的最少。

（2）迟维修对于“底铺应力吸收膜的沥青混凝土罩面”，迟维修会使服务寿命减少 2 年；对于“修补”，则减少约 1 年；而对于“水泥混凝土罩面”，迟维修对服务寿命没有影响。“修补”之后桥面的状况，迟 5 年修补不如及时修补好；而“水泥混凝土罩面”后，桥面状况不管是早维修还是迟维修都一样。这是因为，“修补”时并没有将全部受损混凝土去除，而“水泥混凝土罩面”时，则全部换掉。

4.3.4.2　最大容许状态指标的影响

现以桥面乙为例比较如下两种情形的全寿命成本：一是“水泥混凝土罩面”继而“桥面更新”，然后重复它们；二是“底铺应力吸收膜的沥青混凝土罩面”，然后不断重复。这里取最大容许状态指标 S_m 为 23 ~ 25，全寿命成本分析期为 70 年，贴现率为 3%。这两种维修情形的总成本、用户成本和机构成本与 S_m 的关系如图 4-7 和图 4-8 所示（基于 100 次重复的蒙特卡罗模拟）。由图可见，随着 S_m 的增加，机构成本下降，而用户成本则增加，而总成本可能下降也可能增加，这取决于维修类型和所考虑的全寿命周期。

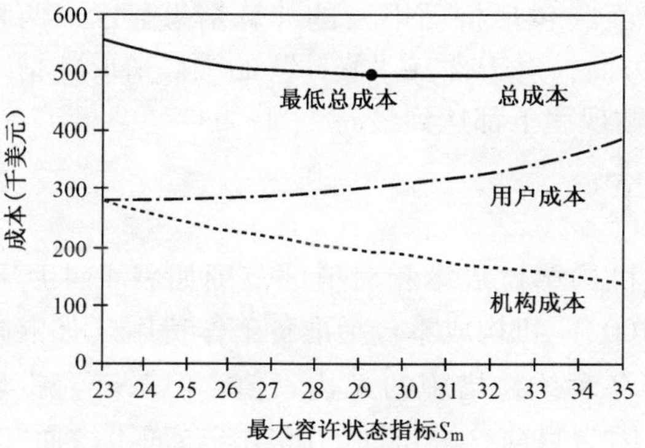

图4-7 最大容许状态指标对机构成本、用户成本和总成本的影响（桥面乙，维修情形："水泥混凝土罩面" + "桥面更新"）

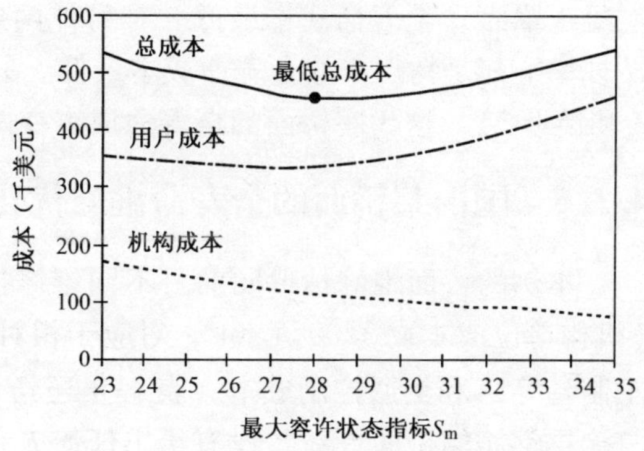

图4-8 最大容许状态指标对机构成本、用户成本和总成本的影响（桥面乙，维修情形：底铺应力吸收膜的沥青混凝土罩面）

当允许桥面达到更高的 S_m 值时，维修措施实施次数就更少，维修期间的机构成本和用户成本被后推，以致其现值会随着 S_m 的增加而下降；另一方面，这会造成非维修年份的用户成本的增加，从而导致总的全寿命成本先降后增。

正如在图4-7和图4-8中所显示的那样，总的全寿命成本是 S_m 的函数，使总成本达到最小的 S_m 值（最佳 S_m 值）随着维修情形的不同而互不相同。

4.3.4.3 贴现率的影响

全寿命成本分析的结果同样取决于分析时选用的贴现率。政府项目所采用的贴现率通常低于私人投资项目，因为政府项目的风险低。例如在美国，威斯康星州采用3%的贴现率，而明尼苏达（Minnesota）州是4.5%。这里采用这两个贴现率对前面提到的五种维修情形的全寿命成本进行比较，这里的结果是针对桥面乙在及时维修与 $S_m=23$ 的情况下得到的。

桥面乙全寿命成本净现值概率分布的峰值与其对应概率

（5种维修情形跟第6部分所给出的相同；$S_m=23$） 表4-3

维修情形	4.5%贴现率		3.0%贴现率	
	峰值（万美元）	概　率	峰值（万美元）	概　率
情形1	51.0	0.275	56.3	0.356
情形2	51.5	0.300	57.5	0.250
情形3	53.5	0.235	59.0	0.225
情形4	38.0	0.210	54.0	0.160
情形5	46.0	0.360	50.0	0.350

表4-3比较了前述5种维修情形的全寿命成本净现值在贴现率分别取3.0%和4.5%时的情况。在所考虑的这些参数下，当采用3.0%的贴现率时，情形5（桥面更新）具有最低的全寿命成本净现值；而当采用4.5%的贴现率时，情形4（底铺应力吸收膜的沥青

混凝土罩面）全寿命成本最低。对另外两座桥面（包括桥面甲）的计算结果显示，两种贴现率下都是情形4的全寿命成本最低。另一方面，对于含有“修补”的维修情形（情形2和情形3），这3座桥面的全寿命成本在两种贴现率下都达到最高。

4.3.5　国内某桥面的全寿命维修优化例子

本例的桥面维修情形同前。不同维修措施机构单位成本相对值的范围如表4-4所示（机构单位成本取3200元/m^2，对应于相对值100）。机构成本包括准备工作费用（如混凝土制备等）和交通控制成本。表4-4还给出了各种维修措施的K因素值，但对于“带环氧涂层钢筋的桥面更新”没有给出任何K值，因为目前这种桥面的服务寿命尚不得而知。然而，这类桥面实际上已经有20~25年不用维修的一些实例。在进行全寿命成本分析时，每一种维修措施的机构成本和K因素值，都被视为具有三角形分布的随机变量，这些随机变量的最小值、最可能值和最大值也已在表4-4中列出。分析中除了机构成本外还要考虑用户成本（见表4-4）。全寿命成本分析的结果同样取决于分析时选用的贴现率和最大容许状态指标S_m。

分析方法有两类：一类有关参数是确定值，另一类有关参数被当作随机变量。下面用第一类方法对1200m^{2}的某桥面计算上述5种情形的70年的维修全寿命总成本的现值PV（各参数取表4-4中的最可能值，设新桥桥面免修期30年，贴现率r取3%）。

情形1：根据式（4-2），水泥混凝土罩面的ESL为18年，（30+18+30）=78年>70年，即在第30年时实施水泥混凝土罩面，在第48年时实施桥面更新：

$$\begin{aligned}PV_1 &= [81.2\times32\times1200+3060000]\times(1+r)^{-30}\\&\quad+[100\times32\times1200+4080000]\times(1+r)^{-48}\\&=254.5+191.7=446.2\text{ 万元。}\end{aligned}$$

情形2：根据式（4-2），修补的ESL约为4年，（30+4×3+30）=72年>70年，即在第30年、第34年、第38年时各实施修补一次，在第42年时实施桥面更新：

$$\begin{aligned}PV_2 &= [40.5\times32\times1200+800000]\times[(1+r)^{-30}+(1+r)^{-34}+(1+r)^{-38}]\\&\quad+[100\times32\times1200+4080000]\times(1+r)^{-42}\\&=259.8+228.9=488.7\text{ 万元。}\end{aligned}$$

情形3：根据式（4-2），沥青混凝土罩面的ESL约为4年，（30+4×3+4+30）=76年>70年，即在第30年、第34年、第38年时各实施修补一次，在第42年时实施沥青混凝土罩面，在第46年时实施桥面更新：

$$\begin{aligned}PV_3 &= [40.5\times32\times1200+800000]\times[(1+r)^{-30}+(1+r)^{-34}+(1+r)^{-38}]\\&\quad+[13.6\times32\times1200+2080000]\times(1+r)^{-42}\\&\quad+[100\times32\times1200+4080000]\times(1+r)^{-46}\\&=259.8+75.2+203.3=538.3\text{ 万元}\end{aligned}$$

情形4：据式（4-2），底铺应力吸收膜的沥青混凝土罩面的ESL为8年，（30+8×5）=70年，即在第30年、第38年、第46年、第54年、第62年时各实施一次这种维修措施：

$$\begin{aligned}PV_4 &= [20.4\times32\times1200+2120000]\times[(1+r)^{-30}+(1+r)^{-38}\\&\quad+(1+r)^{-46}+(1+r)^{-54}+(1+r)^{-62}]=393.9\text{ 万元}\end{aligned}$$

情形5：（30＋30＋30）＝90年＞70年，在第30年、第60年时各实施一次带环氧涂层钢筋的桥面更新：

$$PV_5=[100\times32\times1200+4080000]\times[(1+r)^{-30}+(1+r)^{-60}]=460.7\text{ 万元}$$

表4-4给出了用第二类方法得到的上述5种维修情形及时维修时在最大容许状态指标取23、贴现率分别取3%和4.5%时该桥面维修的70年全寿命总成本现值。表中数据表明，在所取的这些参数下，当采用3%的贴现率时，情形5具有最低的全寿命成本现值；当采用4.5%的贴现率时，情形4全寿命成本最低。另一方面，对于含有修补的情形2和情形3，桥面的全寿命成本在两种贴现率下都达到最高。

不同维修措施的用户成本、机构单位成本相对值和K因素值　　表4-4

维修措施	用户成本（万元）	机构单位成本相对值			K因素值或服务寿命		
		最低	最可能	最高	最小	最可能	最大
修　补	80	27.1	40.5	54.0	0.90	0.95	1.00
水泥混凝土罩面	306	67.6	81.2	94.7	0.05	0.125	0.20
无应力吸收膜的沥青混凝土罩面	208	10.8	13.6	16.3	0.90	0.95	1.00
有应力吸收膜的沥青混凝土罩面	212	13.6	20.4	27.1	0.65	0.70	0.75
桥面更新（带环氧涂层钢筋的新桥面）	408	94.7	100	108.3	25年	30年	35年

4.3.6　国外桥面维修全寿命成本分析优化例子

表4-5给出了国外利用*LCCA*方法对某座混凝土桥面进行75年寿命期总成本评定结果的相对值。采用防护措施后虽然初始成本会增加一些，但在寿命期内的后期花费（修复费等）可大大降低。其中最好的防护措施是硅粉加钢筋阻锈剂，采用该措施，在满足寿命期要求的前提下，与未采取防护措施者相比，总花费节约达67%。

某混凝土桥面不同防护方案总花费比较　表4-5

防护措施	总费用（相对值）
未采取防护措施	100
环氧树脂涂层钢筋	75
镀锌钢筋	86
耐腐蚀钢筋	83
钢筋阻锈剂	65
硅粉（高性能混凝土）	67
硅粉＋钢筋阻锈剂	33
环氧树脂涂层钢筋＋钢筋阻锈剂	51

4.3.7　小结

目前在国外，桥梁*LCCA*方法在桥面维修管理决策中得到了日益广泛的应用，而国内这方面的研究与应用则相对滞后。因此，探索混凝土桥面维修优化决策的全寿命成本分析法，既有助于提高我国的桥梁管理水平，又对国家节约投资有重要的经济意义。

本节提出了混凝土桥面的全寿命维修决策方法，并结合实例探讨了该方法的具体应用。根据所作分析，可得出以下结论：

（1）一项维修措施的估计服务寿命受到该措施实施时机的巨大影响。一般而言，早维修会增加服务寿命，而迟维修则会减少服务寿命。但是服务寿命的增减还取决于维修措施实施时的桥面状态。如果桥面状态已经较差，则不管是早维修还是迟维修，都不会对服务寿命有任何影响。

（2）对于一个给定的桥面来说，使全寿命成本最低的容许状态指标不是唯一的，它取决于所考虑的维修情形。因此，需要比较研究许多维修情形之后才能得到该桥面在目前状态下的最佳情形。

（3）贴现率的选取对维修方案的全寿命成本有很大影响。贴现率的变化有可能改变一个给定桥面的最佳维修方案。

（4）对于书中所研究的那些桥面和维修情形，包含“底铺应力吸收膜的沥青混凝土罩面”的维修情形或者此前没有进行任何维修的“桥面更新”具有最低的全寿命成本。相形之下，包含“修补”的维修情形则具有最高的全寿命成本。

第5章　桥梁劣化预测与劣化模型

5.1　桥梁技术状况劣化预测

5.1.1　桥梁结构劣化与状况预测[123]

5.1.1.1　桥梁结构劣化分析

在桥梁的全寿命周期内，结构劣化是一个不可避免的自然过程，桥梁不可能永远保持较高的服务水平。桥梁劣化存在大量的不确定性，影响结构劣化的因素主要包括以下几个方面：

（1）桥梁结构形式　不同桥梁结构类型决定了其受力性能的不同，从而导致了不同的桥梁缺损方式和劣化速率。

（2）桥梁的内部损伤　包括从桥梁施工时就一直影响桥梁性能的各种因素。例如施工时建筑材料的质量、运营时结构的疲劳损伤、钢筋锈蚀等。这些因素是劣化预测的基础。

（3）桥梁外部因素　包括交通流量、车辆荷载变化、气候条件、管理者的养护水平等，这些因素也对桥梁劣化趋势有较大的影响。这些因素共同作用，相互影响，形成一个复杂的体系，桥梁技术状况预测的目标就是寻找体系的内在规律和发展趋势。

5.1.1.2　桥梁状况预测的意义

桥梁结构的劣化预测关系到将来结构维护和计划的制订，因此具有重要的意义。桥梁结构劣化到一定程度时，桥梁就需要恢复或部分提高其使用性能。桥梁管理部门为了合理分配有限的养护维修资金，维持尽可能高的桥梁服务水平，常常需要进行中长期规划，这就必须依靠科学的、符合我国实际情况的桥梁技术状况预测模型。就桥梁管理者而言，劣化预测的意义主要表现在以下方面：

（1）评估结构或构件距某特定状态等级的剩余时间；

（2）确定结构在不同时间段的维护对策；

（3）对维护工作进行优先级排序，一般劣化较快的桥梁具有更高的维护优先级；

（4）估算每年需要进行维护的桥梁数，编制相关预算。

5.1.1.3　桥梁状况预测的发展现状

目前，结构的劣化预测主要有两种途径：一种是通过结构劣化的历史统计数据来预测结构将来的状态；另一种是试图模拟结构各因素劣化的时变情况，从而预测结构的状态。关于桥梁劣化预测模型的分类如图5-1所示。

1. 物理模型

物理模型是指基于劣化机制的预测模型，它详细地描述构件特定因素的劣化过程，如钢筋的锈蚀，混凝土的碳化等。Sobanjo在文献［124］中提出了钢质上部结构的劣化模型为：

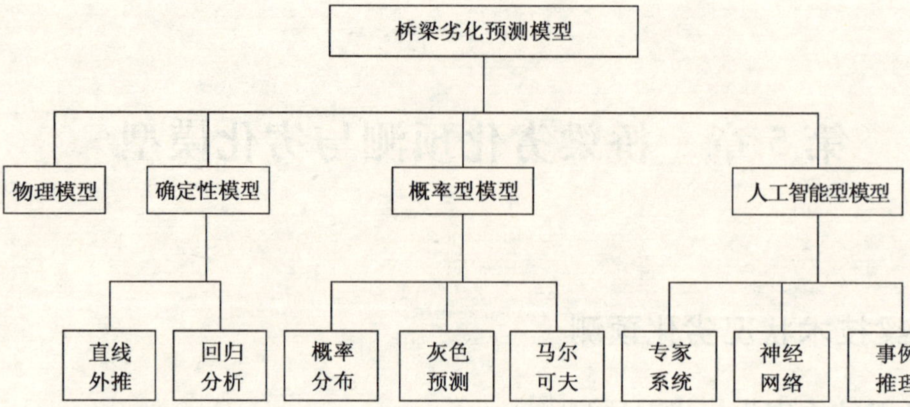

图 5-1　桥梁状态预测模型分类图

$$C = At^B \tag{5-1}$$

式中　C——钢的腐蚀深度，μm；

t——时间，年；

A，B——参数，由观察统计得到。

通过式（5-1）即可得到钢质上部结构劣化后的承载能力，包括抗剪、抗弯能力。

基于劣化机制的物理模型更加贴近实际，但工作量巨大且现有技术还很难获得其需要的数据，所以还很难得到应用，尚处在初步研究阶段。

2. 确定性模型

确定性模型主要包括直线外推预测法和回归分析预测法。

（1）直线外推预测法

直线外推预测法是一种最简单的状态预测方法，它只需要两个状态数据便可建立预测模型。该方法假设桥梁将来的外部条件与过去的外部条件相同。事实上，由于桥梁建成时一般是处于最高状态等级，所以只要获知桥梁自建成后的一个状态数据即可得到直线外推预测模型。

应该注意的是桥梁的状态劣化会受到多个因素的影响，如气候、交通、结构类型等。因此，在应用该方法时应该将桥梁进行分类，获得适合各种类型桥梁的直线外推预测模型。此外，直线外推预测法只适合于短期预测，不适合于长期预测，有维修加固行为发生的桥梁也不能应用此法。

（2）回归分析预测法

回归分析预测模型以回归分析方法为基础，分析与预测变量相关的影响因素，依据大量的历史数据提炼出桥梁技术状况与影响变量之间的统计拟合。这种方法回避了影响变量与桥梁技术状况之间的物理性质的机理分析，它的精确度依赖于统计数据的数量和质量，也依赖于建模人员对桥梁技术状况与其影响变量间的内在关系的认知程度。关于回归分析预测模型将在本章第 5.1.2 节进行详细阐述。

3. 概率型模型

（1）概率分布预测法

构件的状态可以视为一个随机变量，各时间点的状态值可以通过概率分布来描述。例如，若将材料状态等级（Material Condition Rating，*MCR*）视为随机变量，由状态值对应的概率密度函数可得到累加概率 P_{MCR}，P_{MCR}表示小于某个状态值的概率。图 5-2 描出了 *MCR* 的概率分布图[125]，纵坐标表示 P_{MCR}，横坐标表示状态值 *MCR*。三条曲线分别表示三个时间点的概率函数图，居左的曲线表示桥龄较小，居右的曲线表示桥龄较大。

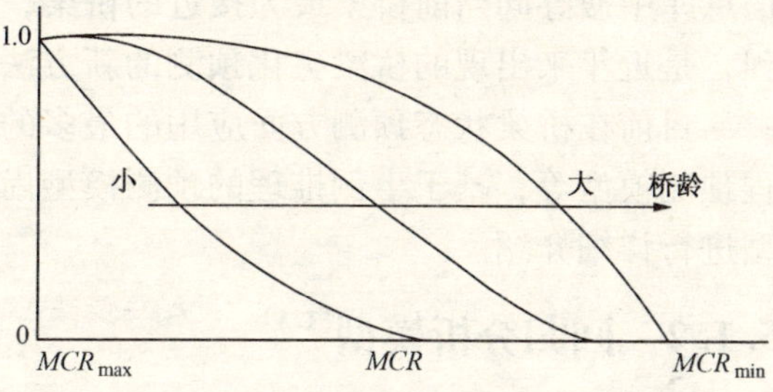

图 5-2 材料状态等级概率分布图

利用概率分布来进行预测需要知道各时间点的状态值概率密度函数，而这种概率密度函数往往很难获得，这也限制了其应用。

（2）马尔可夫过程

基于马尔可夫过程的预测模型主要指马尔可夫及半马尔可夫的概率型模型。马尔可夫模型的核心内容就是状态转移概率矩阵，表示桥梁状态等级在一段时间的转移概率，它假设桥梁全寿命周期的转移概率矩阵是不变的。半马尔可夫过程是马尔可夫劣化过程的一个补充，它突破了马尔可夫只能是时间周期相等的条件，建立了更具一般意义的劣化过程。就桥梁状态预测而言，在计算逗留函数时，它需要更多的桥梁全寿命数据，因此很难得到应用。

目前马尔可夫模型研究主要集中在国外，Jiang 和 sinha[126] 采用动态马尔可夫模型对印第安纳州混凝土桥梁的缺损状况进行预测。Cesare 等[127] 根据纽约地区混凝土桥梁的状态数据库构造静态马尔可夫模型，对现浇混凝土桥面板缺损状况进行预测。Pontis 系统应用的也是马尔可夫模型。我国学者对马尔可夫模型应用于桥梁劣化预测也做了一些研究，但总的来说，由于缺乏足够的桥梁全寿命数据，研究成果还极其有限。戴宇文等用统计转换频率的方法来确定状态转移概率矩阵来对桥梁技术状况进行预测[128]，陈晨通过牛顿迭代法来求出转移概率矩阵对桥梁技术状况进行预测[129]，吕颖超提出了一种基于逆阵的改进方法来计算转移概率矩阵，然后对桥梁的承载力状况进行了预测[130]。关于马尔可夫模型将在本章第 5.1.5 节进行详细介绍。

（3）灰色系统预测

灰色系统预测一般指 GM（1，1）预测模型，它利用已有的状态数据对未来的状态进行预测。它避开了许多复杂的因素，寻找基于时间序列的灰色信息的内在规律，从而达到预测的要求。有关灰色系统及 GM（1，1）预测模型将在本章第 5.1.3 节详细阐述。

4. 人工智能模型

最近几十年，人工智能技术在很多领域得到了广泛的应用。人工智能模型利用计算机技术，目的是使模拟过程智能化。人工智能技术包含专家系统、人工神经网络系统、基于事例推理等方法。专家系统指专家根据自己或他人积累的经验对结构进行评价打分，通过计算机技术自动化专家评定过程。这种方法具有较大的主观性，结果预测的可靠性与专家具有的知识水平和积累经验的丰富程度有直接关系；用人工神经网络模拟桥梁劣化的问题，Sobanjo 对此进行了研究，他利用多层人工神经网络将桥梁的桥龄与上部结构的等级联系起来[131]。Tokdemir 等人做了更深入的研究，用桥龄、交通量、几何及结构特性作为说明变量预测桥梁的等级[132]；基于事例推理（Case-based Reasoning）方法是利用在桥梁信息库中搜寻同当前桥梁最为接近的桥梁，通过已有桥梁的信息来推测当前桥梁的劣化过程，是近年来出现的桥梁劣化预测的新方法。

目前在桥梁状态预测方面应用的最多的是回归分析模型、灰色预测模型、马尔可夫过程预测模型等，基于事例推理的预测模型尚处在初步研究阶段，下面分别对这四种预测模型进行详细介绍。

5.1.2　回归分析模型[123]

5.1.2.1　回归分析法

桥梁技术状况回归分析研究的主要问题是，如何利用已有桥梁技术状况资料，对回归函数进行统计推断，包括对函数的估计和检验等。目前一般仅仅按照桥梁结构形式、地理位置、设计荷载等级等对桥梁进行分类，然后再进行回归分析。回归分析模型认为上述分类不同，其劣化趋势也不同，所以在回归分析时要分成不同的样本空间进行统计。此外，回归模型假设桥梁处于正常的日常维护中，没有经历过较大的维修或加固。目前，回归模型主要有阶梯式回归、线性回归和非线性回归。

O' Brien 将阶梯式回归应用到路面状况预测中[133]，结果表明其误差较大，同时该模型不适合于项目级的预测。阶梯式回归分析在桥梁状况预测中已很少应用。

线性回归是一种最简单的回归方式，它假设桥梁状况与它的桥龄呈简单的直线关系。Shahin 提出的线性回归公式为[125]：

$$Y=\beta_0+\beta_1 X \tag{5-2}$$

式中　Y——桥梁状态等级；

X——桥龄；

β_0，β_1——回归参数。

显然，除了桥龄外还有许多因素影响着桥梁的状态值，一般的做法是将桥梁进行分类，但是这种方法的后果是统计数据的减少，对回归模型的准确性造成影响。因此，Shahin 又提出了一种多重线性预测公式[125]，该公式考虑了多个因素的影响：

$$Y=\beta_0+\beta_1 X_1+\beta_2 X_2+\beta_3 X_3 \tag{5-3}$$

式中　Y——桥梁状态等级；

X_1，X_2，X_3——桥梁劣化的影响因素，如桥龄、桥梁类型、地理位置等；

β_0，β_1，β_2，β_3——回归参数。

事实上桥梁的状态值与其影响因素并非呈一种简单的线性关系，应用线性模型来预测将带来很大的误差。因此，关于回归分析模型更多的研究放在了非线性模型上。Jiang 和 sinha 提出了一种三次多项式模型来对构件状态进行预测[126]：

$$Y=\beta_0+\beta_1 X^1+\beta_2 X^2+\beta_3 X^3 \tag{5-4}$$

式中　Y——桥梁状态等级；

X——桥龄；

β_0，β_1，β_2，β_3——回归参数。

例如，Jiang 和 Sinha 建立的混凝土桥梁上部结构的缺损状况预测模型为：

$$CS(t)=9-0.28877329t+0.0093685t^2-0.00008877t^3 \tag{5-5}$$

式中 t——桥龄，年；

$CS(t)$——t 时刻桥梁缺损状况等级分值。

上述三次多项式模型是关于单参数桥龄的预测模型，Sanders 和 Zhang 在文献［134］中考虑了五种影响桥梁劣化的因素的影响，并建立了相应的预测模型。

目前，在运用回归模型对桥梁进行状态预测时，采用得最多的是负指数曲线模型。这里可以将全桥结构技术状况评分 D_r 作为预测对象，则回归模型为：

$$D_r=D_{r0}\left[1-e^{-\left(\frac{a}{t}\right)^b}\right] \tag{5-6}$$

式中 D_r——全桥结构技术状况评分；

D_{r0}——桥梁新建或最后一次大修改造后的结构技术状况评分；

t——桥梁新建或最后一次大修改造到预测基年的使用年数；

a，b——回归参数。

利用上述模型，对不同类别的桥梁进行统计回归分析，即可得出各自的回归方程。

在进行数据回归统计分析时，对数据进行科学、有效的处理是十分必要的。在排除错误数据的情况下，应对数据进行误差处理。

1. 系统误差

回归模型的选用是否合理对回归分析的准确性有影响，选用负指数模型作为回归模型可以认为系统误差在可以接受范围内的。

2. 过失误差

数据的可靠性是一个重要的影响因素，不良数据对分析结果影响较大，这可以被认为是过失误差。过失误差的减小可以通过桥梁管理者或者系统研究开发人员根据经验剔除，也可假设数据服从一定的分布规律，然后剔除不满足条件的。

3. 偶然误差

统计的偶然误差一般随机产生，无法控制但其满足统计规律，因此在统计数据足够多的情况下可以不考虑偶然误差的影响。由于无法对样本空间内每一座桥的劣化全过程进行评估，但可以假定样本空间中每一座桥的劣化趋势是相同的，因此可以根据样本空间中处于不同时间和状态的数据可以很好地获得回归模型所需的样本，减小偶然误差对最终结果的影响。回归模型通过一个简单的公式来预测，简单方便，但是它存在着以下的缺点：

（1）没有考虑由劣化的随机性和不可观测的因素引起的不确定性；

（2）没有考虑桥梁个体的当前状态和过去状况，预测的是桥梁群体的平均状况；

（3）它是在桥梁只进行“日常维护”假设的前提下进行预测的；

（4）当桥梁数据库扩充后，模型很难更新。

5.1.2.2 算例

文献［135］根据辽宁省的桥梁实际状况建立了不同类别桥梁的回归方程式，这里引用其关于钢筋混凝土简支板桥梁的回归统计表，见表 5-1。

若某新建钢筋混凝土简支板桥梁位于该地区，公路管理级别为国家干线，设计荷载为汽—20，试预测其前十年的状态变化情况。

由表 5-1 得其回归预测方程为：

钢筋混凝土简支板桥梁的回归参数表 表5-1

公路管理等级	桥梁设计荷载	回归系数 a	回归系数 b	样本数 N	相关系数 K	标准差 S
国家干线	汽-20	23.8069	0.5280	330	0.9253	7.7656
	汽-15	22.7687	0.5344	150	0.9423	3.7347
	汽-10	20.2044	0.4843	84	0.9371	2.7125
省干线	汽-20	23.2152	0.4935	485	0.9334	6.8241
	汽-15	22.5854	0.5140	247	0.9402	3.0889
	汽-10	21.8538	0.5242	88	0.9547	1.7621

$$D_r = 100\left[1 - e^{-\left(\frac{23.8069}{t}\right)^{0.5230}}\right] \tag{5-7}$$

根据式(5-7)可得其劣化趋势图，如图5-3所示。

因此，可得其未来十年的分值与状态等级，见表5-2。

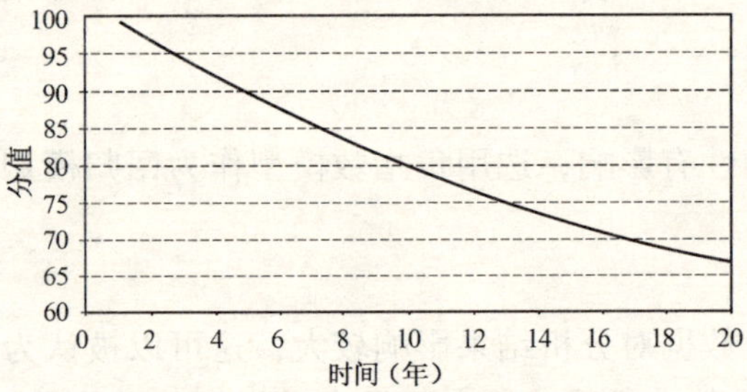

图5-3 状态劣化趋势图

未来十年状态值预测 表5-2

时间点（年）	1	2	3	4	5
预测分值	99.5	97.5	94.5	92.5	89.8
状态等级	一类	一类	一类	一类	一类
时间点（年）	6	7	8	9	10
预测分值	87.4	85.2	83.1	81.2	79.4
状态等级	二类	二类	二类	二类	二类

5.1.3 灰色系统预测模型[123]

5.1.3.1 灰色系统预测模型概述

1. 灰色系统的概念及桥梁结构状态的灰色特征

1982年，中国学者邓聚龙教授创立的灰色系统理论，是一种研究少数据、贫信息不确定性问题的新方法。灰色系统理论以“部分信息已知，部分信息未知”的“小样本”、“贫信息”不确定性系统为研究对象，主要通过对“部分”已知信息的生成、开发，提取有价值的信息，实现对系统运行行为、演化规律的正确描述和有效监控。灰色系统模型对实验观测数据没有什么特殊的要求和限制，因此应用领域十分宽广。

在系统工程和控制论中，人们常用颜色的深浅来形容信息的明确程度，如艾什比(Ashby)将内部信息未知的对象称为黑箱，政治生活中的“透明度”等，这些称谓已被人们普遍接受。用“黑”表示信息未知，用“白”表示信息完全明确，用“灰”表示部分信息明确，部分信息不明确。相应的，信息完全明确的系统称为白色系统，信息未知的系统称为黑色系统，部分信息明确、部分信息不明确的系统称为灰色系统。

对桥梁结构来讲，桥梁结构的工作状态可以视为一个复杂的灰色系统。主要表现在以下几个方面：

（1）桥梁检查监测得到的数据是灰数。灰数是灰色系统的基本单元，是指在某一个区间或某几个一般的数集内取值的不确定数。由于人工检查评分的数据采集方法本身具有主观因素；监测系统自动采集的数据受到环境干扰、仪器误差、系统误差等方面的影响使得采集的数据形式上为确定数值，实际上真实值是某一个临域内变化的灰数。

（2）桥梁结构内部特性是灰数。已建桥梁的内部构造可以参考施工图等已有资料，但施工过程本身存在一定的误差，结构的材料、尺寸以及结构施工方法都是变化的灰数。即使认为这些特性足够精确，结构特性经过时间的积累会产生相应变化，这些变化都是灰色的。例如混凝土碳化、钢筋及钢结构锈蚀等。

（3）影响桥梁结构状态的外部因素是灰数。许多外部因素直接或间接地影响桥梁的工作状态，例如气候条件、交通流量、车辆荷载大小、交通事故或者人为破坏等因素。确定全部的影响因素无法实现，只能诉诸灰色系统理论。

（4）各影响因素之间的联系是灰色的。首先各种因素和桥梁工作状态的联系是灰色的，例如桥梁各部件损伤等级评价只能用有限的整数来表示，评分与工作状态之间的联系是灰色的。其次，各因素之间的联系也是灰色的，例如运用层次分析法评估结构的技术状况，各部分的权重确定具有主观因素，权重的概念就是各部分在系统中所占比重，体现了相互之间关系的灰性。

2. 灰色预测的特点及数学原理

灰色预测系统的基本思想是：以已知信息为基础，对系统未来的状态进行预测，然后按照预测值进行决策。灰色模型预测的方法以灰色模块概念为指导，以已有的一组时间序列信息进行处理后的“生成列”为基础，其特点是：

（1）一般预测理论只能建立差分模型，不能建立微分模型，而灰色系统理论基于关联度收敛原理、生成数、灰导数、灰微分方程等观念和方法建立了微分方程模型。

（2）灰色预测不是从寻求统计规律的角度通过大量样本进行研究，而是用数据生成的方法，将原始数据整理为规律性较强的生成数列，再进行研究。

（3）灰色预测所需要的数据量少，最少时用4个原始数据就可以进行预测，且数据分布不要求很典型。灰色预测模型避开了复杂的多因素关系，不要求很多的白色信息，而是着眼于将系统本身的灰色信息白色化，可以仅从时间序列的灰色信息中挖掘有用信息，寻找系统本身的内在规律，从而达到预测的要求。

通常所说的预测模型一般指 GM（1，1）模型，它是1阶1个变量的微分方程。其微分方程为：

$$\frac{dx^{(1)}}{dt} + ax^{(1)} = b \tag{5-8}$$

令 $x^{(0)}$ 为灰色数据的原始数据时间序列，即 GM（1，1）模型的建模序列：

$$x^{(0)} = (x^{(0)}(1), x^{(0)}(2), \cdots x^{(0)}(n)) \tag{5-9}$$

令 $x^{(1)}$ 为 $x^{(0)}$ 的 1-AGO（Accumulated Generating Operation，一次累加生成）序列，累加生成是使灰色过程由灰变白的一种方法，通过累加可以看出灰量积累过程的发展态势，使离乱的原始数据中蕴含的规律充分显露出来。

$$x^{(1)} = (x^{(1)}(1), x^{(1)}(2), \cdots x^{(1)}(n)) \tag{5-10}$$

$$x^{(1)}(1)=x^{(0)}(1) \tag{5-11}$$

$$x^{(1)}(k)=\sum_{m=1}^{k}x^{(0)}(m) \tag{5-12}$$

令 $z^{(1)}$ 为 $x^{(0)}$ 的紧邻均值序列，即：

$$z^{(1)}(k)=0.5x^{(1)}(k)+0.5x^{(1)}(k-1),k=2,3,\cdots,n \tag{5-13}$$

$$z^{(1)}=(z^{(1)}(2),z^{(1)}(3),\cdots,z^{(1)}(n)) \tag{5-14}$$

则 GM（1，1）模型的基本形式为：

$$x^{(0)}(k)+az^{(1)}(k)=b \tag{5-15}$$

式中　a——发展系数；

b——灰作用量。

以 $k=2$，3，…，n 代入上式，有：

$$\begin{aligned}x^{(0)}(2)+az^{(1)}(2)&=b,\\x^{(0)}(3)+az^{(1)}(3)&=b,\\\vdots\qquad\quad\vdots\quad&\quad\vdots\\x^{(0)}(n)+az^{(1)}(n)&=b.\end{aligned} \tag{5-16}$$

上述方程组可以转化为下述矩阵方程：

$$y_N=\boldsymbol{BP} \tag{5-17}$$

式中：

$y_N=[x^{(0)}(2),x^{(0)}(3),\cdots x^{(0)}(n)]^{\mathrm{T}}$，

$$\boldsymbol{B}=\begin{bmatrix}-z^{(1)}(2) & 1\\-z^{(1)}(3) & 1\\\vdots & \vdots\\-z^{(1)}(n) & 1\end{bmatrix},$$

$$\boldsymbol{P}=\begin{bmatrix}a\\b\end{bmatrix}.$$

其中，$\boldsymbol{B}$ 为数据矩阵，y_N 为数据向量，$\boldsymbol{P}$ 为参数向量。

在最小二乘准则下式（5-13）的解为：

$$\boldsymbol{P}=\begin{bmatrix}a\\b\end{bmatrix}=(\boldsymbol{B}^{\mathrm{T}}\boldsymbol{B})^{-1}\boldsymbol{B}^{\mathrm{T}}y_N \tag{5-18}$$

事实上 $(\boldsymbol{B}^{\mathrm{T}}\boldsymbol{B})^{-1}\boldsymbol{B}^{\mathrm{T}}$ 为数据矩阵 $\boldsymbol{B}$ 的广义逆矩阵。

解 GM（1，1）模型 $x^{(0)}(k)+az^{(1)}(k)=b$ 的时间响应序列为：

$$\hat{x}^{(1)}(k+1)=\left(x^{(0)}(1)-\frac{b}{a}\right)e^{-ak}+\frac{b}{a},(k\geqslant 0) \tag{5-19}$$

式（5-19）即为预测模型的解，要想得出预测值，必须将上式进行还原。

为了提高 GM（1，1）模型的精度，可用残差建立 GM（1，1）模型，以修正原模型。残差修正可以反复进行，直至达到满意的精度为止。

3. 灰色系统预测模型的程序框图

灰色系统预测模型的基本计算程序流程图如图 5-4 所示。

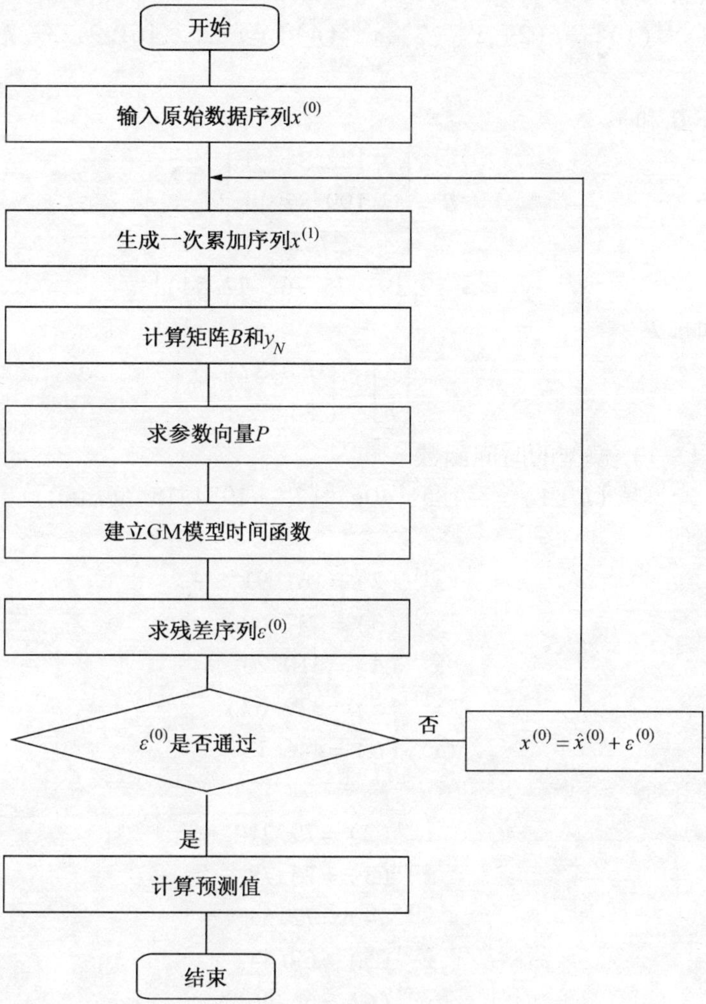

图 5-4　灰色预测计算程序流程图

4. 总结

灰色系统预测模型属于一种概率型的项目级预测模型，它考虑了桥梁劣化的不确定性，但它需获知桥梁个体的至少前四年的数据才能进行预测，并且历史数据越多，预测得越准确。

5.1.3.2　算例

某梁式桥设计荷载为汽-超 20，修建于 1988 年，现有其 4 年的状态数据，见表 5-3，需预测 1999 年、2000 年的状态分值数据。

状态分值表　　表 5-3

序　号	1	2	3	4
年　份	1995 年	1996 年	1997 年	1998 年
状态分值	82.7	79.2	75.8	72.5

1. 灰色信息的原始数据序列

$$x^{(0)}=(z^{(0)}(1),x^{(0)}(2),z^{(0)}(3),x^{(0)}(4))=(82.7,79.2,75.8,72.5)$$

2. 生成一次累加序列

$$x^{(1)}=(z^{(1)}(1),x^{(1)}(2),z^{(1)}(3),x^{(0)}(4))=(82.7,161.9,237.7,310.2)$$

3. 计算矩阵 $\boldsymbol{B}$ 和 y_N

$$\boldsymbol{B}=\begin{bmatrix}-122.34 & 1\\ -199.82 & 1\\ -274 & 1\end{bmatrix}$$

$$y_N=(79.19,\ 75.76,\ 72.54)^{\mathrm{T}}$$

4. 求参数向量 $\boldsymbol{P}$

$$\boldsymbol{P}=\begin{bmatrix}a\\ b\end{bmatrix}=\begin{bmatrix}0.0437\\ 84.52\end{bmatrix}$$

5. 得 GM（1，1）模型的时间函数

$$\hat{x}^{(1)}(k+1)=-1851.40\mathrm{e}^{-0.0437k}+1934.15\quad(k\geqslant 0)$$

6. 生成预测值

$$\hat{x}^{(1)}(2)=161.91$$
$$\hat{x}^{(1)}(3)=237.69$$
$$\hat{x}^{(1)}(4)=310.23$$
$$\hat{x}^{(1)}(5)=379.67$$
$$\hat{x}^{(1)}(6)=446.13$$

7. 将预测值还原

$$\hat{x}^{(0)}(2)=79.21$$
$$\hat{x}^{(0)}(3)=75.78$$
$$\hat{x}^{(0)}(4)=72.54$$
$$\hat{x}^{(0)}(5)=69.44$$
$$\hat{x}^{(0)}(6)=66.46$$

由 $\hat{x}^{(0)}(2),\hat{x}^{(0)}(3),\hat{x}^{(0)}(4)$ 可以看出，预测值与原始值数据相差甚微，可免去精度修正。因此可以预测出该桥梁在 1999 年和 2000 年的状态分值分别为 69.44 和 66.46。

5.1.4　基于事例推理的预测模型[123]

基于事例推理预测模型是近年来出现的一种新方法，尚处在初步的研究阶段，但是它有着良好的应用前景。根据 Maher 的定义[136]，基于事例推理（Case-based Reasoning，简称 CBR）是一种解决问题的方法，它将已解决的问题及其详细信息存储在事例库中，在遇到新的问题时，参考事例库中已解决的问题的信息，使新问题得到合理的解决。CBR 系统是一种模拟人类大脑类推思维的计算机工具，它如同专家在解决新问题时利用自己以往解决的相似问题的经验一样。

5.1.4.1　内容

基于事例推理方法一般包含四个方面的内容，如图 5-5 所示。

1. 事例描述

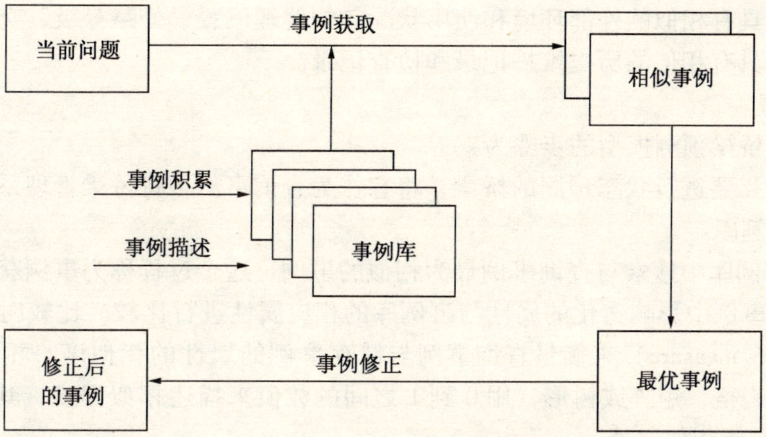

图5-5 基于事例推理方法流程示意图

详细的描述事例库中每个事例的内容，并且以一种计算机可识别比较的方式存储到系统当中。对于一些简单结构的事例通过简单的描述即可有效地表达出，对于一些复杂结构的事例需通过子事例来进行描述。

2. 事例积累

它负责将新的事例添加到事例库中，以扩大 CBR 模型的学习能力。

3. 事例获取

它负责获取与当前问题相似的事例，以参考并利用它来分析当前问题。这种获取过程其实就是搜索与匹配的过程，首先搜索出与当前问题相似的事例，然后得到最相似的事例。关于如何获得“最相似事例”有以下三种方法[136]：

（1）相似特征数目最多法

这种方法认为如果相似的属性越多，那么就认为相似度越大。它是建立在不区分各属性重要性的基础上的，即认为各个属性的重要性是相同的。

（2）最近邻法

最近邻法区分了各个属性重要性的不同，对各属性按重要性不同进行赋权，权重可以是确定的数值，也可以是模糊的数值，最后按照加权平均得出整体相似度。

（3）当前问题决定法

最近邻法中各属性的权重，无论是确定的数值还是模糊数值都是已确定好的、是固定的，但在当前问题决定法中各属性的权重根据当前问题的不同而不同，是动态的，而非静态固定的。Stanfill 在文献［137］中提出了一种动态确定属性权重的方法。

上述三种方法中，最近邻法应用得最为广泛，它对各属性按重要性程度不同赋予了不同的权重，最后得到的相似度足够可靠，同时它简单易行。

4. 事例调整修正

查询到的相似事例与当前事例往往存在差异，因此，往往需要进行调整修正，这种调整需要特定的具体领域的知识。

利用 CBR 来预测桥梁的劣化是基于下列假定进行的：

（1）桥梁具有相似的物理特征，如材料、结构组成、横截面、跨径等；

（2）桥梁具有相似的外部环境和使用状况，如地理位置、公路等级、交通状况；

（3）桥梁具有相似的历史维护记录和检查记录。

5.1.4.2　步骤

CBR 建立桥梁预测模型的步骤为：

（1）确定需要进行状态预测的桥梁，将它作为查询事例，将桥梁管理系统中存储的其他桥梁作为事例库。

（2）在事例库中搜索与查询事例最为相似的事例，这个过程称为事例获取。在这个过程中，把查询事例中影响劣化的属性与事例库的相应属性进行比较。比较时，用相似度测量法（similarity measure）来衡量查询事例与储存事例的属性的相似度。相似测量法可以是一个函数、表格、矩阵或树形，用0到1之间的数值来描述相似程度，其中1表示完全一致，0表示毫无相似之处。

然后采用“最近邻法”（nearest-neighbor approach）来确定事例的整体相似度。在这个方法里要求对每个属性赋予一个权重，随后可求得事例的整体相似程度。

计算公式如下：

$$AGS = TAS/TAW \tag{5-20}$$

$$TAW = \sum_{i=1}^{n} AW_i \tag{5-21}$$

$$TAS = \sum_{i=1}^{n} AS_i \times AW_i \tag{5-22}$$

在确定属性之间的相似度之前，需对桥梁的属性进行分类，根据 Morcous 的分类[138]，桥梁的属性按其相似度的确定方式可分为如图5-6所示的几种。

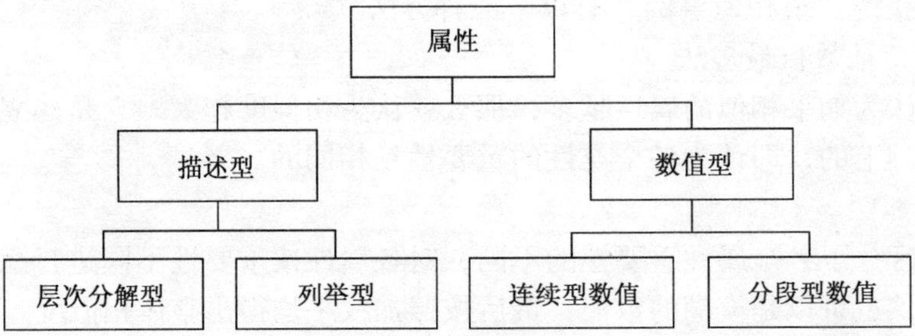

图5-6　属性分类图

现以一个例子进行说明，查询事例与存储事例的属性描述如表5-4所示，表5-5为各属性的说明。

事例定义　　表5-4

属性名称	查询事例	存储事例
材料类型	预制钢筋混凝土	现浇预应力混凝土
跨径（m）	30	25
结构类型	连续桥梁	连续桥梁

属性说明　　表5-5

属性名称	属性类型	重要性程度	属性权重
材料类型	层次分解型	重　要	0.6
跨　径	分段数值型	轻微重要	0.2
结构类型	列 举 型	相对重要	0.4

对材料类型而言，其层次分解如图5-7所示。

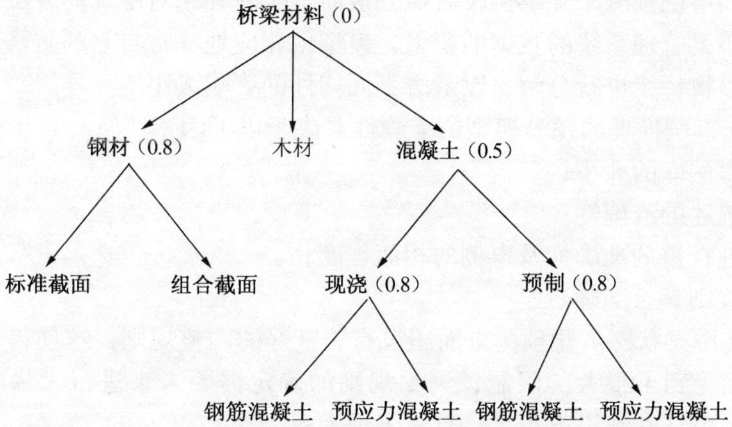

图5-7 材料属性分解图（图中括号内数据表示相似度）

由图5-7可得，查询事例与存储事例的材料相似度为 $0.8\times0.5=0.4$。

跨径的相似度计算方式为分段数值型，如表5-6所示。

跨径的相似度 表5-6

跨径差异度	相似度	相似水平
$0\leqslant D<0.05$	1	极度相似
$0.05\leqslant D<0.10$	0.6	相 似
$0.10\leqslant D<0.20$	0.2	轻微相似
$0.20\leqslant D$	0	不 相 似

表5-6中，$D=\left|\dfrac{\text{查询桥跨径}-\text{事例桥跨径}}{\text{查询桥跨径}}\right|$，本例的 $D=0.167$，所以跨径的相似度为0.2。由于结构类型相同，所以结构类型的相似度为1。

根据式（5-20）和式（5-22）可得：

$$TAW=\sum_{i=1}^{n}AW_i=0.6+0.2+0.4=1.2$$

$$TAS=\sum_{i=1}^{n}AS_i\times AW_i=0.4\times0.6+0.2\times0.2+1\times0.4=0.68$$

$$AGS=TAS/TAW=0.68/1.2=0.567$$

故上述事例查询桥与存储桥的相似度为0.567。

（3）事实上，查询事例与存储的事例往往不能严格的匹配，或多或少存在一些差异，那么就需要对“获取的桥梁事例”（retrieved case）进行修正，以便对查询桥进行状态预测。由于影响桥梁劣化的因素非常复杂且难于观察，这方面的知识非常缺乏。因此，替代法用得较多，它通过专家的知识来制定调整规则对“获取的桥梁事例”进行修正。

（4）如果获得了既有桥梁的新的数据或有新的桥梁修建，那么应将它们加入到事例库中。这样就可以扩充事例库，增大获取相似事例的概率。

5.1.4.3 优点与缺点

基于事例推理的劣化预测方法具有以下的优点：

（1）它利用最新的历史事例库，这样就最大限度地降低了劣化过程的不确定性和随机性带来的影响，因为最新的历史事例库包含了由一些未知因素引起的影响。

（2）它可以预测不同的维护决策带来的影响，因为它可以根据不同的维护决策查询相应的相似事例。

（3）用已知事例预测未知事例较其他方法而言是一种相对准确的方法。

（4）随着桥梁管理系统的数据的积累，模型也相应地非常自然的被修正了。

（5）它可以将桥梁进行分解，以考虑不同构件的影响大小不一样。

综上，基于事例推理的预测模型的准确性取决于以下因素：

（1）历史事例库的大小；

（2）事例描述的准确性；

（3）各属性权重的准确性及事例的相似程度；

（4）调整规则是否准确。

由于目前在桥梁状态劣化预测方面还没有非常好的调整规则，这使得基于事例推理的预测模型的应用受到了很大的限制，调整规则的确定需要未来进行大量的研究。除此之外，CBR 预测模型还存在以下不足，具体表现为：

（1）确定各属性的权重及相似度需要工程师的判断，具有较强的主观性。

（2）按"特定领域知识（domain-specific knowledge）"校正事例是个很复杂的工作。

（3）CBR 技术本质上是一种类比的方法，当时间跨度较大时，模拟效果就不够理想。

另外，当前所使用的混凝土中的水泥、掺合料和外加剂等组分与40年前均不同，水泥颗粒更细，掺合料和外加剂的种类更多、含量也不同。此外，由于环境、气候的变化也使情况与多年以前有所不同。因此，如果要提高 CBR 模型的性能，需将一些重要的劣化因素（如：混凝土保护层、结构的保护系统、施工操作、使用除冰盐、养护行为等）整合到事例的描述信息中。此外，桥梁建造年代不同对模拟结果的影响也需要进一步的研究。

5.1.4.4　示例

下面用一个简单的例子来说明 CBR 模型进行桥梁状态预测的大致原理。如图5-8所示，已知某桥（查询桥）使用了35年，即 $A_q=35$，检测和养护记录到现在已经有15年，即 $P_q=15$，要预测今后5年该桥的状态值。该地区，桥梁的状态值划分为0～6，6代表最好状态，0代表最差状态。

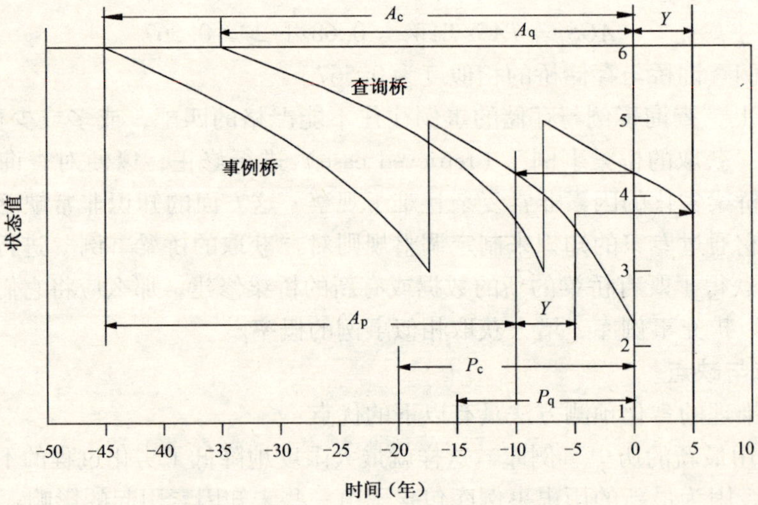

图5-8　CBR 模型进行预测的示意图

按下列条件对事例库进行检索，查询出最为相似的事例：

（1）检索到的事例和需要预测的查询事例具有相似的特征（与劣化有关的结构系统、地域、交通量等）。

（2）存在一个时间段，这里为 A_q（即35年），使得检索事例有35年和查询事例的状态相匹配。

（3）存储事例在匹配期后存在至少5年的记录，这里用 Y 表示。

（4）检查和维护情况大致相似。

经检索，得到的事例桥梁的桥龄为45年，即 $A_c=45$，检测和养护记录至今20年，即 $P_c=20$ 年，因此，根据图5-8可得查询桥梁五年后的状态值为3.7。

5.1.5 马尔可夫预测模型[123]

桥梁状态的变化速率是不确定的，而回归分析模型仅能反映桥梁状态变化的平均速率，无法反映它的不确定性，因而其准确性无法较好的保证。灰色预测虽然属于不确定性预测模型，但对于单座桥梁而言往往是采用极其少量的已知数据来进行预测，预测结果的可信度得不到保障。基于CBR的预测模型相对是一种较为准确的模型，但是它需要庞大的事件库作为支撑，同时事件类比时的调整规则难于制定。这里采用的马尔可夫模型不但可以反映桥梁状态变化速率的不确定性，也可利用路网上众多桥梁的信息，因此其准确度得到了提高，它的精度主要由初始状态向量和转移概率矩阵的估算准确度来控制。

马尔可夫模型主要有以下优点：

（1）它能够反映与状态劣化有关的一些不确定性，如荷载、评估方法、劣化的内在影响因素等。

（2）它只需桥梁的当前状态就可预测未来的状态。

（3）因为它的强大计算效率和简便易用，因此可以很好地适用于网级水平。

基于以上比较和马尔可夫具备的优点，本书将建立适合的马尔可夫模型来对桥梁的状态进行预测。

5.1.5.1 马尔可夫过程介绍

“马尔可夫过程”是由俄国数学家马尔可夫（A. A. Markov）于20世纪提出来的，它是全部随机过程集合中的一个子集，适用于离散时间的随机过程。随机过程中的变量取值称为状态，它的全部可能取值组成的集合称为状态空间，指标参数全部可能取值组成的集合称为参数空间，这里讨论的随机过程的状态和参数都是离散的。随机变量 X 的状态空间为（0，1，2，3，…，N），它的时间参数是离散的时间段。假设随机过程 $\{X_n,\ n=0,1,2,3,\cdots,N\}$，若 X_n 只依赖 X_n-1 而不依赖于 X_n-2，X_n-3，…，即：

$$P=\{X_n=j_n|X_{n-1}=j_{n-1},X_{n-2}=j_{n-2},\cdots,X_0=j_0\}=P\{X_n=j_n|X_{n-1}=j_{n-1}\} \tag{5-23}$$

这就是离散状态及离散参数的马尔可夫过程，叫做马尔可夫链（Markov Chain）。

马尔可夫过程最核心的内容是状态转移矩阵，设上述马尔可夫过程的一步转移概率矩阵为：

$$\boldsymbol{P}=\begin{bmatrix} p_{11} & \cdots & p_{1k} \\ \vdots & \vdots & \vdots \\ p_{k1} & \cdots & p_{kk} \end{bmatrix},0\leqslant p_{ij}\leqslant 1,i,j=1,2,\cdots k,\text{ 且}\sum_{j=1}^{k}p_{ij}=1 \tag{5-24}$$

式中 p_{ij}——状态 i 一步转移到状态 j 的概率。

对于 n 步转移概率，有：

$$p(n)=p(n-1)\cdot p=p^{n} \tag{5-25}$$

在运用马尔可夫过程对桥梁状态进行劣化预测时，为了简化计算，往往采用下面两个假设：

(1) 马尔可夫假设：这个假设指出，由任何时间状态都可以预言由此往后的过程，而无需知道该状态以前的情况。即"已知当前，将来与过去无关"，"该过程是健忘的"。在这里也就是桥梁的未来状态等级只取决于当前的状态而与过去的状态等级无关。

(2) 桥梁的检查周期相等，也就是桥梁的每次状态评定的时间间隔相等。

实际中的桥梁状态劣化是否符合马尔可夫假设？事实上，桥梁的检查周期也并非严格相等，这对桥梁状态预测的影响大不大？该如何消除？这是应用上述马尔可夫模型之前需解决的问题。

5.1.5.2 马尔可夫假设的验证

参照文献［139］，在验证马尔可夫假设之前定义下列符号：

$P(j,m|i)$：表示在过去状态为 i 的情况下，由当前状态 j 转移到 m 的概率（$i\geqslant j\geqslant m$）。

STS（State Transition Sequence）：表示状态转移序列，它包含过去—现在—将来三个状态。如（8，7|9），表示过去状态为9，现在状态为8，将来状态为7的序列。

SSO（State Sequence Occurrences）：表示特定的状态序列发生的次数。

TSO（Two-State Occurrences）：表示特定的两状态序列发生的次数，这里指过去状态到当前状态发生的次数。

然后即可利用下式求出转移概率，

$$p(j,m|i)=\frac{SSO}{TSO} \tag{5-26}$$

也就是
$$p(j,m|i)=\frac{[\sum(j,m|i)\text{次数}]}{[\sum(i,j)\text{次数}]}$$

下面利用美国弗吉尼亚州（Virginia）交通部门提供的数据，根据具体的事例来分析不同情况下的转移概率矩阵。

P（8，8|9）与 P（8，8|8）的对比 表5-7

状态转移序列（*STS*）	状态序列发生次数（*SSO*）	两状态序列发生次数（*TSO*）	$P=\frac{SSO}{TSO}$	概率差值 Δ
（8，8|9）	4	8	0.500	0.018
（8，8|8）	286	552	0.518	

表5-7为研究的事例一，我们感兴趣的是由状态8（当前状态）转移到状态8（未来状态）是否与过去的状态（8或9）有关。如果马尔可夫假设成立，那么未来状态与过去状态将相互独立，是无关的。由表5-7可知，由过去状态9转移到当前状态8总共有8个事例，其中有4个在未来转移为状态8，因此 $P(8,8\mid 9)=0.500$，同理如果过去状态为8，那么可得 $P(8,8\mid 8)=0.518$，因此 $P(8,8\mid 9)$ 与 $P(8,8\mid 8)$ 的差值为0.018。表5-8和表

5-9 列出了另外两个对比事例。

P（7，7|8）与 P（7，7|7）的对比　　**表 5-8**

状态转移序列（STS）	状态序列发生次数（SSO）	两状态序列发生次数（TSO）	$P=\frac{SSO}{TSO}$	概率差值 Δ
(7，7|8)	82	210	0.390	0.011
(7，7|7)	207	546	0.379	

P（7，6|8）与 P（7，6|7）的对比　　**表 5-9**

状态转移序列（STS）	状态序列发生次数（SSO）	两状态序列发生次数（TSO）	$P=\frac{SSO}{TSO}$	概率差值 Δ
(7，6|8)	15	210	0.071	0.002
(7，6|7)	40	546	0.073	

上面的三个事例说明由于过去状态的不同而引起的概率差值是非常微小的，因此可以认为桥梁的未来状态与过去的状态无关，只与当前的状态有关。

上述的论证方式是一种非正式的方法，下面利用理论测试即基于 χ^2 统计的知识证明马尔可夫假设能否被接受，表 5-10 为 χ^2 统计时需用到的统计表。

χ^2 统计表　　**表 5-10**

序列编号	序列发生次数	非序列发生次数	总　计
1	a	b	$a+b$
2	c	d	$c+d$
总　计	$a+c$	$b+d$	$a+b+c+d$

设"过去状态不同的两个序列的状态转移分布是相同的"为一假命题，对于表 5-10 而言，其 χ^2 值为：

$$\chi^2=\frac{(ad-bc)(a+b+c+d)}{(a+b)(c+d)(a+c)(b+d)} \tag{5-27}$$

根据 χ^2 值可以得出显著性水平 α。

根据上述三个事例可得出它们的 χ^2 值和显著水平 α。

事例一，即 P（8，8|9）与 P（8，8|8）：

$$\chi^2=\frac{(6400)(560)}{(8)(552)(290)(270)}=0.0104,\ \alpha=0.9233$$

事例二，即 P（7，7|8）与 P（7，6|7）：

$$\chi^2=\frac{(1695204)(756)}{(210)(546)(289)(467)}=0.0828,\ \alpha=0.7835$$

事例三，即 P（7，6|8）与 P（7，6|7）：

$$\chi^2 = \frac{(44100)(756)}{(55)(701)(546)(210)} = 0.0075,\ \alpha = 0.9354$$

通过三个事例的χ^2统计可知，它们的两种序列拥有相同概率转移分布的显著水平α都相当高，其中最小的为0.7835，即使这样，它仍然可以被认为达到了一个很高的水平。因此“过去状态不同的两个序列的状态转移分布是相同的”命题不假，也就说它是真命题。这种理论测试进一步证实了桥梁状态劣化满足马尔可夫假设，将该假设用到桥梁状态预测上是合理的、可接受的。

5.1.5.3 桥梁检查周期的修正

桥梁的检查往往是根据事先制定的检查计划而进行的，一般是每隔一个特定的周期就检查一次，我国规范规定定期检查的周期一般不应超过三年。在实际中，由于技术、财政、环境、社会、政治等方面的原因，桥梁检查周期严格等于一个特定的时间段往往是不可能的。在应用马尔可夫模型预测时往往按照一个固定的转移周期来进行，这往往会带来很大的误差。加拿大魁北克州的桥梁数据表明，如果不考虑这种“变周期”的影响而运用马尔可夫模型进行状态预测的话，预测结果与实际状况将会产生22%的误差。

根据魁北克州的桥梁检查周期资料，魁北克州的桥梁检查周期的概率分布如图5-9所示。

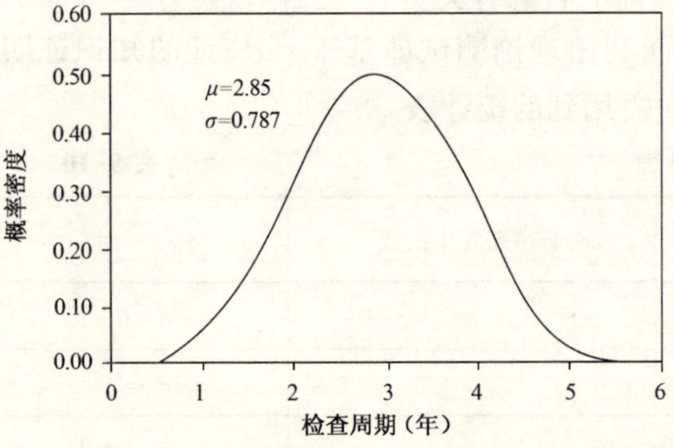

图5-9 魁北克州桥梁检查周期概率分布图

图5-9表明，魁北克州桥梁的检查周期呈正态分布，平均检查周期为2.85年，标准差为0.787年。

由于实际的桥梁检查工作往往没有按照事先制定的时程表来进行，会引起较大的预测差。现引入贝叶斯法则，以对这种状况作出修正。

给定检查周期*IP*（Inspection Period）为x，p表示状态转移概率，*CT*（Condition Transition）表示状态转移，则有：

$$p^{\mathrm{adj}}(CT = i \rightarrow j) = p^{\mathrm{unadj}}(CT = i \rightarrow j) \times \frac{p(IP = x \mid CT = i \rightarrow j)}{p(IP = x \mid i)} \tag{5-28}$$

式中 $p^{\mathrm{adj}}(CT = i \rightarrow j)$——按特定周期$x$修正后的转移概率；

$p^{\mathrm{unadj}}(CT = i \rightarrow j)$——修正前的转移概率；

$p(IP = x \mid CT = i \rightarrow j)$——检查周期为$x$且由$i$转移到$j$的概率；

$p(IP = x \mid i)$——检查周期为x且初状态为f的概率；

$\dfrac{p(IP = x \mid CT = i \rightarrow j)}{p(IP = x \mid i)}$——调整因子。

若给定检查周期为3，则有：

$$P_{5,4}^{\mathrm{adj}} = P_{5,4}^{\mathrm{unadj}} \times \frac{P(IP = 3 \mid i = 5, j = 4)}{P(x = 3 \mid i = 5)}$$

图5-10是魁北克州桥面系的状态预测曲线，分为经调整后的和未经调整的两种劣化曲线。

图5-10表明，若极限状态值为3，未经调整的预测曲线将产生7年的误差，约占桥面系预测服务寿命的19%；若极限状态为2，未经调整的预测曲线将产生13年的误差，约占桥面系预测服务寿命的22%。同时还表明极限状态越低，产生的误差将越大。

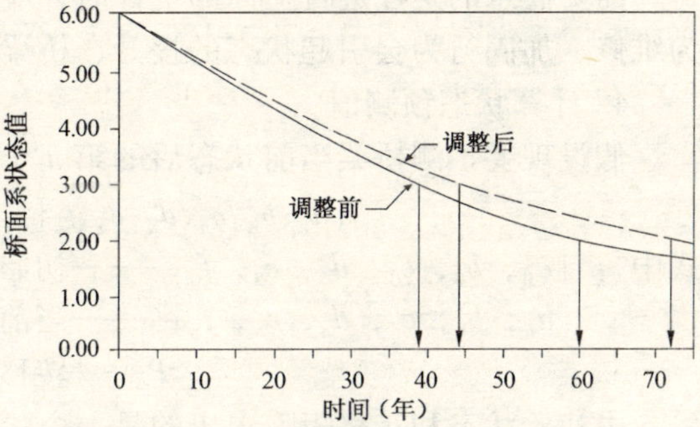

图5-10 魁北克州桥面系的两种状态劣化曲线对比

5.1.5.4 建立马尔可夫预测模型

建立马尔可夫过程劣化模型主要有以下几个步骤：

1. 确定预测主体

预测的主体与评估模型的评级主体是基本相同的，评估和预测的模型的主体可以是整桥、桥跨、构件等。各类实体的马尔可夫模型劣化预测的原理大致是相同的，本书的研究主要是针对整桥来进行。

2. 定义主体状态空间及状态向量

桥梁劣化过程是假设桥梁在自然外界的影响下状态在一个有限的离散集合逐渐降低。我国规范将桥梁技术状况分为五类，对应六个状态。由于桥梁在常养护情况下其实际劣化速度较慢，因此本书将桥梁的状态空间加以改进，在规范的划分基础上进行细分，这样更能较充分的凸现出桥梁的劣化过程，具体划分如表5-11所示。

桥梁状态划分表 表5-11

评　分	状态值	分　类
$95 \leq D_r \leq 100$	1	一类
$88 \leq D_r < 95$	2	一类
$75 \leq D_r < 88$	3	二类
$60 \leq D_r < 75$	4	二类
$50 \leq D_r < 60$	5	三类
$40 \leq D_r < 50$	6	三类

表5-11中D_r表示全桥技术状况评分，由于评分低于40的属于四类、五类桥，属于危桥，在出现之前往往经过了大修或改造，实际中很难出现，所以这里不予考虑。

在运用马尔可夫模型预测桥梁状态转移时，需要用到状态向量，桥梁的状态向量表示桥梁处于各个状态等级的概率，对于新建桥梁，它处于完好状态，其状态值为1，那么其状态向量为$\boldsymbol{a}_0=\{1,0,0,0,0,0\}$，对于已知状态值为3的桥梁，其状态向量则为$\boldsymbol{a}_0=\{0,0,1,0,0,0\}$。

3. 计算状态转移概率矩阵

应用马尔可夫模型的核心是状态转移概率矩阵的确定。概率转移矩阵一般通过统计知识或专家知识等方法获得。戴宇文等用统计转换频率的方法来确定状态转移概率矩阵来对桥梁技术状况进行预测[128]，陈晨通过牛顿迭代法来求出转移概率矩阵对桥梁技术状况进行预测[129]，Morcous提到利用使预测状态值与实际状态值总体误差最小化的方法求得转移矩阵。后两种方法需要桥梁全寿命的未经维修的状态数据，而实际中很难获得这样的数据，所以应用不多。这里采用基于统计的办法获得概率转移矩阵。

$$p_{ij}=\frac{n_{i,j}}{n_i} \tag{5-29}$$

式中 p_{ij}——给定时间段里状态i转移到j的概率；

$n_{i,j}$——上述给定时间段里状态i转移到j的次数；

n_i——上述给定时间段里状态 i 出现的次数。

需要注意的是在进行上面的统计时，应该去掉包含有维修、加固行为的检查周期，因为维修、加固行为会引起状态的提升，桥梁劣化就不是日常维护情况下的自然劣化。

4. 计算状态预测值

假设现要预测桥梁当前状态后的第 n 个检测周期末的状态值，则有：

$$\{a_n,b_n,c_n,d_n,e_n,f_n\} = \{a_0,b_0,c_0,d_0,e_0,f_0\} \cdot \boldsymbol{p}^n \tag{5-30}$$

式中　$\{a_0, b_0, c_0, d_0, e_0, f_0\}$ ——初始状态向量；

$\{a_n, b_n, c_n, d_n, e_n, f_n\}$ ——当前状态后的第 n 个检测周期末的状态向量；

$\boldsymbol{P}$——转移概率矩阵。

由初始状态和转移矩阵求出的是一个状态向量，而实际中往往需要一个直观的、确定的状态值衡量桥梁的技术状况等级，同时这样也有利于桥梁的状态对比。目前关于由状态概率分布向量确定状态值的方法有：最大隶属度法、模糊贴近度法、加权平均法。最大隶属度法往往忽略非最大值的信息，模糊贴近度法计算过程稍显复杂，加权平均法直观，计算简单，且结果比较合理。因此，此处状态值的判定采用加权平均法。以 v_n 代表当前状态后的第 n 个检测周期末的状态值，则有：

$$v_n = a_n + 2b_n + 3c_n + 4d_n + 5e_n + 6f_n \tag{5-31}$$

根据 v_n 的值，对照表 5-11 即可得出桥梁的技术状况等级。

5.1.5.5　算例

参照文献［139］，可知某地区桥梁众多，其定期检查周期以两年居多，其状态转移统计规律如表 5-12 所示。现预测该地区某新建桥梁 20 年后的状态值。

桥梁状态转移表　　**表 5-12**

状态值	1	2	3	4	5	≥6
1	0.250	0.583	0.167	0	0	0
2	0	0.538	0.334	0.103	0.021	0.004
3	0	0	0.542	0.332	0.102	0.024
4	0	0	0	0.783	0.130	0.087
5	0	0	0	0	0.767	0.233
≥6	0	0	0	0	0	1

由于桥梁在一个转移周期内状态下滑一般不会太快，即状态下降值不超过 2，所以由上面的状态转移表经调整可得如下的概率转移矩阵 $\boldsymbol{P}^{\text{unadj}}$

$$\boldsymbol{p}^{\text{unadj}} = \begin{bmatrix} 0.25 & 0.583 & 0.167 & 0 & 0 & 0 \\ 0 & 0.538 & 0.334 & 0.128 & 0 & 0 \\ 0 & 0 & 0.542 & 0.332 & 0.126 & 0 \\ 0 & 0 & 0 & 0.783 & 0.13 & 0.087 \\ 0 & 0 & 0 & 0 & 0.767 & 0.233 \\ 0 & 0 & 0 & 0 & 0 & 1 \end{bmatrix}$$

将两年作为计算模型的转移周期，经过统计计算，得由检查周期不均引起的调整因子矩阵 $\boldsymbol{R}$ 为：

$$\boldsymbol{R}=\begin{bmatrix}0.0135 & 0.9524 & 1 & 0 & 0 & 0\\ 0 & 1.0115 & 0.8333 & 1 & 0 & 0\\ 0 & 0 & 1 & 0.9286 & 1.0770 & 0\\ 0 & 0 & 0 & 1.0411 & 0.75 & 1\\ 0 & 0 & 0 & 0 & 1.1047 & 0.3571\\ 0 & 0 & 0 & 0 & 0 & 1\end{bmatrix}$$

则调整后的转移矩阵为：

$$\boldsymbol{p}^{\text{adj}}=\boldsymbol{p}^{\text{unadj}}\cdot{}^{*}\boldsymbol{R}=\begin{bmatrix}0.2525 & 0.5538 & 0.1670 & 0 & 0 & 0\\ 0 & 0.5434 & 0.2772 & 0.1280 & 0 & 0\\ 0 & 0 & 0.5420 & 0.3088 & 0.1361 & 0\\ 0 & 0 & 0 & 0.8143 & 0.0975 & 0.0870\\ 0 & 0 & 0 & 0 & 0.8437 & 0.0842\\ 0 & 0 & 0 & 0 & 0 & 1\end{bmatrix}$$

式中：$\cdot{}^{*}$代表数组乘法，也就是矩阵对应的元素相乘。

将 $\boldsymbol{P}^{\text{adj}}$ 中的各行进行归一化处理，得最终的转移矩阵为：

$$\boldsymbol{P}=\begin{bmatrix}0.2594 & 0.5690 & 0.1756 & 0 & 0 & 0\\ 0 & 0.5728 & 0.2922 & 0.1349 & 0 & 0\\ 0 & 0 & 0.5492 & 0.3129 & 0.1379 & 0\\ 0 & 0 & 0 & 0.8153 & 0.0976 & 0.0871\\ 0 & 0 & 0 & 0 & 0.9093 & 0.0907\\ 0 & 0 & 0 & 0 & 0 & 1\end{bmatrix}$$

对于新建桥梁而言其初始状态向量 $\boldsymbol{a}_0=\{1,0,0,0,0,0\}$，那么经过 20 年也就是十个检查周期后，其状态向量为：

$$\boldsymbol{a}_{20}=\boldsymbol{a}_0(\boldsymbol{P}^{10})=\{0,0.0069,0.0263,0.2657,0.3323,0.3740\}$$

那么按式（5-31）得其状态值为：

$$v_{20}=0.0069\times2+0.0263\times3+0.2657\times4+0.3323\times5+0.3740\times6=5.061$$

所以到第 20 年，预计该桥的状态值为 5，属于三类桥。

同理，可以求出第 2 年、第 4 年、第 6 年等的状态值，最终可以预测该桥前 20 年的状态变化情况，如图 5-11 所示。

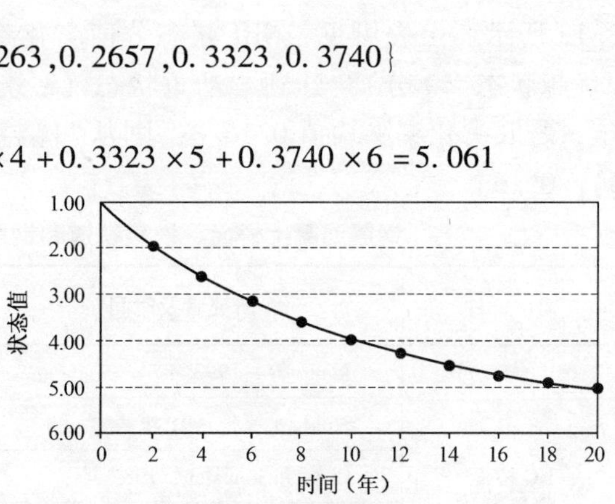

图 5-11 状态演变图

5.1.6 小结

桥梁在内、外部因素的作用下，劣化是一个不可避免的过程。合理地进行桥梁劣化预测可以科学地分配维护资金和制订维护决策，从而提高桥梁的服务水平。目前用于预测的模型主要有回归分析模型、灰色预测模型、人工智能模型、马尔可夫预测模型等。本节对回归分析法、灰色预测法、基于事件推理预测法的原理进行了阐述，并给出了预测事例。

回归分析模型属于确定性的模型，而桥梁的劣化往往带有很大的不确定性。此外，其预测结果代表的是桥梁群体的平均水平；灰色预测根据桥梁个体的历史数据来进行预测，而单座桥梁的历史状态数据往往极其有限，这使得灰色预测模型受到限制或预测结果的可信度不高；基于事件推理的模型较其他模型而言，预测结果相对准确且能考虑维修的影响，但它需要庞大的事例库和准确的调整规则。因此本节在对马尔可夫模型详细论证的基础上，经过修正，建立了可应用到实际中的马尔可夫预测模型。

5.2　桥梁劣化模型概述

桥梁的劣化存在大量的不确定性，而劣化起因主要包括：氯离子的侵入或混凝土的碳化诱发的钢筋锈蚀、碱骨料反应、冻融循环引起的损伤、硫酸盐侵蚀和延迟的铝酸盐反应、施工粗糙、车辆冲击、环境污染引起的化学反应、疲劳、支承条件变化以及徐变等。另外，桥梁的结构形式繁多，不同的结构存在不同的劣化模式，对桥梁的劣化预测进行准确的建模仍是一个挑战。

在现行的桥梁管理系统中，劣化预测往往是针对桥梁缺损状况的总体预测，其基本思路是在统计数据上的定量建模和概率分析。目前主要的预测方法有：回归模型法（常用的是非线性的凸模型）、马尔可夫链法、人工智能系统、灰色系统模型以及组合预测法等。

国外很多研究者提出了把NBI状态劣化视为线性或非线性的模型。例如，Jiang和Sinha提出了混凝土桥梁上部结构多项式非线性状态分模型[126]：

$$CS(t)=9.0-0.28877329t+0.0093685t^2-0.00008877t^3$$

公式中 $CS(t)$ 被定义为 t 年时的NBI状态分值。

Hearn等人归纳了针对钢筋混凝土桥面、铁路轨道和钢筋混凝土下部结构的几项研究结果[140]，这些研究结果（线性模型）有的是基于统计数据，有的是基于专家观点，如表5-13所示。由表可见，NBI状态分值劣化率为0.10～0.22/a。于是，无预防维修时，从“优越状态（9分）”达到“严重状态（3分）（要求采取重大维修措施）”将经历27～60年；若取劣化率平均值0.16/a，则从“优越状态”达到“严重状态”将经历37.5年[(9－3)/0.16]。

钢筋混凝土桥面、铁路轨道和钢筋混凝土下部结构的劣化率研究结果　　表5-13

构　件	研究者及时间	基　础	劣化率（每年NBI状态分值损失）
RC桥面	James等，1993年	数据	0.21
	Stukhart等，1991年	专家	0.152
	Chen和Johnston，1987年	数据	0.123
	Morrow和Johnston，1994年	数据	0.111
	Al Rahim和Johnston，1991年	数据	0.104
钢路轨	Morrow和Johnston，1994年	数据	0.135

续表

构　件	研究者及时间	基　础	劣化率 （每年 NBI 状态分值损失）
RC 下部结构	James 等，1993 年	数据	0.219
	Stukhart 等，1991 年	专家	0.143
	Chen 和 Johnston，1987 年	数据	0.114
	Morrow 和 Johnston，1994 年	数据	0.119
	Al Rahim 和 Johnston，1991 年	数据	0.119

Thoft-Christensen 提出了受氯离子侵袭的钢筋混凝土结构劣化的 4 段 6 步骤线性劣化模型[141]，如图 5-12　所示。图 5-12 中所显示的可靠度指标 β 跟时间的关系体现了可靠度指标劣化的六个步骤，这些步骤的定义如下：

一般地，钢筋锈蚀与混凝土结构耐久性的关系大致如图 5-13 所示。t_0—t_1 阶段，碳化前锋面逐渐到达到钢筋表面或 Cl^- 在钢筋表面的浓度积累达到临界值，钢筋钝化膜不再稳定，开始活化。t_1—t_2 阶段，钢筋开始发生局部腐蚀，腐蚀产物积累膨胀最终导致混凝土保护层开裂。t_2—t_3 阶段，钢筋严重锈蚀，混凝土保护层大面积开裂，钢筋与混凝土黏结力逐渐丧失，导致计算简图彻底改变，结构承载力丧失。

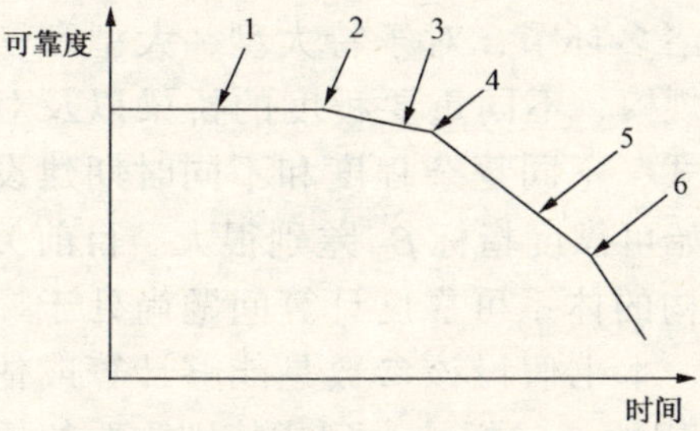

图 5-12　受氯离子侵袭的钢筋混凝土结构的劣化的 6 步骤示意图

1—氯离子侵入混凝土；2—钢筋锈蚀开始；3—钢筋锈蚀发展；4—混凝土出现纵向裂缝；5—混凝土裂缝发展；6—混凝土开始脱落剥离

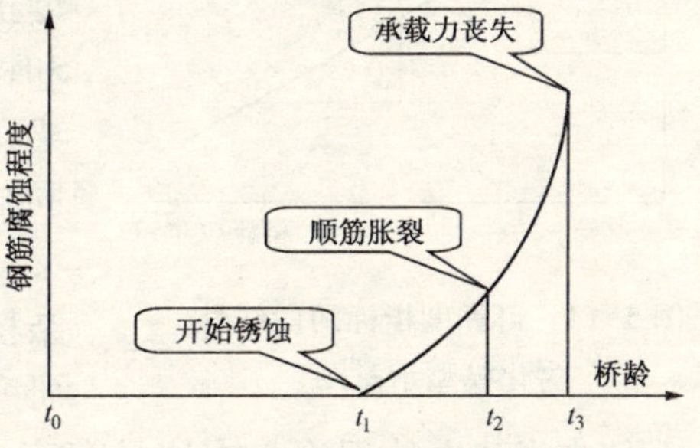

图 5-13　钢筋锈蚀与结构寿命的关系

下面从国外学者提出的两段线性劣化模型出发，针对钢筋混凝土桥梁结构，进一步提出四段线性劣化模型、非线性劣化模型以及线性与非线性混合的劣化模型，并通过作者提出的“生效函数法”建立这些模型的既简单又统一的指标计算公式，从而使桥梁维修的分析与优化工作更方便、更容易、更简明。这些劣化模型将为不同劣化模式匹配准确的劣化模型提供更大的选择余地，因为准确的桥梁劣化预测模型是维修优化工作的基础。

桥梁劣化可指衡量桥梁安全性与使用功能的正面指标的降低或负面指标的增加，用于桥梁维修优化监控的这类指标称作“维修优化监控指标”，简称“监控指标”。正面维修优化监控指标有技术状况、承载能力、可靠度、混凝土保护层有效厚度等；负面维修优化监控指标有缺损状况评定标度、油漆失效面积、碳化深度、氯离子含量等。

下面以可靠度维修优化监控指标为例建立桥梁劣化的模型与公式，其他监控指标也一样，例如桥梁状况（劣化），可将桥梁可靠度“β”替换为桥梁状况“V”，并把所有参数加下标“V”，且参数取值也作相应变化。

5.3　桥梁线性劣化模型

5.3.1　两段线性劣化模型

Kong 提出了无预防维修时包含三个随机变量的结构可靠度指标两段线性模型[142]，如图 5-14 所示。

当 $0 \leqslant t \leqslant t_I$ 时，有：　　$\beta(t) = \beta_0$　　(5-32)

当 $t > t_I$ 时，有：　　$\beta(t) = \beta_0 - \alpha(t - t_I)$　　(5-33)

式中　β_0——初始可靠度指标；

t_I——劣化开始时间；

α——无维修时的可靠度劣化率。

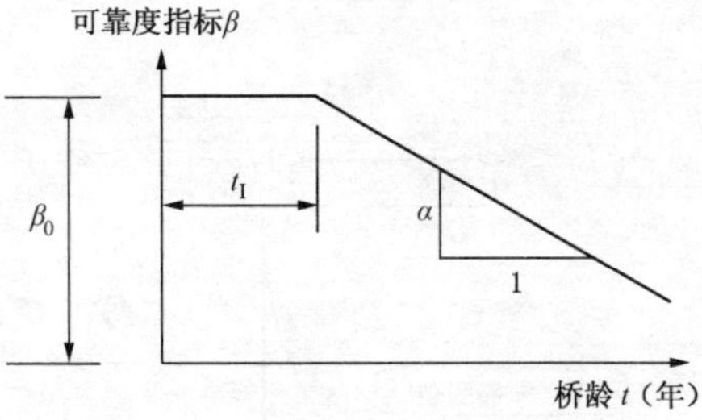

图 5-14　可靠度指标两段线性劣化模型示意图

关于模型中三个基本参数应注意：

第一，β_0 是一座新桥建成时的初始体系可靠度指标，它的影响因素特别多，涉及设计、施工和材料等诸多环节，对于特大型、大型和一般桥梁，不同规模、不同重要程度的桥梁以及对于不同结构形式、不同复杂程度和不同时期建设的桥梁，其初始可靠度指标 β_0 差别很大。目前关于复杂桥梁结构的体系可靠度计算问题尚处于探索性研究阶段。本书假设该参数是能够计算或估算出来的。为使本书建立的理论与方法具有广泛的适用性（包括特大型或特别重要的桥梁），本书的 β_0 取值都较高。

第二，本书是以混凝土桥梁结构为例，从宏观上就桥梁维修展开研究与分析的（同样适用于其他桥梁结构类型）。因此，劣化开始时间和劣化率的取值，既可考虑混凝土的碳化与钢筋的锈蚀等影响结构劣化的因素确定，又可根据混凝土桥梁结构整体的寿命统计资料确定。本书则参考无预防维修时的桥梁寿命资料确定。由于国内目前这方面的统计研究尚处于起步阶段，因此，本书参考国外的研究成果并结合我国的有关规范与标准给出这两个参数的取值。

第三，三个参数都是随机变量，离散程度取决于桥型、环境等具体条件，其平均值取值如下：

桥梁可靠度初始值 β_0—7.0（国外是 7.5～8.5）；

桥梁状况初始值 V_0—88；

桥梁可靠度劣化率 α—0.12/a（达到桥梁可靠度目标值 $\beta_T = 4.2$ 的时间是 38.3 年）；

桥梁状况劣化率 αV—1.8/a（达到桥梁状况目标值 $V_T = 39$ 的时间是 37.2 年，对应于美国 NBI 状态分值劣化的平均劣化率时的 37.5 年，参见上节）；

桥梁可靠度劣化开始时间 t_{I}—15a；

桥梁状况劣化开始时间 t_{IV}—10a。

通过定义半闭生效函数 $F(t_{\mathrm{I}})$，式（5-32）和式（5-33）可表达成一个公式：

$$\beta(t)=\beta_0-\alpha(t-t_{\mathrm{I}})F(t_{\mathrm{I}}) \tag{5-34}$$

式中　$F(t_{\mathrm{I}})$ 为半闭生效函数，其定义为：

$$F(t_{\mathrm{I}})=\mathrm{sign}[1+\mathrm{sign}(t-t_{\mathrm{I}})] \tag{5-35}$$

即：$F(t_{\mathrm{I}})$ 当 $t\in[t_{\mathrm{I}},\infty)$ 时生效（$=1$），否则无效（$=0$），或从 t_{I} 开始（包括 t_{I}）生效。其中 sign（x）为符号函数，其定义为：当 $x>0$ 时，$\mathrm{sign}(x)=1$；当 $x<0$ 时，$\mathrm{sign}(x)=-1$；当 $x=0$ 时，$\mathrm{sign}(x)=0$。

于是，当 $t\geqslant t_{\mathrm{I}}$ 时，生效函数为 $F(t_{\mathrm{I}})=1$；当 $t<t_{\mathrm{I}}$ 时，生效函数为 $F(t_{\mathrm{I}})=0$。

第二类生效函数叫“半开（区间）生效函数”，用“$F^+(t_{\mathrm{I}})$”表示，它在 (t_{I},∞) 取 1、其他取 0（不包括左端点 t_{I}）。

$$F^+(t_{\mathrm{I}})=0.5\mathrm{sign}(t-t_{\mathrm{I}})[1+\mathrm{sign}(t-t_{\mathrm{I}})] \tag{5-36}$$

第三类生效函数叫“闭开（区间）生效函数”，用“$E(t_1,t_2)$”表示，或简作“$E(t_1,t_2)$”，它为在 $[t_1,t_2)$ 内取 1、其他取 0 的左闭右开（左端包括端点 t_1，右端不包括端点 t_2）有限区间的生效函数，即：

$$E(t_1,t_2)=F(t_1)-F(t_2) \tag{5-37}$$

第四类生效函数叫“双闭（区间）生效函数”，用“$E[t_1,t_2]$”表示，它为在 $[t_1,t_2]$ 内取 1、其他取 0 的两端双闭（包括左右端点 t_1 和 t_2）有限区间的生效函数，即：

$$E[t_1,t_2]=F(t_1)-F^+(t_2) \tag{5-38}$$

用这些生效函数通过公式来表达或计算劣化、维修措施或维修方案的可靠度、桥梁状况或维修成本的方法就是“生效函数法”。

5.3.2 四段线性劣化模型

四段线性劣化模型如图 5-15 所示，其可靠度计算公式按照国外目前的维修分析方法是采用分段表达。

当 $t_0\leqslant t\leqslant t_1$ 时：$\beta(t)=\beta_0-\alpha_0(t-t_0)$

当 $t_1\leqslant t\leqslant t_2$ 时：$\beta(t)=\beta_0-\alpha_0(t_1-t_0)-\alpha_1(t-t_1)$

当 $t_2\leqslant t\leqslant t_3$ 时：$\beta(t)=\beta_0-\alpha_0(t_1-t_0)-\alpha_1(t_2-t_1)-\alpha_2(t-t_2)$

当 $t>t_3$ 时：　$\beta(t)=\beta_0-\alpha_0(t_1-t_0)-\alpha_1(t_2-t_1)-\alpha_2(t_3-t_2)-\alpha_3(t-t_3)$

而通过运用生效函数 $F(t_0)$、$F(t_1)$、$F(t_2)$ 和 $F(t_3)$，上述四个公式可以统一表达成一个公式：

$$\boldsymbol{\beta}(t)=\boldsymbol{\beta}_0+\begin{bmatrix}(0-\alpha_0)(t-t_0)\\(\alpha_0-\alpha_1)(t-t_1)\\(\alpha_1-\alpha_2)(t-t_2)\\(\alpha_2-\alpha_3)(t-t_3)\end{bmatrix}^{\mathrm{T}}\begin{bmatrix}F(t_0)\\F(t_1)\\F(t_2)\\F(t_3)\end{bmatrix} \tag{5-39}$$

式中：

$F(t_0)=\text{sign}[1+\text{sign}(t-t_0)]$；

$F(t_1)=\text{sign}[1+\text{sign}(t-t_1)]$；

$F(t_2)=\text{sign}[1+\text{sign}(t-t_2)]$；

$F(t_3)=\text{sign}[1+\text{sign}(t-t_3)]$。

可见，式（5-39）既对称简单又统一好记，根本不用分段表示了。当初段劣化率为0，即 $\alpha_0=0$ 且 $t_0=0$ 时，如图5-16所示，式（5-39）可简化为：

$$\boldsymbol{\beta}(t)=\boldsymbol{\beta}_0+\begin{bmatrix}(\alpha_0-\alpha_1)(t-t_1)\\(\alpha_1-\alpha_2)(t-t_2)\\(\alpha_2-\alpha_3)(t-t_3)\end{bmatrix}^{\mathrm{T}}\begin{bmatrix}F(t_1)\\F(t_2)\\F(t_3)\end{bmatrix} \tag{5-40}$$

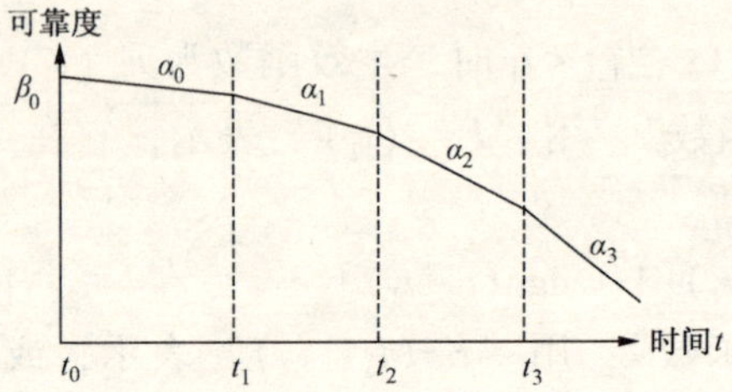

图5-15 可靠度指标四段线性劣化模型示意图

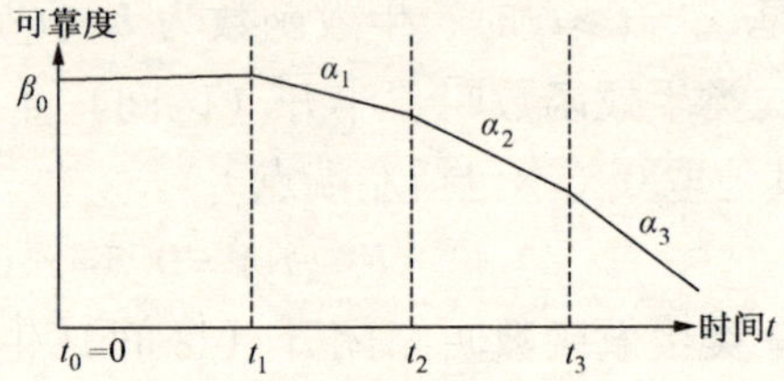

图5-16 初段劣化率为0的可靠度指标四段线性劣化模型示意图

此时的模型与Thoft-Christensen给出的受氯离子侵袭的钢筋混凝土结构劣化的4段6步骤线性劣化模型在形状上是一致的，参见图5-12。

5.4 桥梁非线性劣化模型

5.4.1 直线曲线型劣化模型

直线曲线型劣化模型如图5-17所示，其可靠度计算公式分段表达为：

当 $0\leqslant t\leqslant t_1$ 时：$\beta(t)=\beta_0$ (5-41)

当 $t>t_1$ 时： $\beta(t)=\beta_0-[\alpha_1+\alpha'(t-t_1)](t-t_1)^{\lambda}$ (5-42)

通过运用生效函数 $F(t_1)$，式（5-41）和式（5-42）可表达成一个公式：

$$\beta(t)=\beta_0-[\alpha_1+\alpha'(t-t_1)](t-t_1)^{\lambda}F(t_1) \tag{5-43}$$

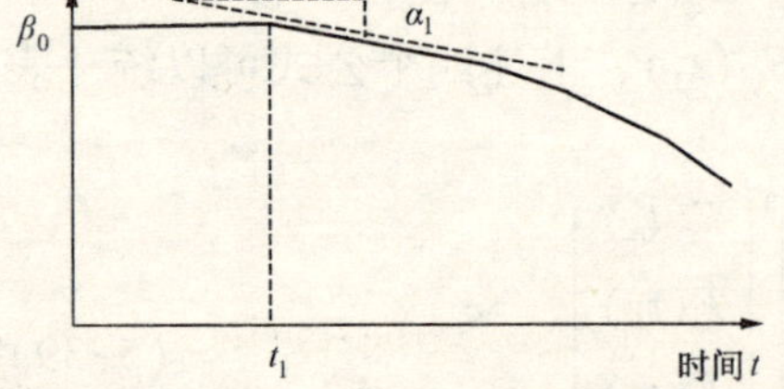

图5-17 直线曲线型可靠度指标劣化模型示意图

式中 $F(t_1)=\text{sign}[1+\text{sign}(t-t_1)]$；

α_1——曲线段起始点 t_1 处的劣化率（切线斜率绝对值）；

α'——劣化率增加系数；

λ——劣化指数。

下面分别考察这3个参数对模型的影响，取 $\beta_0=8.0$ 和 $t_1=15$ 年，目标可靠度 β_{T} 取4.2。β_{T} 取值的依

据是《公路工程结构可靠度设计统一标准》GB/T 50283-1999，该标准指出，我国公路桥梁一级结构构件在设计基准期100年内的目标可靠指标β_T对主要组合延性破坏情形为：$\beta_T=4.7$，取0.9折减系数，$4.7\times0.9=4.23\approx4.2$。故维修决策用的目标可靠指标取为：$\beta_T=4.2$。

由图5-18～图5-20可见，劣化率增加系数α和劣化指数λ对非线性劣化模型的影响都非常大，而起始劣化率α_1的影响则相对较小。

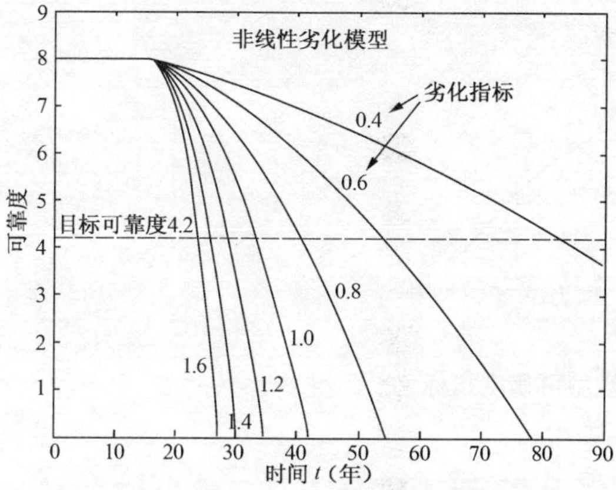

图5-18 劣化指数λ对非线性劣化模型的影响（$\alpha_1=0.03$，$\alpha'=0.01$）

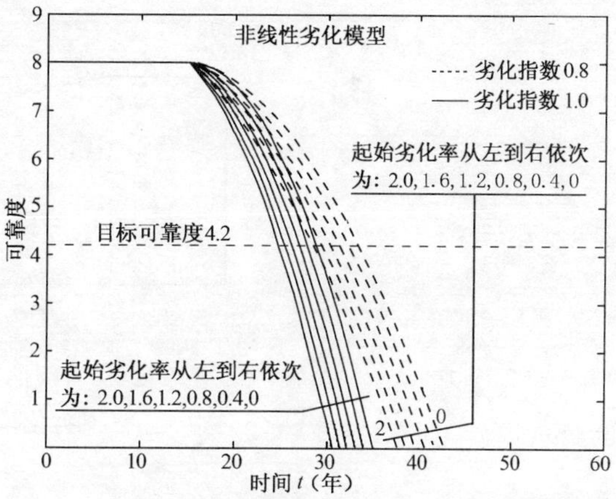

图5-19 起始劣化率α_1对非线性劣化模型的影响（$\alpha'=0.02$，$\lambda=0.8$，1.0）

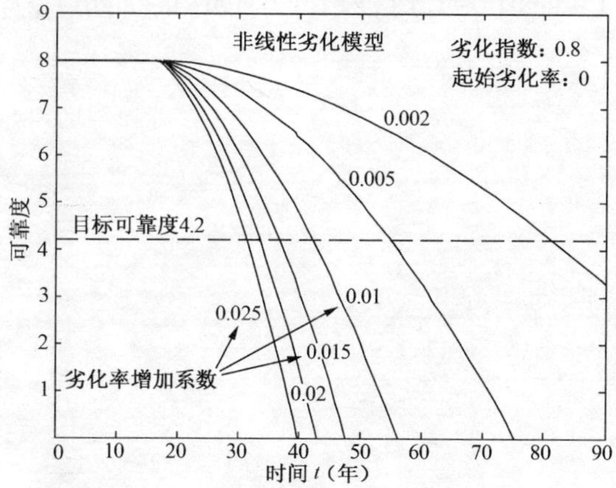

图5-20 劣化率增加系数α'对非线性劣化模型的影响（$\alpha_1=0$，$\lambda=0.8$）

这三个参数需根据不同的结构类型、桥梁规模、环境条件、使用条件、设计与施工质量以及防护措施等情况，由统计研究结合经验并通过有关混凝土碳化、氯离子侵蚀、混凝土碱—集料反应、混凝土冻融循环破坏以及钢筋腐蚀等耐久性方面的理论研究与分析确定。

例如，由氯离子侵袭造成锈蚀的钢筋混凝土结构的劣化的发展速度就比由碳化造成锈蚀的普通钢筋混凝土结构的劣化要快许多，因此，其劣化率增加系数与劣化指数会更大。

5.4.2　直线曲线直线型劣化模型

直线曲线直线型可靠度劣化模型如图 5-21 所示，其可靠度计算公式分段表达为：

当 $0 \leqslant t \leqslant t_1$ 时：　$\beta(t)=\beta_0$　(5-44)

当 $t_1 \leqslant t < t_2$ 时：　$\beta(t)=\beta_0-[\alpha_1+\alpha'(t-t_1)](t-t_1)^{\lambda}$　(5-45)

当 $t > t_2$ 时：　$\beta(t)=\beta_0-[\alpha_1+\alpha'(t_2-t_1)](t_2-t_1)^{\lambda}-\alpha_2(t-t_2)$　(5-46)

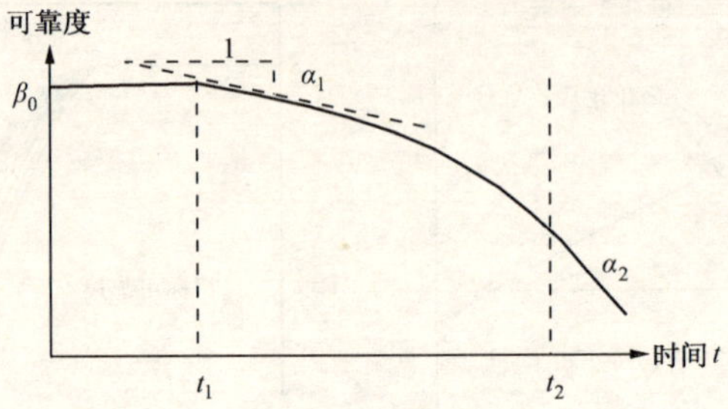

图 5-21　直线曲线直线型可靠度指标劣化模型示意图

通过运用生效函数 $F(t_1)$ 和 $F(t_2)$，式(5-44)~式(5-46)可统一表达为：

$$\beta(t)=\beta_0-[\alpha_1+\alpha'(t-t_1)](t-t_1)^{\lambda}[F(t_1)-F(t_2)]-[\alpha_1+\alpha'(t_2-t_1)](t_2-t_1)^{\lambda}F(t_2)-\alpha_2(t-t_2)F(t_2) \quad (5\text{-}47)$$

其中：$F(t_1)=\mathrm{sign}[1+\mathrm{sign}(t-t_1)]$，$F(t_2)=\mathrm{sign}[1+\mathrm{sign}(t-t_2)]$。

第6章 桥梁维修多目标优化基本模型

6.1 基本概念

第5章建立的桥梁劣化模型是进行桥梁维修优化研究的基础，但在进一步研究建立桥梁维修优化的理论与方法之前，还需要再提出和定义一些基本概念，提出和阐述一些基本方法。

6.1.1 参数定义

参见图6-1，先定义一些与维修有关的参数。

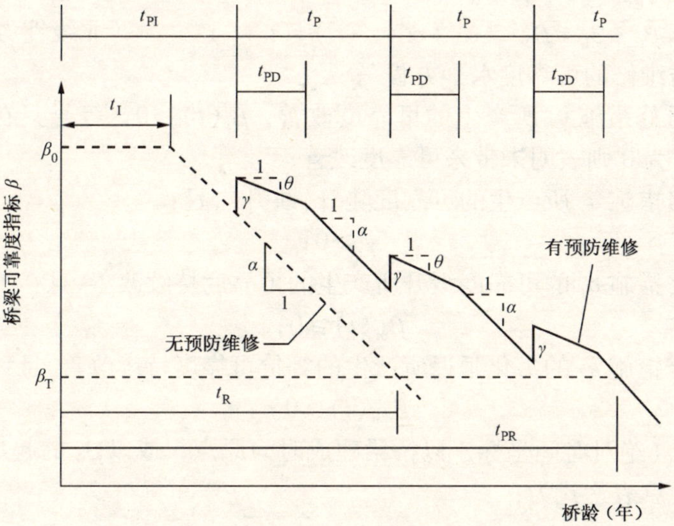

图6-1 与维修有关的参数的定义图示

图中：

a_i——第 i 个维修措施，图中三段 t_{PD} 即为 a_1、a_2、a_3 的有效期；

t_{PI}——预防维修开始时间；

t_P——预防维修时间间隔；

t_{PD}——预防维修的效果持续时间或有效期；

τ_i——维修措施 a_i 的有效期，图中 $\tau_i = t_{PD}$，$i=1$、2、3；

t_I——劣化开始时间；

α——无预防维修时的可靠度劣化率；

θ——预防维修有效期内的实际可靠度劣化率，$\theta=\alpha-\theta_i$；

θ_i——维修措施 a_i 的可靠度改善率（缓升）；

γ——预防维修完成时可靠度指标的跃升值；

γ_i——维修措施 a_i 的可靠度指标跃升值（陡升、跳升），图中 $\gamma_i=\gamma$，$i=1$、2、3；

t_R——无预防维修时重大维修发生时间（桥龄），它取决于初始可靠度指标 β_0、劣化开始时间 t_I 和无预防维修时的可靠度劣化率 α；

t_{PR}——有预防维修时的首次重大维修发生时间，它取决于前面所定义的所有参数。

下面是与可靠度有关的参数定义：

β_0—初始可靠度指标，在 $[0, t_I]$ 内恒为 β_0；

β_T—目标可靠度水平，当等于或低于 β_T 时需实施重大维修；

β_α—由劣化所产生的可靠度降低，$\beta_\alpha<0$，其表达式为：

$$\beta_\alpha(t)=-\alpha(t-t_I) \quad \text{（线性劣化时）}$$

和

$$\beta_\alpha(t)=-[\alpha_I+\alpha'(t-t_I)](t-t_I)^\lambda \quad \text{（非线性劣化时）}$$

称作“劣化可靠度方程”，或“劣化方程”。

β_W——无预防维修时的可靠度水平，其表达式为：

$$\beta_W(t)=\beta_0+\beta_\alpha=\beta_0-\alpha(t-t_I) \quad \text{（线性劣化时）}$$

和

$$\beta_W(t)=\beta_0+\beta_\alpha=\beta_0-[\alpha_I+\alpha'(t-t_I)](t-t_I)^\lambda \quad \text{（非线性劣化时）}$$

称作“无预防维修的可靠度水平方程”；

$\beta_i(t)$——由维修措施 a_i 所产生的可靠度改善，$\beta_i(t)\geqslant 0$，等号只在下面三个参数都为 0 时才成立，若为 0 则表明未带来可靠度改善；

γ_i——由维修措施 a_i 所产生的可靠度陡升(跳升)，且：

$$\gamma_i\geqslant 0;$$

$\beta_{\theta i}(t)$——由维修措施 a_i 的可靠度缓升所产生的可靠度持续改善，且：

$$\beta_{\theta i}(t)\geqslant 0;$$

$\beta_{ddi}(t)$——由维修措施 a_i 的劣化延迟所产生的等价可靠度持续改善，且：

$$\beta_{ddi}(t)\geqslant 0。$$

$\beta(t)$——时点 t（绝对时间坐标，以桥梁建成时为原点，或以 β_0 的起点为原点）的实际可靠度水平，其计算表达式为：

$$\beta(t)=\beta_0+\beta_\alpha(t)+\Sigma\beta_i(t) \tag{6-1}$$

6.1.2　劣化与维修的效果叠加法

劣化与维修的效果叠加法，指的是先分别计算劣化对可靠度（或桥梁状况）指标的影响结果 β_α（t）（或 V_α（t））与各项维修措施带来的可靠度（或状况）改善效果 $\Sigma\beta_i$（t）（或 ΣV_i（t）），然后将它们相加，其和就是实际可靠度水平的变化。

为了将维修效果分离出来单独考虑计算，且方便处理和简化计算，可采用如下维修效果平置方法，参见图 6-2，将维修措施 a_1 和 a_2 的效果参数 γ_1、θ_1 及其 β_1（t）和 γ_2、θ_2 及其 β_2（t）分别画在其有效期的上方水平方向上，这些平置后的维修效果曲线与无预防维修时的可靠度水平方程 β_W（t）所对应的曲线叠加（相加），再考虑此前所有维修措施的后续影响，就可得到其有效期内的实际可靠度水平。

效果叠加法再借助于生效函数，会使桥梁可靠度或状况指标的表达与计算变得相当简单方便。以图6-2所示的只有两项维修措施的情形为例，分段计算法必须划分6个区间分别表达和计算可靠度，而且每增加一项维修措施，区间数至少要增加2个。而本书所提出的这种方法，不管有多少项维修措施，都能用一个通式表达并计算（在两段线性劣化模型情形下）：

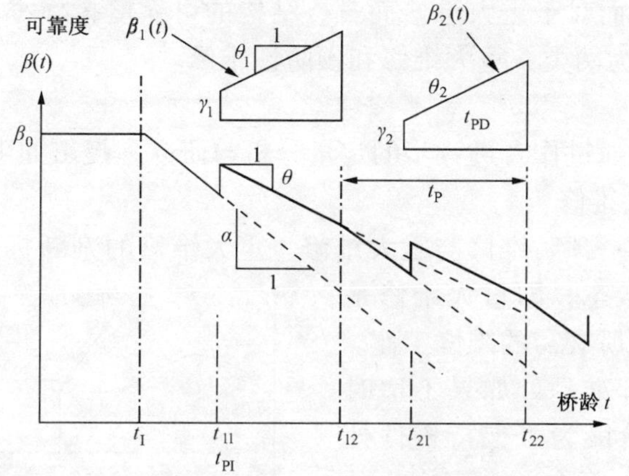

图6-2　效果叠加法例图与平置方法图示

$$\beta(t) = \beta_0 - \alpha(t - t_\mathrm{I})F(t_\mathrm{I}) + \sum_{i=1}^{n}\beta_i(t) \tag{6-2}$$

针对图6-2的例子，有：

$$\beta(t) = \beta_0 - \alpha(t - t_\mathrm{I})F(t_\mathrm{I}) + \beta_1(t) + \beta_2(t)$$

其中β_1（t）和β_2（t）的通式分别为：

$$\beta_1(t) = \gamma_1 F(t_{11}) + \theta_1 \begin{bmatrix} 1 \\ -1 \end{bmatrix}^\mathrm{T} \begin{bmatrix} (t - t_{11})F(t_{11}) \\ (t - t_{12})F(t_{12}) \end{bmatrix}$$

$$\beta_2(t) = \gamma_2 F(t_{21}) + \theta_2 \begin{bmatrix} 1 \\ -1 \end{bmatrix}^\mathrm{T} \begin{bmatrix} (t - t_{21})F(t_{21}) \\ (t - t_{22})F(t_{22}) \end{bmatrix}$$

采用上述通式，任意时点t（$t \geqslant 0$）的可靠度都可以用它来计算，根本用不着分段。

6.1.3　维修的概念与类型

6.1.3.1　维修概念

维修的严格定义是由许多研究者从很多方面逐步完善的。Frangopol 和 Kececioglu 将“维修”定义为“保持未失效结构具有足够和满意的可靠度与安全性以及可用状态的一种行动（行为）或者措施”。他提出了预防性维修和修正性维修的划分。Dijkstra 等人提出了三类维修模型：修正性模型、基于使用的模型和基于状态的模型。Lin 指出，预防性维修是指包括清洁、混凝土修理、疲劳检测与修理和排水在内的一类行动措施，其目的是要发现诸如疲劳裂缝或碰撞等非锈蚀性损坏并修理之。Van Noortwijk 认为，可选择以下两类预防性维修战略：基于使用的维修，就是在使用一定时间后，每隔固定的时间间隔，实施某种维修措施；基于状态的维修，就是通过检测或监控发现某种不可接受的状态之后，随即采取相应的维修行动。根据 Maunsell 的研究，他将维修分成日常维修、预防性维修和重大维修。Kong 将预防性维修定义为维持桥梁可靠度指标在某个目标水平之上的一系列维修活动。

根据 Frangopol 的观点，重大维修与预防性维修对结构产生的效果有：提高可靠度水平、延缓可靠度的劣化（即降低可靠度的劣化率），等等。从可靠度的观点看，重大维修与预防性维修的显著区别在于：在维修措施实施前，对于预防性维修而言，结构的可靠度指标大于目标可靠度；而对于重大维修而言，结构的可靠度指标小于或等于目标可靠度。Das 也提出将维修划分为两类：重大维修和预防性维修。

6.1.3.2　维修类型

基于上述概念，并通过作者进一步的定量分析与研究，提出如下一些维修类型：

1. 预防维修与重大维修

将维修分为两大类：预防维修与重大维修。重大维修的判断标准是：如果不实施它，结构就会处于不安全状态，即重大维修是指为保持桥梁结构安全所必需的维修工作。

预防维修的判断标准是：如果不适时实施它，那么在后续阶段为了保持构件处于可用状态就需要付出更多。换言之，预防维修是指能够防止由于桥梁的安全状况向更坏方向发展而使后续维修成本增加的维修工作，若不进行这种维修，那么在后续阶段欲保持桥梁安全就将支出更多。图6-3显示了重大维修与预防维修的区别及其对桥梁可靠度的影响。

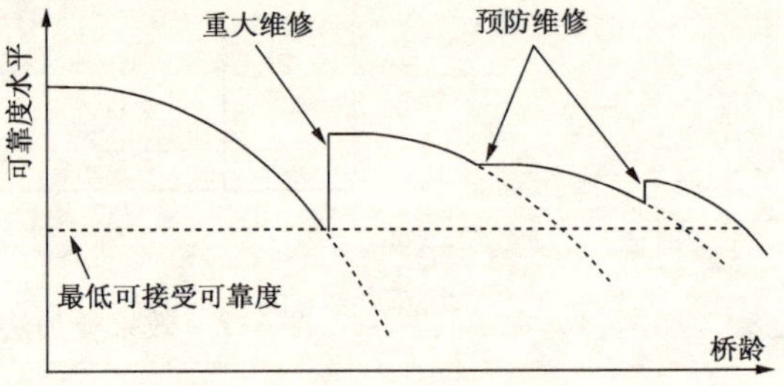

图 6-3　重大维修与预防维修（有或无陡升效果）对桥梁可靠度的影响

与国内公路桥梁养护规范的对应关系：

重大维修——加固，大修工程；

预防维修——小修工程，中修工程；

日常维修——保养工程。

2. 积极预防维修与消极预防维修

预防维修还可以细分为积极预防维修与消极预防维修。积极预防维修是指在明显的劣化迹象出现之前实施的预防维修，消极预防维修是指在明显的劣化出现之后实施的预防维修。两者的区分标准如下：

当 $t_{PI} \geq t_I$ 时，为消极预防维修；当 $t_{PI} < t_I$ 时，为积极预防维修。

3. 主动重大维修与被动重大维修

张树仁教授根据加固工作原理提出主动加固与被动加固的划分。而加固属于重大维修。仿此，进一步提出主动重大维修与被动重大维修的划分。达到或低于桥梁可靠度或桥梁状况目标值时实施的重大维修为被动重大维修；高于桥梁可靠度和桥梁状况目标值时实施的重大维修为主动重大维修。

6.1.4　动态维修成本

不考虑资金的时间价值的维修成本为静态维修成本；考虑资金的时间价值的维修成本为动态维修成本。动态维修成本可有维修成本现值和动态维修成本年值两种形态。

6.1.4.1 维修成本现值

维修成本现值标准可用以比较不同维修方案的优劣，例如，单次维修成本高而维修次数少的方案与单次维修成本低而维修次数多的方案的比较，通常选取期望维修成本现值最小的维修方案。在对不同的维修方案进行比较之前，需要先选定基准贴现率（简称贴现率）。贴现率一般由政府制订，例如，美国通常采用2% ~3%的贴现率，也有的州的贴现率稍高一些，如明尼苏达州是4.5%；英国采用6%；瑞典采用4%；芬兰采用6%；澳大利亚采用7%；荷兰采用4%。中国的贴现率一般偏高，1998 年 6 月交通部颁发的《公路建设项目经济评价办法》规定采用社会折现率，也就是12%（1993 年）。下面根据经济学原理给出不同情形的维修成本现值的计算公式：

1. 维修成本逐年相等时的维修成本现值

设某维修方案每年等额维修成本为 C_A，持续 n 年，则其维修成本现值 C_P 为：

$$C_P = C_A \frac{(1+i)^n - 1}{i(1+i)^n} \tag{6-3}$$

式中　i——贴现率。

2. 维修成本现值的一般计算公式

维修成本现值的一般计算公式如式（6-4）所示。设第 k 年的维修成本为 C_k，则 n 年内维修成本的现值为：

$$C_P = \sum_{k=1}^{n} \frac{C_k}{(1+i)^k} \tag{6-4}$$

3. 维修成本逐期不等的定期维修的维修成本现值

设第一次维修发生于 t_{PI}，成本为 C_1，然后每隔 t_P 年维修一次，第 k 次不等额维修成本为 C_k（$k=1, 2, \cdots, L$），则其现值 C_P 为：

$$C_P = \sum_{k=1}^{L} \frac{C_k}{(1+i)^{t_{PI}+(k-1)t_P}} = \frac{1}{(1+i)^{t_{PI}}} \sum_{k=1}^{L} \frac{C_k}{(1+i)^{(k-1)t_P}} \tag{6-5}$$

4. 维修成本逐期相等的定期维修的维修成本现值

当维修成本逐期相等时，即 $C_k = C$ 为常数时，有：

$$C_P = \frac{C}{(1+i)^{t_{PI}}} \sum_{k=1}^{L} \frac{1}{(1+i)^{(k-1)t_P}} = \frac{C}{(1+i)^{t_{PI}}} \frac{1-q^L}{1-q} \tag{6-6}$$

其中：

$$q = \frac{1}{(1+i)^{t_P}} = (1+i)^{-t_P}$$

5. 维修成本逐期等比变化时的定期维修的维修成本现值

当维修成本为逐期等比变化时（公比为 Q），即：

$$C_k = C_1 Q^{k-1}, \qquad k = 1, 2, \cdots, L$$

$$C_P = \frac{C_1}{(1+i)^{t_{PI}}} \sum_{k=1}^{L} (qQ)^{k-1} = \frac{C_1}{(1+i)^{t_{PI}}} \frac{1-(qQ)^L}{1-qQ} \tag{6-7}$$

6. 维修成本逐期等差变化时的定期维修的维修成本现值

当维修成本为逐期等差变化时（公差为 G），即：

$$C_k = C_1 + (k-1)G, \qquad k = 1, 2, \cdots, L$$

$$C_P = \sum_{k=1}^{L} \frac{C_1 + (k-1)G}{(1+i)^{t_{PI}+(k-1)t_P}} = \frac{1}{(1+i)^{t_{PI}}} \left[C_1 \frac{1-q^L}{1-q} + \frac{G}{1-q}\left(q\frac{1-q^L}{1-q} - Lq^L \right) \right] \tag{6-8}$$

7. 维修成本逐年等差变化时的定期维修的维修成本现值

当维修成本为逐年等差变化（$t_{PI}=1$，$t_P=1$，L 年内有 L 次维修）时（公差为 G），式（6-8）变为：

$$C_P=\sum_{k=1}^{L}\frac{C_1+(k-1)G}{(1+i)^k}=\frac{1}{(1+i)^L}\left[\left(C_1+\frac{G}{i}\right)\frac{(1+i)^L-1}{i}-L\frac{G}{i}\right] \tag{6-9}$$

6.1.4.2　维修成本年值

与发生于 n 年内的维修成本现值 C_P 等价的维修成本年值 C_A 为：

$$C_A=C_P\frac{i(1+i)^n}{(1+i)^n-1} \tag{6-10}$$

式中的 C_P 就是根据式（6-3）~式(6-9)计算得来的维修成本现值。

6.2　桥梁维修措施的效果模型

有各种各样的桥梁维修措施，它们产生的维修效果同样是千变万化的，因此，建立各种情形的维修效果模型，是分析维修效果与进行维修优化的基础。

本节仍以可靠度维修优化监控指标为例建立桥梁维修措施的效果模型，其他监控指标也一样，例如桥梁技术状况，可将桥梁可靠度“β”替换为桥梁技术状况“V”，并把所有参数加下标“V”。

由于可以运用效果叠加法，故本节所建立的维修效果模型，只针对维修效果本身，也就是维修的净效果，未考虑初始条件和劣化的影响。但只要将所给出的维修效果—可靠度改善 $\beta_i(t)$ 与无维修时的可靠度水平 $\beta_W(t)$ 相加(叠加)，便得到实际的可靠度水平 $\beta(t)$，如式(6-1) 和式（6-2）所示。

6.2.1　单段线性维修效果模型

单段线性维修是最基本的维修类型，其维修效果模型如图 6-4 所示。

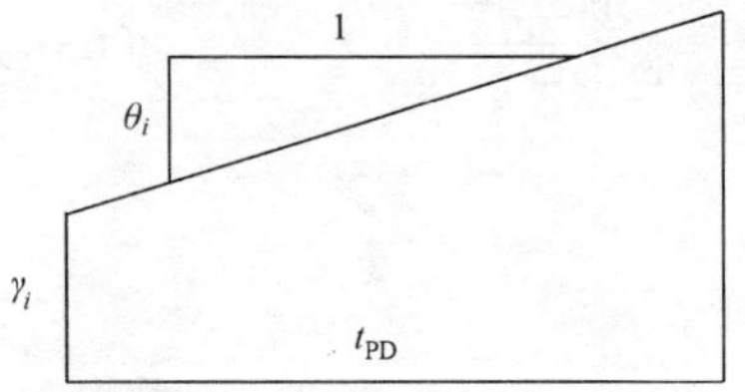

图 6-4　单段线性维修效果模型图示

设有维修措施 a_i，其有效期为 $\tau_i=t_{PD}=t_{i2}-t_{i1}$，有效区间为$[t_{i1},t_{i2}]$，维修效果参数为发生于 t_{i1} 处的陡升效果参数 γ_i 和发生于其有效区间内的线性持续效果参数 $\theta_i(t)=\theta_i$，则 a_i 在其有效区间$[t_{i1},\ t_{i2}]$内的维修效果为：

$$\beta_i(t)=\gamma_i+\theta_i(t-t_{i1}) \tag{6-11}$$

维修措施 a_i 的后续影响效果，即维修措施 a_i 对其有效区间［t_{i1}，t_{i2}］之后的影响，等于 $t=t_{i2}$ 处的效果：

$$\beta_i(t)=\beta_i(t\geqslant t_{i2})=\beta_i(t_{i2})=\gamma_i+\theta_i(t_{i2}-t_{i1}) \tag{6-12}$$

用生效函数法上述分段表示的两个公式可改用一个统一公式表达：

$$\beta_i(t)=\gamma_iF(t_{i1})+\theta_i\begin{bmatrix}1\\-1\end{bmatrix}^{\mathrm T}\begin{bmatrix}(t-t_{i1})F(t_{i1})\\(t-t_{i2})F(t_{i2})\end{bmatrix} \tag{6-13}$$

6.2.2 多段线性维修效果模型

以三段线性维修效果为例，参见图 6-5，设维修措施 a_i 的有效期为：$\tau_i = t_{\mathrm{PD}} = t_{i4} - t_{i3}$，有效期时间坐标区间为：$[t_{i1},\ t_{i4}]$，三段坐标区间及区间长分别为：

头段时间坐标区间：$[t_{i1},\ t_{i2}]$，区间长：$\tau_{i12} = t_{i2} - t_{i1}$

中段时间坐标区间：$[t_{i2},\ t_{i3}]$，区间长：$\tau_{i23} = t_{i3} - t_{i2}$

尾段时间坐标区间：$[t_{i3},\ t_{i4}]$，区间长：$\tau_{i34} = t_{i4} - t_{i3}$

且有：
$$\tau_i = \tau_{i12} + \tau_{i23} + \tau_{i34}$$

维修措施 a_i 的效果参数如下：

陡升效果参数 γ_i，发生于 t_{i1} 处；持续效果参数改善率 $\theta_i(t) = [\theta_{i12}, \theta_{i23}, \theta_{i34}]$ 分别发生于头段 $[t_{i1},\ t_{i2}]$、中段 $[t_{i2}, t_{i3}]$ 和尾段 $[t_{i2}, t_{i3}]$ 内，且段内无衰减，即：

$$\theta_{i12} > \theta_{i23} > \theta_{i34} > 0。$$

任意时刻维修措施 a_i 的效果的统一表达式：

$$\beta_i(t) = \gamma_{i1} F(t_{i1}) + \left(\theta_{i12} \begin{bmatrix} 1 \\ -1 \\ 0 \\ 0 \end{bmatrix}^{\mathrm{T}} + \theta_{i23} \begin{bmatrix} 0 \\ 1 \\ -1 \\ 0 \end{bmatrix}^{\mathrm{T}} + \theta_{i34} \begin{bmatrix} 0 \\ 0 \\ 1 \\ -1 \end{bmatrix}^{\mathrm{T}} \right) \begin{bmatrix} (t - t_{i1}) F(t_{i1}) \\ (t - t_{i2}) F(t_{i2}) \\ (t - t_{i3}) F(t_{i3}) \\ (t - t_{i4}) F(t_{i4}) \end{bmatrix} \tag{6-14}$$

其中：

$$F(t_{ij}) = \mathrm{sign}[1 + \mathrm{sign}(t - t_{ij})] \tag{6-15}$$
$$j = 1,\ 2,\ 3,\ 4$$

由此可知：

$$\beta_i(t) = \begin{bmatrix} 0 \\ \gamma_i + \theta_{i12}(t - t_{i1}) \\ \gamma_i + \theta_{i12}(t_{i2} - t_{i1}) + \theta_{i23}(t - t_{i2}) \\ \gamma_i + \theta_{i12}(t_{i2} - t_{i1}) + \theta_{i23}(t_{i3} - t_{i2}) + \theta_{i34}(t - t_{i3}) \\ \gamma_i + \theta_{i12}(t_{i2} - t_{i1}) + \theta_{i23}(t_{i3} - t_{i2}) + \theta_{i34}(t_{i4} - t_{i3}) \end{bmatrix}，当 \begin{bmatrix} t < t_{i1} \\ t_{i1} \leqslant t \leqslant t_{i2} \\ t_{i2} \leqslant t \leqslant t_{i3} \\ t_{i3} \leqslant t \leqslant t_{i4} \\ t > t_4 \end{bmatrix} 时$$

6.2.3 非线性维修效果模型

参见图 6-6，设维修措施 a_i 的有效期为：$\tau_i = t_{\mathrm{PD}} = t_{i2} - t_{i1}$，有效区间为：$[t_{i1},\ t_{i2}]$。

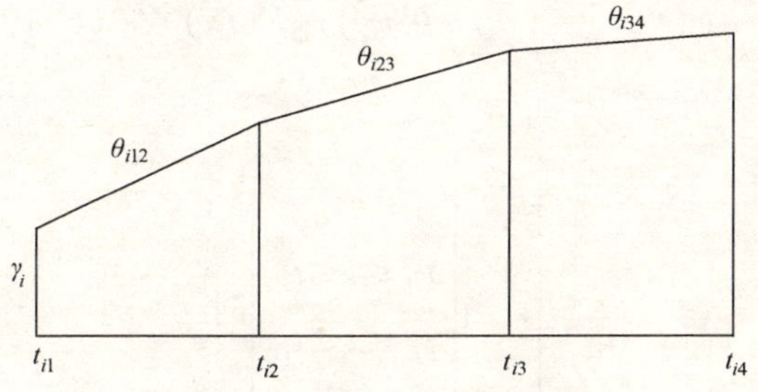

图 6-5　三段线性维修效果模型图示

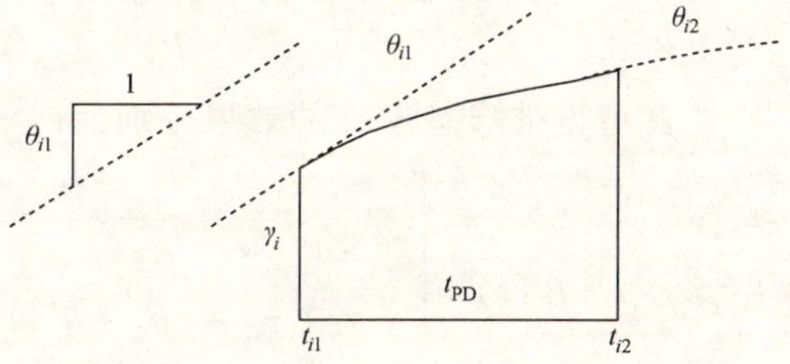

图 6-6　非线性维修效果模型图示

维修措施 a_i 的效果参数如下：

陡升效果参数 γ_i，可靠度在 t_{i1} 处发生的跳升；持续效果参数 θ_{i1} 为曲线段起始点 t_{i1} 处的可靠度改善率（平置后曲线切线斜率绝对值），θ_{i2} 为曲线段终止点 t_{i2} 处的可靠度改善率。它们的值域及其关系为：

$$0<\theta_{i1}\leqslant\alpha,\quad 0\leqslant\theta_{i2}\leqslant\theta_{i1};$$

改善率衰减系数为 θ_i'，且有：$\theta_i'\geqslant 0$，当 θ_i' 为 0 时，转为线性改善。

维修措施 a_i 在其有效区间 $[t_{i1},\ t_{i2}]$ 的效果：

$$\beta_i(t)=\gamma_i+[\theta_{i1}-\theta_i'(t-t_{i1})](t-t_{i1}) \tag{6-16}$$

维修措施 a_i 对其有效区间 $[t_{i1},\ t_{i2}]$ 之后的影响等于 $t=t_{i2}$ 处的效果：

$$\beta_i(t\geqslant t_{i2})=\beta_i(t_{i2})=\gamma_i+[\theta_{i1}-\theta_i'(t_{i2}-t_{i1})](t_{i2}-t_{i1})=\gamma_i+(\theta_{i1}-\theta_i'\tau_i)\tau_i$$

任意时刻维修措施 a_i 的效果的统一表达式为：

$$\beta_i(t)=\gamma_iF(t_{i1})+f_{i12}(t)[F(t_{i1})-F(t_{i2})]+f_{i12}(t_{i2})F(t_{i2}) \tag{6-17}$$

其中：

$$f_{i12}(t)=[\theta_{i1}-\theta_i'(t-t_{i1})](t-t_{i1}) \tag{6-18}$$

$$f_{i12}(t_{i2})=[\theta_{i1}-\theta_i'(t_{i2}-t_{i1})](t_{i2}-t_{i1})=(\theta_{i1}-\theta_i'\tau_i)\tau_i$$

6.2.4 线性加非线性维修效果模型

参见图 6-7，设维修措施 a_i 的有效期为：$\tau_i=t_{PD}=t_{i3}-t_{i1}$，线性段时间坐标区间为：$[t_{i1},t_{i2}]$，区间长为：$\tau_{i1}=t_{i2}-t_{i1}$；曲线段时间坐标区间为：$[t_{i2},\ t_{i3}]$，区间长为：$\tau_{i2}=t_{i3}-t_{i2}$，且有：$\tau_i=\tau_{i1}+\tau_{i2}$

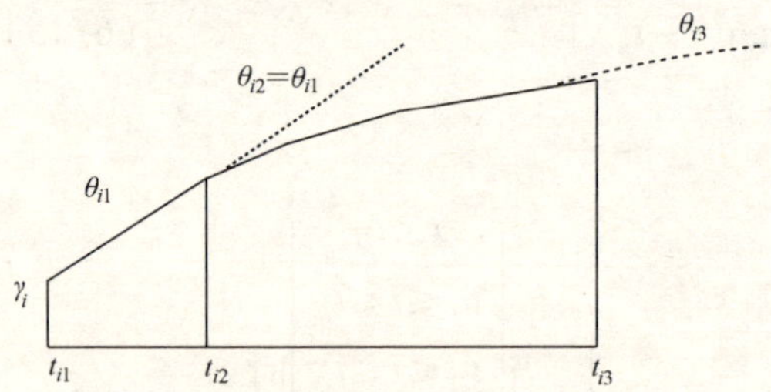

图 6-7　线性加非线性维修效果模型图示

维修措施 a_i 在线性段 $[t_{i1},\ t_{i2}]$ 的持续效果参数可靠度改善率为 θ_{i1}，可靠度陡升效果参数为 γ_i，发生于 t_{i1} 处；在曲线段 $[t_{i2},\ t_{i3}]$，持续效果参数 θ_{i2}（$=\theta_{i1}$）为曲线段起始点 t_{i2} 处的可靠度改善率，θ_{i3} 为曲线段终止点 t_{i3} 处的可靠度改善率。

任意时刻 $t\in(0,\ \infty)$ 维修措施 a_i 的效果可统一表达为：

$$\begin{aligned}\beta_i(t)=&\gamma_iF(t_{i1})+\theta_{i1}\begin{bmatrix}1\\-1\end{bmatrix}^{\mathrm T}\begin{bmatrix}(t-t_{i1})F(t_{i1})\\(t-t_{i2})F(t_{i2})\end{bmatrix}\\&+[\theta_{i2}-\theta_i'(t-t_{i2})](t-t_{i2})[F(t_{i2})-F(t_{i3})]+(\theta_{i2}-\theta_i'\tau_{i2})\tau_{i2}F(t_{i3})\end{aligned} \tag{6-19}$$

其中：

$$\tau_{i2}=t_{i3}-t_{i2}$$

由此可得维修措施 a_i 的效果分别为：

$$\beta_i(t)=\begin{bmatrix}0\\\gamma_i+\theta_{i1}(t-t_{i1})\\\gamma_i+\theta_{i1}\tau_{i1}+[\theta_{i2}-\theta_i'(t-t_{i2})](t-t_{i2})\\\gamma_i+\theta_{i1}\tau_{i1}+(\theta_{i2}-\theta_i'\tau_{i2})\tau_{i2}\end{bmatrix},\text{当}\begin{bmatrix}t<t_{i1}\\t_{i1}\leqslant t\leqslant t_{i2}\\t_{i2}\leqslant t\leqslant t_{i3}\\t>t_{i3}\end{bmatrix}\text{时}$$

生效函数的定义与运用，很有意义。不管维修情形及其组合如何变化，总能够借助于生效函数得到统一的维修效果表达式；劣化情形也一样，总能够得到统一的劣化效果表达式。于是，两者叠加后便可得到任何维修情形与劣化情形及其不同组合的统一的效果表达式，从而使维修优化组合与分析变得更加容易，还会使计算机程序清晰、计算简化。

6.2.5 劣化延迟的维修效果模型

劣化延迟是对实际维修措施效果的近似估计，是等价效果。在桥梁维修优化决策实践中，常用劣化延迟来近似度量维修效果，例如，称“某项维修措施，可使纵向裂缝推迟6年出现，或使生锈延后6年发生，或使寿命延长6年”，此6年即系劣化延迟的效果。

效果参数为 dd_i 的劣化延迟（deterioration delay），此类等价于效果参数为 $\theta_{i01}(t)=-\frac{\mathrm{d}\beta_\alpha(t)}{\mathrm{d}t}$ 的缓升，发生于 $[t_{i0},t_{i1}]$ 内，持续时间：$dd_i=t_{i1}-t_{i0}$，即相当于保持 t_{i0} 处的 $\beta(t_{i0})$ 不变直到 $t_{i1}=dd_i+t_{i0}$。式中的 $\beta_\alpha(t)$ 是劣化方程，其效果分两种情况：

（1）与线性劣化等值的线性缓升效果：

根据线性劣化方程 $\beta_\alpha(t)=-\alpha(t-t_\mathrm{I})F(t_\mathrm{I})$ 知：$\theta_{i01}(t)=\theta_{i01}=-\frac{\mathrm{d}\beta_\alpha(t)}{\mathrm{d}t}=\alpha$，于是，劣化延迟 dd_i 在 $[t_{i0},t_{i1}]$ 内的效果为：

$$\beta_{\mathrm{dd}_i}(t)=\alpha(t-t_\mathrm{I})-\alpha(t_{i0}-t_\mathrm{I})=\alpha(t-t_{i0}) \tag{6-20}$$

（2）与非线性劣化等值的非线性缓升效果：

根据非线性劣化方程 $\beta_\alpha(t)=-[\alpha_\mathrm{I}+\alpha'(t-t_\mathrm{I})](t-t_\mathrm{I})^\lambda F(t_\mathrm{I})$，劣化延迟 dd_i 在 $[t_{i0},t_{i1}]$ 内的效果为：

$$\beta_{\mathrm{dd}_i}(t)=[\alpha_\mathrm{I}+\alpha'(t-t_\mathrm{I})](t-t_\mathrm{I})^\lambda-[\alpha_\mathrm{I}+\alpha'(t_{i0}-t_\mathrm{I})](t_{i0}-t_\mathrm{I})^\lambda \tag{6-21}$$

总之，不管是线性还是非线性劣化，劣化延迟 dd_i 在任意时点的效果通式为：

$$\beta_{\mathrm{dd}_i}(t)[F(t_{i0})-F(t_{i1})]+\beta_{dd_i}(t_{i1})F(t_{i1}) \tag{6-22}$$

6.2.6 积极预防维修的效果模型

前面各节建立了消极预防维修的效果模型，本节建立积极预防维修的效果计算公式。假设皆为无陡升效果的积极预防维修。积极预防维修可使劣化开始时间延迟为：

$$t_\mathrm{I}'=t_\mathrm{I}+\eta t_{\mathrm{PD}}m \tag{6-23}$$

式中 m——积极预防维修的次数；

η——积极预防维修对延缓劣化开始时间的影响系数。

6.3 有预防维修时的桥梁劣化模型

本节仍以可靠度维修优化监控指标为例建立有预防维修时的桥梁劣化模型，其他监控指标类似，例如桥梁技术状况监控指标，可将模型中的可靠度“β”替换为桥梁技术状况“V”，并把所有参数加下标“V”。

第5章建立了无预防维修时的各种桥梁劣化模型的可靠度计算公式，本章第2节则建立了不同维修情形的维修效果的可靠度计算公式。因此，不同维修情形与无预防维修时的不同劣化模式组合在一起即形成不同的有预防维修的劣化模型，该类模型的可靠度等于按照上述两章节相应的可靠度计算公式计算的结果之和（这是效果叠加法的应用类型之一）。下面继续运用生效函数法并结合定期维修情形建立其可靠度计算公式（这些公式比目前国际上惯用的用分段计算法所产生的公式简单明了有效得多），在此之前首先考察分段计算法的可靠度计算公式，最后再建立定期维修的预防维修次数与首次重大维修时间的计算公式。

6.3.1　基于分段计算法的可靠度计算公式

根据劣化开始时间的不同分三种情况给出基于分段计算法的可靠度计算公式，参见图 6-8。

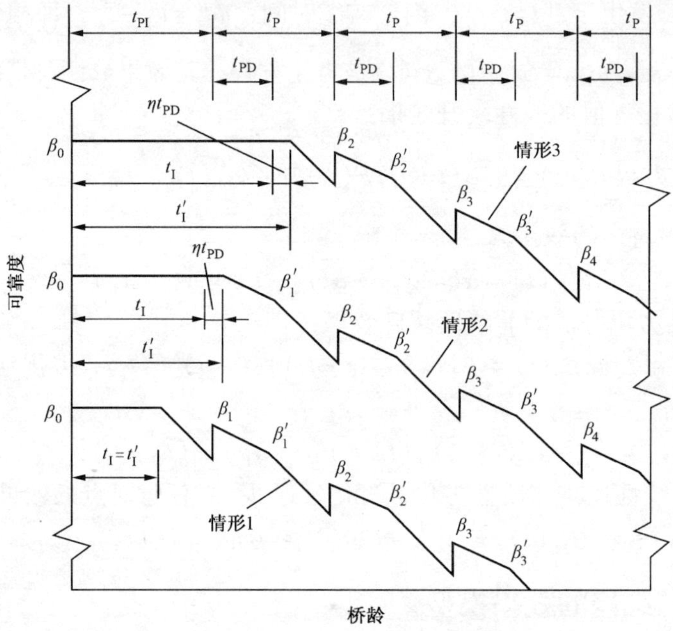

图 6-8　劣化开始时间不同的三种情形的可靠度示意图

情形 1——劣化开始于首次预防维修前，对应于消极预防维修；

情形 2——劣化开始于首次预防维修的有效期内，对应于积极预防维修；

情形 3——劣化开始于首次预防维修的有效期后，对应于积极预防维修。

根据分段计算法，三种情形的可靠度表达式分别是：

情形 1：

$\beta(t)=\beta_0$　　当 $0\leqslant t\leqslant t_I$ 时

$\beta(t)=\beta_0-(t-t_I)\alpha$　　当 $t_I<t\leqslant t_{PI}$ 时

$\beta(t)=\beta_1-(t-t_{PI})\theta$　　当 $t_{PI}<t\leqslant t_{PI}+t_{PD}$ 时

$\beta(t)=\beta_1'-[t-(t_{PI}+t_{PD})]\alpha$　　当 $t_{PI}+t_{PD}<t\leqslant t_{PI}+t_P$ 时

$\beta(t)=\beta_n-\{t-[(t_{PI}+(n-1)t_P)]\}\theta$　　当 $t_{PI}+(n-1)t_P<t\leqslant t_{PI}+(n-1)t_P+t_{PD}$ 时

$\beta(t)=\beta_n'-\{t-[t_{PI}+(n-1)t_P+t_{PD}]\}\alpha$　当 $t_{PI}+(n-1)t_P+t_{PD}<t\leqslant t_{PI}+nt_P$ 时

情形2：

$\beta(t)=\beta_0$ 当 $0\leqslant t\leqslant t_I'$ 时

$\beta(t)=\beta_0-(t-t_I')\theta$ 当 $t_I'\leqslant t<t_{PI}+(m-1)t_P+t_{PD}$ 时

$\beta(t)=\beta_0'-\{t-[t_{PI}+(m-1)t_P+t_{PD}]\}\alpha$ 当 $t_{PI}+(m-1)t_P+t_{PD}\leqslant t<t_{PI}+mt_P$ 时

$\beta(t)=\beta_n-\{t-[t_{PI}+(n-1)t_P]\}\theta$ 当 $t_{PI}+(n-1)t_P\leqslant t<t_{PI}+(n-1)t_P+t_{PD}$ 时

$\beta(t)=\beta_n'-\{t-[t_{PI}+(n-1)t_P+t_{PD}]\}\alpha$ 当 $t_{PI}+(n-1)t_P+t_{PD}\leqslant t<t_{PI}+nt_P$ 时

式中： $\beta_0'=\beta_0-\{[t_{PI}+(m-1)t_P+t_{PD}]-t_I'\}\theta$

情形3：

$\beta(t)=\beta_0$ 当 $0\leqslant t\leqslant t_I'$ 时

$\beta(t)=\beta_0-(t-t_I')\alpha$ 当 $t_I'\leqslant t<t_{PI}+mt_P$ 时

$\beta(t)=\beta_n-\{t-[t_{PI}+(n-1)t_P]\}\theta$ 当 $t_{PI}+(n-1)t_P\leqslant t<t_{PI}+(n-1)t_P+t_{PD}$ 时

$\beta(t)=\beta_n'-\{t-[t_{PI}+(n-1)t_P+t_{PD}]\}\alpha$ 当 $t_{PI}+(n-1)t_P+t_{PD}\leqslant t<t_{PI}+nt_P$ 时

这里 m 表示劣化开始之前预防维修的次数（$m\geqslant1$），n 表示预防维修的总次数（$n\geqslant m$），它们都取正整数。此外，由于 m 次预防维修而延缓了的劣化开始时间为：$t_I'=t_I+\eta t_{PD}m$，其中 η 是预防维修对延缓劣化开始时间的影响系数。

6.3.2 基于生效函数法和效果叠加法的可靠度计算公式

下面针对定期消极预防维修，仍以可靠度指标为例，继续运用生效函数法与效果叠加法，对不同维修情形与无预防维修时的不同劣化模式的不同组合，建立有预防维修时的桥梁劣化模型的可靠度计算公式。这些模型与公式的建立，为桥梁维修分析与多目标优化打下了基础。

6.3.2.1 线性劣化线性改善的定期预防维修模型

设维修措施 a_i 的有效期为 τ_i 或 t_{PD}，有效区间（绝对时间坐标，下同）为 $[t_{i1}, t_{i2}]$，实施周期为 t_P，首次实施时间为 t_{PI}，维修效果参数为陡升效果参数 γ_i 和持续效果参数固定改善率 $\theta_i(t)=\theta_i$，参见图6-9，易知：

$$\tau_i=t_{PD}=t_{i2}-t_{i1}$$

$$t_{i2}=t_{i1}+t_{PD}=t_{i1}+\tau_i$$

$$t_{i1}=t_{PI}+(i-1)t_P$$

其中， $i=1, 2, 3, \cdots M$

对于线性劣化，无预防维修时任意时刻的可靠度和桥梁寿命分别为：

$$\beta(t)=\beta_0-\alpha(t-t_I)F(t_I)$$

和

$$t_R=t_I+\frac{\beta_0-\beta_T}{\alpha} \tag{6-24}$$

于是，有预防维修时任意时刻的可靠度为：

$$\beta(t)=\beta_0-\alpha(t-t_I)F(t_I)+\sum_{i=1}^{M}[\gamma_iF(t_{i1})]+\sum_{i=1}^{M}\left\{\theta_i\begin{bmatrix}1\\-1\end{bmatrix}^T\begin{bmatrix}(t-t_{i1})F(t_{i1})\\(t-t_{i2})F(t_{i2})\end{bmatrix}\right\} \tag{6-25}$$

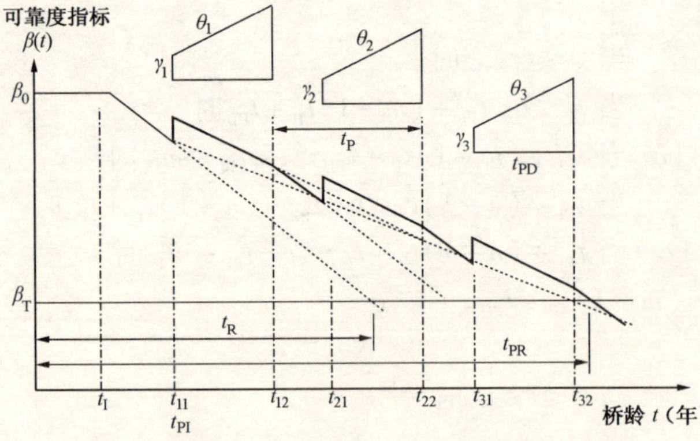

图 6-9　线性劣化线性改善的定期预防维修模型

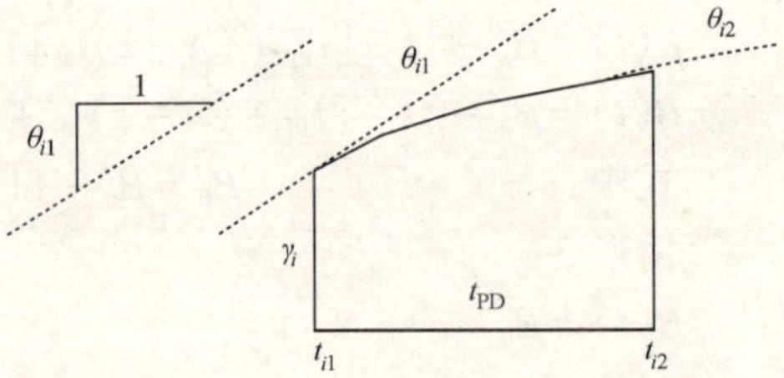

图 6-10　线性劣化非线性改善的定期预防维修模型的改善效果图

6.3.2.2　线性劣化非线性改善的定期预防维修模型

在线性劣化线性改善的定期预防维修模型（参见图 6-9）的基础上，将维修措施 a_i 的持续效果参数固定改善率 $\theta_i(t)=\theta_i$ 改为线性降低改善率，从而使线性改善效果变成非线性改善效果，即为线性劣化非线性改善的定期预防维修模型，参见图 6-10。

该模型任意时刻的可靠度为：

$$\beta(t)=\beta_0-\alpha(t-t_{\mathrm{I}})F(t_{\mathrm{I}})+\sum_{i=1}^{M}\beta_i(t) \tag{6-26}$$

式中：

$$\beta_i(t)=\gamma_i F(t_{i1})+f_{i12}(t)[F(t_{i1})-F(t_{i2})]+f_{i12}(t_{i2})F(t_{i2}) \tag{6-27}$$

其中：

$$f_{i12}(t)=[\theta_{i1}-\theta_i'(t-t_{i1})](t-t_{i1}) \tag{6-28}$$

$$f_{i12}(t_{i2})=[\theta_{i1}-\theta_i'(t_{i2}-t_{i1})](t_{i2}-t_{i1})=(\theta_{i1}-\theta_i'\tau_i)\tau_i$$

$$\tau_i=t_{\mathrm{PD}}=t_{i2}-t_{i1};\qquad t_{i2}=t_{i1}+t_{\mathrm{PD}}=t_{i1}+\tau_i$$

$$t_{i1}=t_{\mathrm{PI}}+(i-1)t_{\mathrm{P}};\qquad i=1,2,3,\cdots,M$$

θ_{i1} 为初始改善率，θ_i' 为改善率衰减系数。

6.3.2.3　线性劣化两段线性改善的定期预防维修模型

参见图 6-11，设构成线性劣化两段线性改善的定期预防维修模型的维修措施 a_i 的有效区间为 $[t_{i1},\ t_{i3}]$，有效期为：

$$\tau_i=t_{\mathrm{PD}}=t_{i3}-t_{i1}=\tau_{i1}+\tau_{i2}$$

该区间分为两段，前段是 $[t_{i1},\ t_{i2}]$，区间长为：$\tau_{i1}=t_{i2}-t_{i1}$；后段是 $[t_{i2},\ t_{i3}]$，区间长为：$\tau_{i2}=t_{i3}-t_{i2}$。维修措施 a_i 的效果参数分别是：陡升效果参数为 γ_i；持续效果参数前段恒为 θ_{i1}，后段恒为 θ_{i2}，且有：$\theta_{i1}>\theta_{i2}>0$。

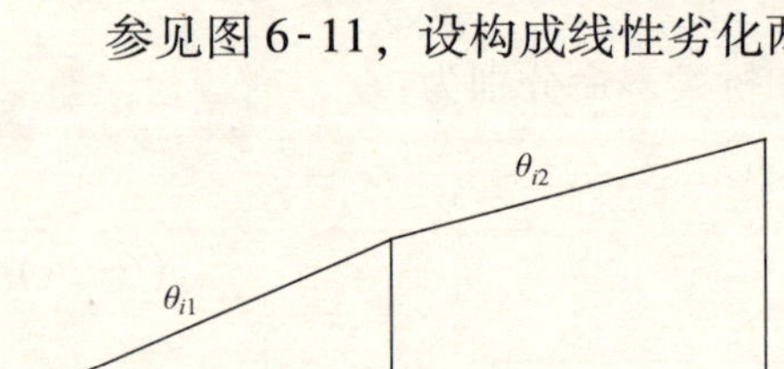

图 6-11　线性劣化非线性改善的定期预防维修模型的改善效果图

该模型任意时刻的可靠度为：

$$\beta(t)=\beta_0-\alpha(t-t_{\mathrm{I}})F(t_{\mathrm{I}})+\sum_{i=1}^{M}\beta_i(t)$$

式中：
$$\beta_i(t)=\gamma_iF(t_{i1})+\left(\theta_{i1}\begin{bmatrix}1\\-1\\0\end{bmatrix}^{\mathrm T}+\theta_{i2}\begin{bmatrix}0\\1\\-1\end{bmatrix}^{\mathrm T}\right)\begin{bmatrix}(t-t_{i1})F(t_{i1})\\(t-t_{i2})F(t_{i2})\\(t-t_{i3})F(t_{i3})\end{bmatrix}\tag{6-29}$$

$$t_{i1}=t_{\mathrm{PI}}+(i-1)t_{\mathrm P},t_{i2}=t_{i1}+\tau_{i1},t_{i3}=t_{i1}+\tau_{i1}+\tau_{i2}=t_{i1}+\tau_i$$
$$i=1,2,3,\cdots,M$$

6.3.2.4 线性劣化先线性后非线性改善的定期预防维修模型

参见图6-12，设构成线性劣化先线性后非线性改善的定期预防维修模型的维修措施 a_i 的有效区间为［t_{i1}，t_{i3}］，有效期为：

$$\tau_i=t_{\mathrm{PD}}=t_{i3}-t_{i1}=\tau_{i1}+\tau_{i2}$$

该区间分两段，前段线性段是［t_{i1}，t_{i2}］，区间长为：$\tau_{i1}=t_{i2}-t_{i1}$；后段曲线段是［t_{i2}，t_{i3}］，区间长为：$\tau_{i2}=t_{i3}-t_{i2}$。维修措施 a_i 的效果参数分别是：陡升效果参数为 γ_i；持续效果参数前段线性段恒为 θ_{i1}，后段曲线段初始改善率为 θ_{i2}，改善率衰减系数为 θ_i'，且有：$\theta_{i2}=\theta_{i1}>0$ 和 $\theta_i'>0$。

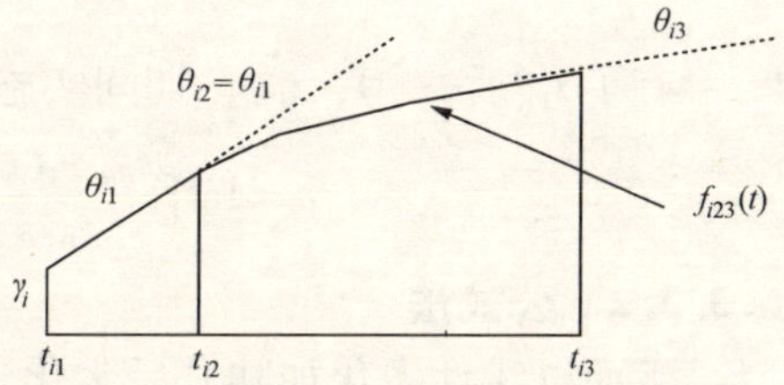

图6-12　线性劣化先线性后非线性改善的定期预防维修模型的改善效果图

该模型任意时刻的可靠度为：

$$\beta(t)=\beta_0-\alpha(t-t_{\mathrm I})F(t_{\mathrm I})+\sum_{i=1}^{M}\beta_i(t)$$
$$\beta_i(t)=\gamma_iF(t_{i1})+\theta_{i1}\begin{bmatrix}1\\-1\end{bmatrix}^{\mathrm T}\begin{bmatrix}(t-t_{i1})F(t_{i1})\\(t-t_{i2})F(t_{i2})\end{bmatrix}$$
$$+f_{i23}(t)[F(t_{i2})-F(t_{i3})]+f_{i23}(t_{i3})F(t_{i3})\tag{6-30}$$

其中：
$$f_{i23}(t)=[\theta_{i2}-\theta_i'(t-t_{i2})](t-t_{i2})$$
$$f_{i23}(t_{i3})=[\theta_{i2}-\theta_i'(t_{i3}-t_{i2})](t_{i3}-t_{i2})=(\theta_{i2}-\theta_i'\tau_{i2})\tau_{i2}$$
$$t_{i1}=t_{\mathrm{PI}}+(i-1)t_{\mathrm P},t_{i2}=t_{i1}+\tau_{i1},t_{i3}=t_{i1}+\tau_{i1}+\tau_{i2}=t_{i1}+\tau_i$$
$$i=1,2,3,\cdots,M$$

6.3.2.5 非线性劣化先线性后非线性改善的定期预防维修模型

该模型的改善效果图参见图6-12。根据非线性劣化模型公式（5-43），非线性劣化先线性后非线性改善的定期预防维修模型任意时刻的可靠度为：

$$\beta(t)=\beta_0-[\alpha_1+\alpha'(t-t_{\mathrm I})](t-t_{\mathrm I})^{\lambda}F(t_{\mathrm I})+\sum_{i=1}^{M}\beta_i(t)\tag{6-31}$$

式中　$\beta_i(t)$——同式（6-30）；

α_1——起始劣化率；

α'——劣化率增加系数，$\alpha'>0$；

λ——劣化指数，$\lambda>0$。

6.3.2.6 线性劣化先劣化延迟再线性改善的定期预防维修模型

在线性劣化情形下，该模型是两段线性改善定期预防维修模型的特例，其维修措施 a_i 的改善效果图的前段改善率等于劣化率 α，前段区间长等于劣化延迟 dd_i。

6.3.3　预防维修次数与首次重大维修时间的计算方法

关于定期维修的预防维修次数与首次重大维修时间的计算，本书提出时间步进试算法、公式法和图解法三种计算方法。

6.3.3.1　时间步进试算法

M 先取一充分大的正整数，时间 t 从 t_I 开始逐步增加，依照任意时刻可靠度公式计算出逐渐变小的 $\beta(t)$，直到首次满足 $\beta(t)=\beta_T$ 为止，此时的 t 就是首次重大维修时间 t_{PR}，即：

$$\beta(t=t_{PR})=\beta_T \tag{6-32}$$

有了 t_{PR}后，$[0,\ t_{PR}]$ 期间实施的维修次数 n 就可以反算出来：

$$n=\mathrm{Int}\left(\frac{t_{PR}-t_{PI}}{t_P}\right)+\mathrm{Sign}\left\{\left(\frac{t_{PR}-t_{PI}}{t_P}\right)-\mathrm{Int}\left(\frac{t_{PR}-t_{PI}}{t_P}\right)\right\} \tag{6-33}$$

6.3.3.2　公式法

下面以线性劣化加陡升后劣化延迟再线性改善的定期预防维修为例，推导定期维修的预防维修次数与首次重大维修时间的计算公式。

1. 维修次数 n

参见图6-13，单轮（t_P）维修可靠度指标的降低值@为：

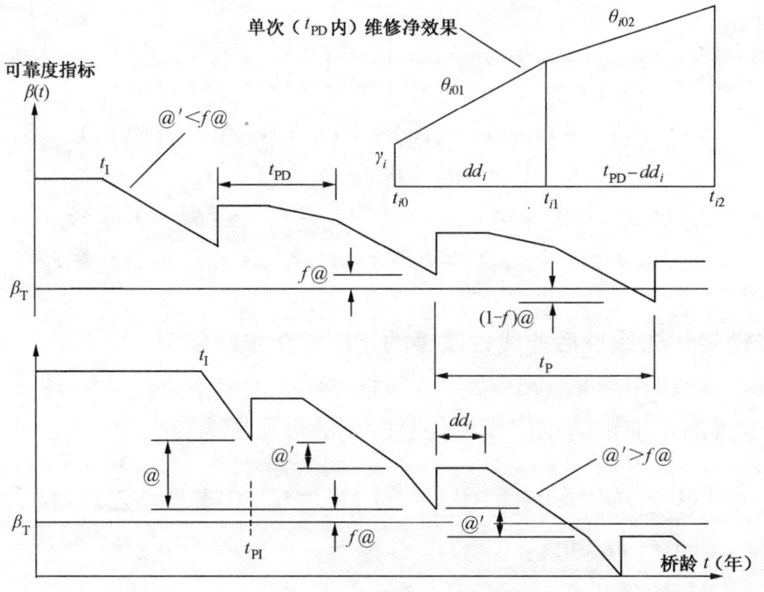

图6-13　维修次数 n 的计算图示

$$\begin{aligned}@&=-[\gamma-(\alpha-\theta_{12})(t_{PD}-dd)-\alpha(t_P-t_{PD})]\\&=-[\gamma-\alpha(t_P-dd)+\theta_{12}(t_{PD}-dd)]\end{aligned} \tag{6-34}$$

达到目标值时的维修次数 n 计算如下：

设从维修开始到触及可靠度目标值的轮数为 n'（称之为“理论维修次数”）：

$$n' = \frac{\beta_0 - \alpha(t_{PI} - t_I) - \beta_T}{@} \tag{6-35}$$

并令

$$f = n' - \text{Int}(n') \tag{6-36}$$

为理论维修次数 n'的小数部分，则：

当小数部分 $f=0$ 时，维修次数为：$n=n'$

当小数部分 $f>0$ 时，维修次数为：$n=\text{Int}\ (n')\ +1$

维修次数通式为：

$$n = \text{Int}(n') + \text{sign}(f) \tag{6-37}$$

2. 首次重大维修时间 t_{PR}

当理论维修次数小数部分 $f=0$ 时，有：

$$t_{PR} = t_{PI} + nt_P \tag{6-38}$$

当理论维修次数小数部分 $f>0$ 时，如果（$\alpha-\theta_{12}$）（$t_{PD}-dd$）$\geqslant f@+\gamma$，有：

$$t_{PR} = t_{PI} + \text{Int}(n')t_P + dd + \frac{f@+\gamma}{\alpha - \theta_{12}} \tag{6-39}$$

如果（$\alpha-\theta_{12}$）（$t_{PD}-dd$）$\leqslant f@+\gamma$，有：

$$t_{PR} = t_{PI} + [\text{Int}(n')+1]t_P - \frac{(1-f)@}{\alpha} \tag{6-40}$$

上述公式有另一种形式。根据式（6-35）和式（6-36），计算得到理论维修次数 n'后，Int（n'）是整数部分，$f@$ 是余数。单次（在有效期 t_{PD}内）维修可靠度指标下降值 $@'$为：

$$@' = (\alpha - \theta_{12})(t_{PD} - dd) - \gamma \tag{6-41}$$

令

$$S = \text{sign}[\text{sign}(@' - f@) + 1] \tag{6-42}$$

则可得到首次重大维修时间 t_{PR}的统一公式：

$$t_{PR} = t_{PI} + \text{Int}(n')t_P + t_{PD} + \frac{f@ - @'}{\alpha - S\theta_{12}} \tag{6-43}$$

6.3.3.3 图解法

根据上节建立的维修方案任意时刻的实际可靠度表达式 β（t），通过某种计算机语言编制绘图程序，以时间为横坐标、以 β（t）为纵坐标绘出其曲线图形，再绘出目标可靠度线（$\beta_T=4.2$），两线交点的横坐标中的最小者即为首次重大维修时间 t_{PR}的理论值，而维修次数则可在图中直接数出来。我们用研发的 BMMOP 桥梁维修优化程序便具有这种绘图功能，在第 8 章中进行维修组合优化时，都给出了这类图形，以形象直观地体现维修方案及其组合的指标随时间发生变化的情况。

需要指出的是，上述公式都是针对可靠指标的，其结果同样适用于桥梁状况指标 V，只需对公式中的参数的下标加一“V”字母即可。

实际首次重大维修时间的计算思路是这样的：先对可靠指标进行计算，得到 t_{PR}和 n，然后再对桥梁状况指标作同样的计算，得到 t_{PRV}和 n_V，尔后选 t_{PR}和 t_{PRV}中的较小的，记作 t_{PRC}，即为实际首次重大维修时间，该值与其对应的维修次数一起可用以计算维修成本。下一章将结合实例给出其计算步骤。

第 7 章　桥梁预防维修基本优化

桥梁维修优化可分为基本维修优化与组合维修优化。基本维修优化有两层意思：一是指参与优选的维修方案是由同种维修措施构成的；二是指维修优化的基本内容。组合维修优化是指参与优选的维修方案是由多种维修措施或方案组合而成的，并以基本优化内容为基础。本章以预防维修为例研究基本维修优化，应用举例参见第 9 章。

根据维修优化监控指标的多少，桥梁维修优化也可分为单控维修优化、双控维修优化和多控维修优化。维修优化监控指标是指反映桥梁或桥梁构件安全或使用功能情况的指标。

本书以混凝土桥梁结构线性劣化为例研究以桥梁总体可靠度和技术状况为监控指标的双控维修优化。

7.1　劣化模型参数取值

7.1.1　可靠度劣化模型参数取值

根据《公路工程结构可靠度设计统一标准》GB/T 50283-1999，我国公路桥梁二级结构构件在设计基准期 100 年内的目标可靠指标 β_T 为：

主要组合延性破坏构件：$\beta_T=4.2$；主要组合脆性破坏构件：$\beta_T=4.7$。

在此基础上，一级公路桥梁结构构件加 0.5，附加组合减 0.5。

国内有学者认为，考虑到我国的经济水平，维修决策用的目标可靠指标可取上述规定值的 0.85 倍。作者认为，从发展的角度看，随着国家经济的快速发展，经济制约因素将逐步弱化，桥梁安全将越来越重要。因此，本书取折减系数为 0.9，并以一级公路桥梁结构构件主要组合延性破坏或二级公路桥梁结构构件主要组合脆性破坏为例，近似取维修决策用目标可靠指标 $\beta_T=4.2$，即，$4.7\times0.9=4.23\approx4.2$。

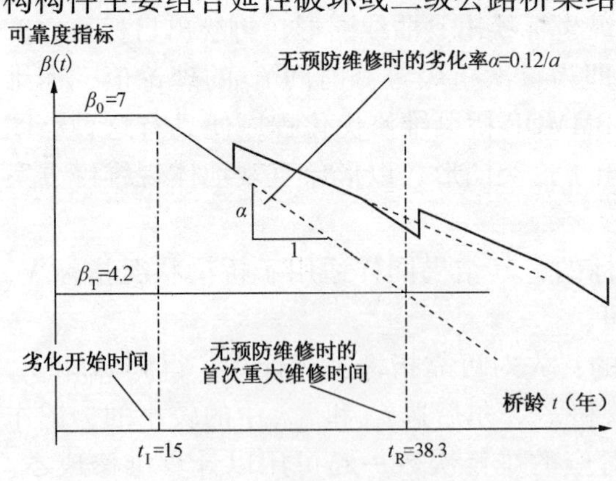

图 7-1　可靠度线性劣化模型及其参数取值

与此相应的劣化参数平均值可参照国外研究，分别取为：

新桥初始可靠指标：$\beta_0=7$（国外为 7.5～8.5）

劣化开始时间：$t_I=15a$

劣化率：$\alpha=0.12/a$

由此可计算出无预防维修时的首次重大维修时间平均值：$t_R=38.3a$，如图 7-1 所示。

7.1.2 桥梁技术状况劣化模型参数取值

根据《公路桥涵养护规范》JTG H11—2004，用综合评定法给出的全桥结构技术状况评分 D_r（0～100，评分高表示结构状况好、缺损少）来衡量桥梁结构技术状况的好坏：

$$D_r = 100 - \frac{1}{5}\sum_{i=1}^{n} R_i W_i$$

式中 W_i——各部件权重，$\sum W_i = 100$；

R_i——各部件评定标度（0～5），分五类六种，见表7-1。

桥梁部件评定标度　　表7-1

最终评定结果 R_i	0	1	2	3	4	5
桥梁技术状况及分类	完好	良好	较好	较差	差的	危险
	一类		二类	三类	四类	五类

该规范还给出了由 D_r 决定的综合评定分类界限，见表7-2。

综合评定分类界限　　表7-2

$D_r \geq 88$	一类桥梁	完好、良好
$88 > D_r \geq 60$	二类桥梁	较好
$60 > D_r \geq 40$	三类桥梁	较差
$40 > D_r$	四类、五类桥梁	差的、危险

据此并参照该规范给出的桥梁技术状况评定标准以及国外资料，桥梁技术状况（用符号“V”表示，对桥梁总体等于 D_r）的劣化参数取值如下：

目标状况指标：　$V_T = 39$；

新桥初始桥梁技术状况指标：$V_0 = 88$；

状况劣化开始时间：　$t_{IV} = 10a$；

状况劣化率：　$\alpha_V = 1.8/a$。

由此可算出无预防维修时的首次重大维修时间为：$t_{RV} = 37.2$ 年，如图7-2所示。

与美国NBI状态劣化的比较：

根据美国联邦公路局（FHWA）的报告（1988年2月）中有关NBI状态评分的定义，美国公路桥梁结构缺陷分为10级，如表7-3所示。

根据文献［88，89］中的资料与专家推荐，NBI状态分值劣化率为0.10～0.22/a，于

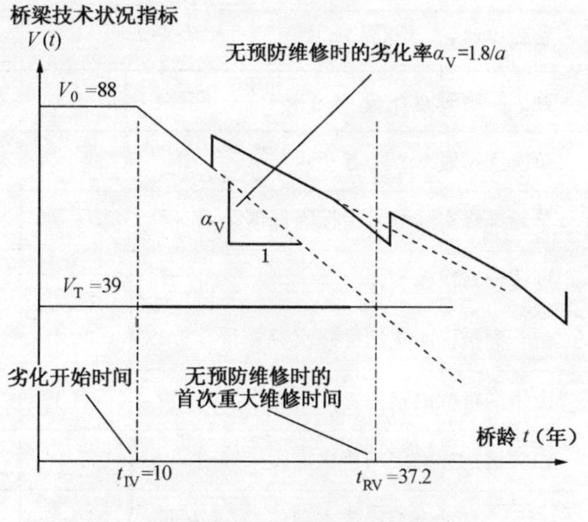

图7-2　桥梁技术状况线性劣化模型及其参数取值

是，无预防维修时从“优越状态（9 分）”达到“严重状态（3 分）”（要求采取重大维修措施）将经历 27 ~ 60 年。若取劣化率平均值 0.16/a，则从“优越状态”达到“严重状态”将经历 37.5 年 [= （9 - 3）/0.16]。

而在作者给出的上述桥梁状况劣化参数的取值下，首次重大维修时间 t_{RV} = 37.2 年，两者非常接近。

美国公路桥梁结构 NBI 状态　　表 7-3

NBI 状态分	9	8	7	6	5	4	3	2	1	0
状态描述	优越状态	甚好状态	良好状态	满意状态	尚好状态	不良状态	严重状态	临界状态	紧急状态	破坏状态

7.2　预防维修次数与首次重大维修时间计算步骤

基于上节给出的桥梁劣化模型及其参数取值，下面以重涂防腐涂层措施 A 方案和硅烷浸渍防腐措施 B 方案两个定期预防维修方案为例，根据第 6 章建立的公式计算其维修次数与首次重大维修时间。两方案的维修效果参数如表 7-4 所示。

A 方案和 B 方案定期维修方案的效果参数及动态维修成本　　表 7-4

方案	重涂防腐涂层 A		硅烷浸渍防腐 B	
指标	可靠度 β	状况 V	可靠度 β	状况 V
陡升效果	γ = 0.1	γ_V = 1.5	γ = 0.3	γ_V = 3.6
劣化延迟（年）	dd = 3	dd_V = 2	dd = 3	dd_V = 4
线性缓升改善率 $\theta_{12(V)}$（/年）	0.05	1.0	0.06	1.2
有效期 $t_{PD(V)}$（年）	12	10	11	10
实施周期 $t_{P(V)}$（年）	15	15	13	13
首次实施时间 $t_{PI(V)}$（年）	16	16	18	18
单次维修成本 C（万元）	300		410	
单轮维修实际可靠指标降低值@$_{(V)}$	0.89	13.9	0.42	5.4
理论维修次数 $n'_{(V)}$	3.011	2.748	5.810	6.407
由不同指标决定的维修次数 $n_{(V)}$	4	3	6	7
由不同指标决定的首次重大维修时间 $t_{PR(V)}$（年）	65.6	59	95.3	107.2
由关键指标确定的首次重大维修时间 t_{PRC}（年）	—	59	95.3	—
动态维修成本现值 C_P（万元）	123.87		161.867	
动态年维修成本 C_A（万元）	10.00		12.958	

两个方案都是针对海洋环境下混凝土桥梁结构的防腐蚀定期维修措施，其相同的防腐措施有：高性能混凝土、增厚的混凝土保护层及部分环氧涂层钢筋或不锈钢筋、合理的设计尤其是防水设计和高质量的施工等。另外，两个方案都需进行寿命较短构件的定期更新基本维修项目，如桥面铺装层、伸缩缝、支座与排水等构件的更新更换。这里不考虑相同维修项目的成本，并设维修桥梁的初始投资为5000 万元。

不同的防腐项目是：

A 方案：重涂防腐涂层措施（单项维修成本 300 万元）；

B 方案：硅烷浸渍防腐措施（单项维修成本 410 万元）。

7.2.1　由可靠指标β决定的结果计算

7.2.1.1　重涂防腐涂层措施 A 方案

单轮维修实际可靠指标降低值@：

$$@=-[\gamma-(\alpha-\theta_{12})(t_{PD}-dd)-\alpha(t_P-t_{PD})]$$
$$=-[0.1-(0.12-0.05)\times(12-3)-0.12\times(15-12)]$$
$$=0.89$$

从维修开始到触及可靠目标值的轮数n'(理论维修次数)：

$$n'=\frac{\beta_0-\alpha(t_{PI}-t_I)-\beta_T}{@}=\frac{7-0.12\times(16-15)-4.2}{0.89}=3.01124$$

其小数部分：　　$f=n'-\mathrm{Int}(n')=0.01124$

(1)近似按小数部分f为零计算($f\approx 0$)

维修次数：　　$n=n'=3$

首次重大维修时间：　　$t_{PR}=t_{PI}+nt_P=16+3\times15=61a$

(2)按小数部分f大于零计算($f>0$)

$$n=\mathrm{Int}(n')+\mathrm{sign}(f)=3+1=4\text{ 次}$$

由于

$$(\alpha-\theta_{12})(t_{PD}-dd)=(0.12-0.05)\times(12-3)$$
$$=0.63>f@+\gamma=0.01124\times0.89+0.1=0.11$$

因此采用加法公式(6-39) 计算首次重大维修时间t_{PR}：

$$t_{PR}=t_{PI}+\mathrm{Int}(n')t_P+dd+\frac{f@+\gamma}{\alpha-\theta_{12}}$$
$$=16+3\times15+3+\frac{0.11}{0.12-0.05}=65.6a$$

7.2.1.2　硅烷浸渍防腐措施 B 方案

单轮维修实际可靠指标降低值：@ =0.42；理论维修次数：$n'=5.80952$。

因其小数部分$f>0$，故维修次数：$n=6$ 次。

又由于

$$(\alpha-\theta_{12})(t_{PD}-dd)=(0.12-0.06)\times(11-3)$$
$$=0.48<f@+\gamma=0.80952\times0.42+0.3=0.64$$

因此，采用减法公式(6-40) 计算首次重大维修时间t_{PR}：

$$t_{PR}=t_{PI}+[\mathrm{Int}(n')+1]t_P-\frac{(1-f)@}{\alpha}$$
$$=18+(5+1)\times 13-\frac{(1-0.80952)\times 0.42}{0.12}$$
$$=18+77.3=95.3(a)$$

7.2.2　由状况指标 V 决定的结果计算

7.2.2.1　重涂防腐涂层措施 A 方案

单轮维修实际状况指标降低值$@_V$：

$$@_V=-[\gamma_V-(\alpha_V-\theta_{12V})(t_{PDV}-dd_V)-\alpha_V(t_{PV}-t_{PDV})]$$
$$=-[1.5-(1.8-1)\times(10-2)-1.8\times(15-10)]$$
$$=-[1.5-6.4-9]=13.9$$

从维修开始到触及状况目标值的理论维修次数 n'_V：

$$n'_V=\frac{V_0-\alpha_V(t_{PIV}-t_{IV})-V_T}{@_V}=\frac{88-1.8\times(16-10)-39}{13.9}=2.74820$$

其小数部分：　　　　　　$f_V=n'_V-\mathrm{Int}(n'_V)=0.74820$

因　$f_V>0$,故取维修次数为:$n_V=2+1=3$ 次。

由于

$$(\alpha_V-\theta_{12V})(t_{PDV}-dd_V)=6.4$$
$$<f_V@_V+\gamma_V=0.74820\times 13.9+1.5=11.9$$

因此采用减法公式(6-40) 计算首次重大维修时间 t_{PRV}：

$$t_{PRV}=t_{PIV}+[\mathrm{Int}(n'_V)+1]t_{PV}-\frac{(1-f_V)@_V}{\alpha_V}$$
$$=16+(2+1)\times 15-\frac{(1-0.74820)\times 13.9}{1.8}=59a$$

7.2.2.2　硅烷浸渍防腐措施 B 方案

单轮维修实际状况指标降低值：$@_V=5.4$；理论维修次数：$n'_V=6.40741$。因 $f_V>0$，故维修次数 n 取 7 次。

又由于

$$(\alpha_V-\theta_{12V})(t_{PDV}-dd_V)=(1.8-1.2)\times(10-4)=3.6$$
$$<f_V@_V+\gamma_V=0.40741\times 5.4+3.6=5.8$$

因此采用减法公式（6-40）计算首次重大维修时间 t_{PRV}：

$$t_{PRV}=t_{PIV}+[\mathrm{Int}(n'_V)+1]t_{PV}-\frac{(1-f_V)@_V}{\alpha_V}$$
$$=18+(6+1)\times 13-\frac{(1-0.40741)\times 5.4}{1.8}=107.2(a)$$

由上述计算结果可见，若按照可靠度指标，首次重大维修时间分别是：

重涂防腐涂层方案 A：66 年；

硅烷浸渍防腐方案 B：95 年。

若按照桥梁技术状况指标，首次重大维修时间分别是：

重涂防腐涂层方案 A：59 年；

硅烷浸渍防腐方案 B：107 年。

两种情况下，硅烷浸渍防腐方案都明显优于重涂防腐涂层方案。

7.3 关键指标确定与维修成本计算

通过比较由可靠指标 β 和由状况指标 V 决定的结果，可确定实际的维修次数与首次重大维修时间，并由关键指标的结果计算相应的维修成本。

维修措施定期方案的关键指标，对应于由可靠指标 β 和由状况指标 V 决定的首次重大维修时间中的较早者。

如重涂防腐涂层方案 A，关键指标是状况指标 V，$t_{PRC}=\min\{66\text{ 年},59\text{ 年}\}=t_{PRV}=59$ 年，相应的维修次数为 3 次。此时，达到目标状况指标 $V_T=39$ 的时间是第 59 年，是年需实施首次重大维修。若不实施的话，到第 66 年时，可靠指标达到目标值 $\beta_T=4.2$。又如硅烷浸渍防腐方案 B，关键指标是可靠指标 β，$t_{PRC}=\min\{95\text{ 年},107\text{ 年}\}=t_{PR}=95$ 年，即到第 59 年时，需实施首次重大维修，相应的维修次数为 6 次。

比较可见，采用硅烷浸渍防腐措施方案比采用重涂防腐涂层措施方案可使首次重大维修时间推迟 36 年（=95－59）。下面比较它们的动态成本。

假设两项维修措施的单次维修成本为不随时间而变化的常数［若为逐期等比增加或逐期等差增加，则用式(6-7)和式(6-8)计算］，不妨设：$C^{(A)}=300$ 万元；$C^{(B)}=410$ 万元。并取贴现率 $i=8\%$，则两方案 n 次维修措施的维修成本计算如下：

7.3.1 重涂防腐涂层方案 A

根据式(6-6)，A 方案的维修成本现值为：

$$C_P=\frac{C^{(A)}}{(1+i)^{t_{PI}}}\frac{1-q^n}{1-q}=\frac{300}{(1+0.08)^{16}}\frac{1-0.3152417^3}{1-0.3152417}=123.87\text{ 万元}$$

其中：$q=\frac{1}{(1+i)^{t_P}}=(1+i)^{-t_P}=\frac{1}{1.08^{15}}=0.3152417$

根据式（6-10），等价于 59 年内的动态年维修成本为：

$$C_A=C_P\frac{i(1+i)^m}{(1+i)^m-1}=123.87\times\frac{0.08\times1.08^{59}}{1.08^{59}-1}=10\text{ 万元}$$

维修期间$[t_{PI},t_{PR}]=[16,59]$静态平均年维修成本为：

$$300\times3\div(59-16)=900\div43=20.93\text{ 万元}$$

7.3.2 硅烷浸渍防腐方案 B

根据式（6-6），B 方案的维修成本现值为：

$$C_P=\frac{C^{(B)}}{(1+i)^{t_{PI}}}\frac{1-q^n}{1-q}=\frac{410}{(1+0.08)^{18}}\frac{1-0.3677^6}{1-0.3677}=161.867\text{ 万元}$$

其中：$q=\frac{1}{(1+i)^{t_P}}=(1+i)^{-t_P}=\frac{1}{1.08^{13}}=0.3677$

根据式（6-10），等价于 95 年内的动态年维修成本为：

$$C_A = C_P \frac{i(1+i)^m}{(1+i)^m - 1} = 123.87 \times \frac{0.08 \times 1.08^{95}}{1.08^{95} - 1} = 12.958 \text{ 万元}$$

维修期间$[t_{PI}, t_{PR}] = [18, 95]$静态平均年维修成本为：

$$410 \times 6 \div (95 - 18) = 2460 \div 77 = 31.95 \text{ 万元}$$

上述动态维修成本的计算结果汇总于表 7-4。比较可见，采用硅烷浸渍防腐方案的维修期间静态平均年维修成本约为 32 万元，比采用重涂防腐涂层方案每年约 21 万元，每年增加了 11 万元；从动态年维修成本看，采用硅烷浸渍防腐方案，比采用重涂防腐涂层方案，每年仅增加约 3 万元（=12.958－10），此值之所以偏低，是由于所采用的贴现率 8% 偏高的缘故，若降低贴现率，则此值会提高，但再高也不会超过 11 万元；从维修次数看，硅烷浸渍防腐方案实施 6 次，重涂防腐涂层方案则为 3 次；从动态维修成本现值看，采用硅烷浸渍防腐方案为 161.876 万元，比采用重涂防腐涂层方案的 123.87 万元，增加了 38 万元。

总的来看，相对于重涂防腐涂层方案，硅烷浸渍防腐方案的成本增加并不大，而其寿命（首次重大维修时间）则延长了许多（36 年 =95 年－59 年），因此，硅烷浸渍防腐方案优于重涂防腐涂层方案。

7.4　维修效果指标计算

首先约定：凡称“改善”者，皆未计入劣化的影响，系维修措施的净效果；当涉及“增减”概念时，“单次维修”指在维修措施的有效期 t_{PD} 内、“单轮维修”指在定期维修的每个周期 t_P 内增减，并计入劣化的影响，系维修措施的实际效果。下面以桥梁可靠度监控指标和重涂防腐涂层措施 A 方案为例建立维修效果指标。

单次维修指标改善值（=单轮维修指标改善值）：

$$\begin{aligned} @_{PD} = @_{tP} &= \gamma + \alpha dd + \theta_{12}(t_{PD} - dd) \\ &= 0.1 + 0.12 \times 3 + 0.05 \times (12 - 3) \\ &= 0.91(\Delta\beta) \end{aligned}$$

单次维修指标改善率：

$$\theta_{PD} = \frac{@_{PD}}{t_{PD}} = \frac{\gamma + \alpha dd + \theta_{12}(t_{PD} - dd)}{t_{PD}} = \frac{0.91}{12} = 0.07583(\Delta\beta/\text{年})$$

单轮维修指标改善率：

$$\theta_{tP} = \frac{@_{tP}}{t_P} = \frac{\gamma + \alpha dd + \theta_{12}(t_{PD} - dd)}{t_P} = \frac{0.91}{15} = 0.06067(\Delta\beta/\text{年})$$

单次维修单位成本（unit cost，uc）指标改善率：

$$\begin{aligned} \theta_{PDuc} = \frac{@_{PD}}{C} = \frac{@_{PD}}{Ct_{PD}} &= \frac{\gamma + \alpha dd + \theta_{12}(t_{PD} - dd)}{Ct_{PD}} \\ &= \frac{0.07583}{300} \\ &= 2.5278 \times 10^{-4}(\Delta\beta/\text{年} \cdot \text{万元}) \end{aligned}$$

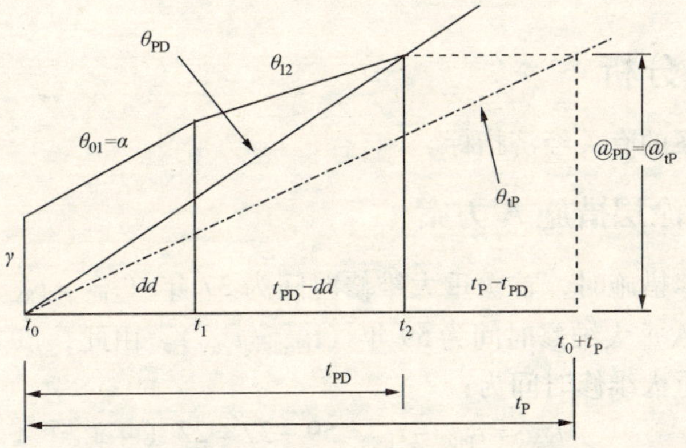

图 7-3 指标改善率与改善值的图示

单轮维修单位成本（unit cost，*uc*）指标改善率：

$$\theta_{t_{Puc}}=\frac{\theta_{t_P}}{C}=\frac{@_{t_P}}{Ct_P}=\frac{\gamma+\alpha dd+\theta_{12}(t_{PD}-dd)}{Ct_P}$$

$$=\frac{0.06067}{300}$$

$$=2.022\times10^{-4}(\Delta\beta/年\cdot万元)$$

单次维修实际指标增加速度：

$$v_{PD}=\frac{\Delta\beta_{PD}}{t_{PD}}=\frac{\gamma+(\theta_{12}-\alpha)(t_{PD}-dd)}{t_{PD}}=\frac{-0.53}{12}$$

$$=-0.04417(\Delta\beta/年)$$

单轮维修实际指标增加速度：

$$v_{tP}=\frac{\Delta\beta_{tP}}{t_P}=\frac{\gamma+(\theta_{12}-\alpha)(t_{PD}-dd)-\alpha(t_P-t_{PD})}{t_P}=\frac{-0.89}{15}$$

$$=-0.05933(\Delta\beta/年)$$

单轮维修实际指标增加速度 v_{tP} 与单轮维修指标改善率 θ_{tP} 的关系：

$$v_{tP}=-\alpha+\theta_{tP}$$

单次维修单位成本（unit cost，*uc*）实际指标增加速度：

$$v_{PDuc}=\frac{v_{PD}}{C}=\frac{\Delta\beta_{PD}}{Ct_{PD}}=\frac{\gamma+(\theta_{12}-\alpha)(t_{PD}-dd)}{Ct_{PD}}$$

$$=\frac{-0.04417}{300}$$

$$=-1.472\times10^{-4}(\Delta\beta/年\cdot万元)$$

单轮维修单位成本（unit cost，*uc*）实际指标增加速度：

$$v_{t_{Puc}}=\frac{v_{tP}}{C}=\frac{\Delta\beta_{tP}}{Ct_P}=\frac{\gamma+(\theta_{12}-\alpha)(t_{PD}-dd)-\alpha(t_P-t_{PD})}{Ct_P}=\frac{-0.05933}{300}$$

$$=-1.978\times10^{-4}(\Delta\beta/年\cdot万元)$$

上述维修指标参数及其符号汇总于表 7-5。

7.5　维修经济分析

首先计算两方案的有关经济指标。

7.5.1　重涂防腐涂层措施A方案

不采取预防维修措施时，首次重大维修时间为37年（$t_{RC}=t_{RV}$）；实施重涂防腐涂层措施A方案后，首次重大维修时间为59年（$t_{PRC}=t_{PRV}$）。由此，该方案节省时间或延长桥梁寿命或推迟首次重大维修时间为：

$$t_{save}=t_{PRC}-t_{RC}=59-37=22\text{（年）}$$

维修指标参数及其符号　　表7-5

指标类型		β		V	
时长范围	范围	单次	单轮	单次	单轮
	时长	t_{PD}	t_P	t_{PD}	t_P
改善参数	改善值	$@_{PD}$	$@_{tp}$	$@_{PDV}$	$@_{tPV}$
	改善率	θ_{PD}	θ_{tp}	θ_{PDV}	θ_{tPV}
	单位成本改善率	θ_{PDuc}	θ_{tPuc}	θ_{PDucV}	θ_{tPucV}
实际参数	降低值	$@'$	$@$	$@'_V$	$@_V$
	增速	v_{PD}	v_{tp}	v_{PDV}	v_{tpV}
	单位成本增速	v_{PDuc}	v_{tPuc}	v_{PDucV}	v_{tPucV}

假设维修桥梁每年带来的经济利益（annual profit）为P_a，则所节省时间的总收益(total benefit)为：

$$B_T=P_a t_{save}=P_a(t_{PRC}-t_{RC})$$

P_a应不低于该维修桥梁的初始投资额M_I与基准贴现率i_0之乘积：

$$P_a\geqslant i_0 M_I$$

$M_I=5000$万元，基准贴现率i_0取5%，并取：

$$P_a=i_0M_I=0.05\times5000=250\text{万元}$$

于是，总收益为：

$$B_T=P_a t_{save}=P_a(t_{PRC}-t_{RC})=250\times22=5500\text{万元}$$

折合静态年收益B_A：

$$B_A=\frac{B_T}{t_{PRC}}=\frac{P_a t_{save}}{t_{PRC}}=\frac{P_a(t_{PRC}-t_{RC})}{t_{PRC}}=\frac{5500}{59}=93\text{万元/年}$$

静态收益率：

$$r_0=\frac{B_A}{nC}=\frac{B_T}{nCt_{PRC}}=\frac{P_a t_{save}}{nCt_{PRC}}=\frac{93}{3\times300}=10.3\%$$

总维修成本为：　　$C_T = nC = 3\times 300 = 900$ 万元

静态收益成本比：

$$R_{BC}=\frac{B_T}{C_T}=\frac{B_T}{nC}=\frac{P_a t_{save}}{nC}=\frac{250\times 22}{3\times 300}=\frac{5500}{900}=6.111$$

7.5.1.1　净现值 *NPV*

收益现值 BPV 公式及重涂防腐涂层 A 方案收益现值为：

$$BPV = P_a\frac{(1+i_0)^{(t_{PRC}-t_{RC})}-1}{i_0(1+i_0)^{t_{PRC}}}=250\frac{(1+i_0)^{59-37}-1}{i_0(1+i_0)^{59}}=541.117\text{ 万元}$$

成本现值 CPV 公式及重涂防腐涂层 A 方案成本现值为：

$$CPV = C_P=\frac{C^{(A)}}{(1+i_0)^{t_{PI}}}\frac{1-q^n}{1-q}=\frac{300}{(1+0.05)^{16}}\frac{1-0.481017^3}{1-0.481017}=196.117\text{ 万元}$$

其中：　$$q=\frac{1}{(1+i_0)^{t_P}}=(1+i_0)^{-t_P}=(1+0.05)^{-15}=0.481017$$

于是，重涂防腐涂层 A 方案净现值 NPV 为：

$$NPV = BPV - CPV = 541.117-196.117=345.000\text{ 万元}$$

7.5.1.2　内部收益率 *r*

收益第 $t_{PRC}=59$ 年处的未来值表达式：

$$P_a\frac{(1+r)^{(t_{PRC}-t_{RC})}-1}{r}=250\frac{(1+r)^{22}-1}{r}$$

投资第 $t_{PRC}=59$ 年处的未来值表达式：

$$\begin{aligned}&C(1+r)^{t_{PRC}-[t_{PI}+(n-1)t_P]}[1+(1+r)^{t_P}+\cdots+(1+r)^{(n-1)t_P}]\\&=300(1+r)^{59-[16+(3-1)\times 15]}[1+(1+r)^{15}+(1+r)^{30}]\\&=300(1+r)^{13}[1+(1+r)^{15}+(1+r)^{30}]\end{aligned}$$

试算求得内部收益率：　$r=8.9\%$

当基准贴现率 i_0 取 7% 时，$P_a=i_0M_I=350$ 万元，其内部收益率为 10.3%。

7.5.2　硅烷浸渍防腐措施 B 方案

桥梁寿命延长：　　$t_{save}=t_{PRC}-t_{RC}=95-37=58$ 年

总维修成本为：　　$C_T=nC=6\times 410=2460$ 万元

静态收益成本比：　　$$R_{BC}=\frac{B_T}{nC}=\frac{P_a t_{save}}{nC}=\frac{250\times 58}{6\times 410}=\frac{14500}{2460}=5.894$$

7.5.2.1　净现值 *NPV*

B 方案收益现值为：

$$BPV=P_a\frac{(1+i_0)^{(t_{PRC}-t_{RC})}-1}{i_0(1+i_0)^{t_{PRC}}}=410\frac{(1+i_0)^{95-37}-1}{i_0(1+i_0)^{95}}=1268.787\text{ 万元}$$

B 方案成本现值为：

$$CPV=C_P=\frac{C^{(B)}}{(1+i_0)^{t_{PI}}}\frac{1-q^n}{1-q}=\frac{410}{(1+0.05)^{18}}\frac{1-0.530321^6}{1-0.530321}=354.654\text{ 万元}$$

其中：　$$q=\frac{1}{(1+i_0)^{t_P}}=(1+i_0)^{-t_P}=(1+0.05)^{-13}=0.530321$$

于是，硅烷浸渍防腐B方案净现值 NPV 为：

$$NPV = BPV - CPV = 1268.787 - 354.654 = 914.133 \text{ 万元}$$

7.5.2.2　内部收益率 r

收益第 $t_{PRC}=95$ 年处的未来值表达式：

$$F_B = P_a \frac{(1+r)^{(t_{PRC}-t_{RC})}-1}{r} = 250\frac{(1+r)^{95-37}-1}{r} = 250\frac{(1+r)^{58}-1}{r}$$

投资第 $t_{PRC}=95$ 年处的未来值表达式：

$$\begin{aligned} F_C &= C(1+r)^{t_{PRC}-[t_{PI}+(n-1)t_P]}\sum_{k=1}^{n}(1+r)^{(k-1)t_P} \\ &= C(1+r)^{t_{PRC}-[t_{PI}+(n-1)t_P]}\frac{(1+r)^{nt_P}-1}{(1+r)^{t_P}-1} \\ &= 410(1+r)^{95-[18+(6-1)\times 13]}\frac{(1+r)^{6\times 13}-1}{(1+r)^{13}-1} \\ &= 410(1+r)^{12}\frac{(1+r)^{78}-1}{(1+r)^{13}-1} \end{aligned}$$

试算求得内部收益率：$r=8.45\%$

当基准贴现率 i_0 取7%时，$P_a = i_0 M_I = 350$ 万元，其内部收益率为9.95%。上述计算结果汇总于表7-7中，对两方案的比较分析见下节的综合比较法。

7.6　预防维修的基本优化方法

预防维修基本优化即非组合优化，是指对由单一维修措施重复实施形成的不同维修方案进行比较选优。基本优化的方法有综合比较优化法、单目标优化法和多目标优化法。

7.6.1　综合比较优化法

根据多个优化目标（见表7-6）对不同维修方案进行综合比较，选出最优方案。

优化目标类型　　**表7-6**

编号	类型		静态	动态
1	绝对	经济	静态收益成本比 R_{BC}	内部收益率 r，净现值 NPV
2		时间	首次重大维修时间 t_{PRC}，节省时间 t_{save}	
3	相对	经济	静态追加投资益本比 R_{BCR}	动态追加投资收益率 r_R 动态追加投资益本比 R_{BCRD}
4		时间	相对节省时间 $t_{saveR}=t_{save2}-t_{save1}$	

综合比较优化法的比较顺序是：

绝对经济目标（1）→时间目标（2或4）→相对经济目标（3）

具体来讲，先比较绝对经济目标（1），相差悬殊时可确定优者，差别不大时再比较时间目标（2或4），如果时间目标比较结果与绝对经济目标的比较结果一致，则也可确定优者；如果时间目标比较结果与绝对经济目标的比较结果不一致，则可进一步比较相对经济目标（3）。

静态经济目标是动态经济目标的近似表达，两方案比较时，如果静态经济目标差别悬殊，那么一般动态经济目标也一样。因此，比较时可先静态目标，当静态目标接近时再比较动态目标。

这是一般的比较顺序，如果决策者将时间目标作为优先考虑的目标，则上述顺序变为：

时间目标（2 或 4）→绝对经济目标（1）→相对经济目标（3）

下面用综合比较优化法比较重涂防腐涂层方案 A 和硅烷浸渍防腐方案 B（取 $i_0=5\%$），参见表 7-7：

方案 A 与方案 B 的综合比较优化　　　　**表 7-7**

方 案	首次重大维修时间 t_{PRC}（年）	寿命延长 t_{save}（年）	静态收益成本比 R_{BC}	内部收益率 r（$P_a=250$）	净现值 NPV（万元）	静态追加投资益本比 R_{BCR}	最优方案
A	59	22	6.111	8.9%	345.000	—	否
B	95	58	5.894	8.45%	914.133	5.769	是

从绝对经济指标看，硅烷浸渍防腐措施 B 方案的静态指标收益成本比和动态指标内部收益率都略低于重涂防腐涂层措施 A 方案，但相差不甚显著；而 B 方案的首次重大维修时间比 A 方案推迟高达 36 年，净现值也比 A 方案高许多。因此，再考察两方案的相对经济指标。

硅烷浸渍防腐措施 B 方案相对于重涂防腐涂层措施 A 方案的静态追加投资收益成本比为：

$$R_{BCR}=\frac{B_{T2}-B_{T1}}{n_2C_2-n_1C_1}=\frac{P_a(t_{save2}-t_{save1})}{n_2C_2-n_1C_1}$$

$$=\frac{250\times(58-22)}{6\times410-3\times300}=\frac{14500-5500}{2460-900}=\frac{9000}{1560}=5.769$$

收益远大于追加投资，故硅烷浸渍防腐措施 B 方案更好。

7.6.2　单目标优化法

单目标优化法只有一个优化目标，例如以下基本单目标中的某一个：

首次重大维修时间最迟：　　Max t_{PRC}；

首次重大维修时间延迟最多：　　Max t_{save}；

维修总成本最低：　　Min C_T；

桥梁可靠度指标最高：　　Max β；

桥梁状况指标最高：　　Max V。

也可由多个基本单目标以某种方式形成复合单目标，例如以下复合单目标中的某一个：

动态年维修成本最低：　　Min C_A；

静态年维修成本最低：　　Min $\frac{C_T}{t_{PRC}}=\frac{nC}{t_{PRC}}$；

维修成本现值最低：　Min CPV；

维修方案净现值最大：　Max NPV；

静态收益成本比最大：　Max R_{BC}；

综合静态收益成本比最大：　Max R^*；

全面静态收益成本比最大：　Max R^*_{over}；

静态收益率最大：　Max r。

常用的约束条件有：

桥梁可靠度不超过目标可靠度：　$\beta \geqslant \beta_T$；

桥梁状况不超过目标状况：　$V \geqslant V_T$；

总维修成本不超过维修成本限额：　$C_T \leqslant C_{TLimit}$；

首次重大维修时间不低于其目标值：　$t_{PRC} \geqslant t_{PRCTarget}$　或

桥梁寿命不低于其目标值：　$t_{PRC} \geqslant t_{PRCTarget}$。

以下是单目标维修优化的常见基本类型：

单目标优化类型一：在桥梁可靠度与桥梁状况不低于其目标值的条件下，使桥梁寿命最长或使首次重大维修时间最迟，即：

$$\text{Max}\quad t_{PRC};$$
$$\beta \geqslant \beta_T;$$
$$V \geqslant V_T。$$

单目标优化类型二：在桥梁可靠度与桥梁状况不低于其目标值且维修总成本不超过其限额的条件下使桥梁寿命最长或使首次重大维修时间最迟：

$$\text{Max}\quad t_{PRC};$$
$$\beta \geqslant \beta_T;$$
$$V \geqslant V_T;$$
$$C_T \leqslant C_{TLimit}。$$

单目标优化类型三：在桥梁可靠度与桥梁状况以及桥梁寿命不低于其目标值的条件下，使桥梁维修总成本最低，即：

$$\text{Min}\quad C_T;$$
$$\beta \geqslant \beta_T;$$
$$V \geqslant V_T;$$
$$t_{PRC} \geqslant t_{PRCTarget}。$$

单目标优化类型四：在桥梁可靠度与桥梁状况以及桥梁寿命不低于其目标值且维修总成本不超过其限额的条件下，使桥梁可靠度水平最高或使桥梁状况指标最佳，即：

$$\text{Max}\quad \beta \quad \text{或} \quad \text{Max}\quad V;$$
$$\beta \geqslant \beta_T;$$
$$V \geqslant V_T;$$
$$t_{PRC} \geqslant t_{PRCTarget};$$
$$C_T \leqslant C_{TLimit}。$$

下面给出可作为复合单目标的综合收益成本比 R^* 的定义。前述静态收益成本比 R_{BC} 中的 B_T 只考虑了经济利益（$=P_a t_{save}$），未考虑非经济利益。为了考虑桥梁维修方案带来的非经济利益，特令：

$$R^{*}=R_{\mathrm{BC}}+\xi i_{0}t_{\mathrm{save}}$$

式中 i_0——基准贴现率；

ξ——非经济利益系数，取值于 [0，∞]，$\xi=0$ 表示不考虑非经济利益，ξ 越大，非经济利益相对于经济利益的重要性就越大。

下面运用该目标对上述重涂防腐涂层方案 A 与硅烷浸渍防腐方案 B 进行比较选优，取 $i_0=5\%$，$\xi=20\%$，则 $i_0\xi=1\%$，于是有：

重涂防腐涂层方案 A： $R^{*}=6.111+0.01\times22=6.331$，

硅烷浸渍防腐方案 B： $R^{*}=5.894+0.01\times58=6.474>6.331$，

故硅烷浸渍防腐方案 B 更优。

7.6.3 多目标优化法

解决多目标优化问题的常见方法有多目标加权法、ε 约束法、目标规划法、神经网络方法、遗传算法等，其中目标规划法因其模型结构的灵活性，更适合于解决具有相互冲突目标的多目标决策问题。下面针对桥梁维修多目标优化问题建立相应的目标规划模型。

桥梁维修优化常用的系统约束条件（含义同单目标优化）有：

$$\beta\geqslant\beta_{\mathrm{T}},\quad V\geqslant V_{\mathrm{T}},\quad t_{\mathrm{PRC}}\geqslant t_{\mathrm{PRCTarget}}\quad 和\quad C_{\mathrm{T}}\leqslant C_{\mathrm{TLimit}}$$

桥梁维修优化基本的优化目标有：桥梁可靠度、桥梁状况、桥梁寿命（极大化目标）和维修总成本（极小化目标）。

下面是桥梁维修多目标优化的常见类型：

多目标优化类型一：在桥梁可靠度与状况以及桥梁寿命不低于其目标值且维修总成本不超过其限额的条件下，使桥梁可靠度和状况指标最佳，即：

目标函数：

$$\mathrm{Max}(\beta\ 和\ V)$$

系统约束：

$$\beta\geqslant\beta_{\mathrm{T}}$$

$$V\geqslant V_{\mathrm{T}}$$

$$t_{\mathrm{PRC}}\geqslant t_{\mathrm{PRCTarget}}$$

$$C_{\mathrm{T}}\leqslant C_{\mathrm{TLimit}}$$

此类型可转化为单目标优化，只需将目标函数改为：

$$\mathrm{Max}\ Z=W_{1}\beta+W_{2}V$$

其中，W_1 与 W_2 分别是可靠度和状况指标的权重，由决策者根据维修桥梁的实际情况确定。

也可用目标规划方法，即：

目标函数：

$$\mathrm{Min}\,z=P_{\beta}d_{1}^{-}+P_{V}d_{2}^{-}$$

系统约束：

$$\beta\geqslant\beta_{\mathrm{T}}$$

$$V\geqslant V_{\mathrm{T}}$$

$$t_{\mathrm{PRC}}\geqslant t_{\mathrm{PRCTarget}}$$

$$C_{\mathrm{T}}\leqslant C_{\mathrm{TLimit}}$$

目标约束：

$$\beta+d_{1}^{-}-d_{1}^{+}=\beta_{\mathrm{T}}$$

$$V+d_{2}^{-}-d_{2}^{+}=V_{\mathrm{T}}$$

非负约束：　$d_k^- \geqslant 0, d_k^+ \geqslant 0, k = 1,2$

其中，P_β 和 P_V 分别是可靠度和状况指标的优先因子，需根据维修桥梁的可靠度和状况指标的重要性确定。d_1^- 和 d_1^+ 是可靠度指标的偏离变量，d_2^- 和 d_2^+ 为状况指标的偏离变量；d_1^- 和 d_2^- 为负偏离变量，d_1^+ 和 d_2^+ 为正偏离变量。皆为非负。

多目标优化类型二：在桥梁可靠度与桥梁状况不低于其目标值的条件下，使桥梁维修总成本尽可能多地低于其限额并使桥梁寿命尽可能多地高于其目标寿命。由于维修总成本最低——Min C_T 与首次重大维修时间最迟或桥梁寿命最长——Max t_{PRC} 是互相冲突的优化目标，不可能同时满足，因此，可运用目标规划方法来解决，即：

目标函数：　$\text{Min} z = d_1^- + d_2^+$

系统约束：
$$\beta \geqslant \beta_T$$
$$V \geqslant V_T$$

目标约束：
$$t_{PRC} + d_1^- - d_1^+ = t_{PRCTarget}$$
$$C_T + d_2^- - d_2^+ = C_{TLimit}$$

其中，d_1^- 和 d_1^+ 是寿命目标的偏离变量，d_2^- 和 d_2^+ 为总成本目标的偏离变量；d_1^- 和 d_2^- 为负偏离变量，d_1^+ 和 d_2^+ 为正偏离变量，皆为非负。

若决策者认为桥梁寿命目标比总成本目标更重要，要尽量优先满足桥梁寿命目标，则可赋予它更高的优先级别与更大的优先因子，目标函数可改为：

$$\text{Min } z = P_1 d_1^- + P_2 d_2^+$$

式中，P_1 是桥梁寿命目标的优先因子，P_2 是总成本目标的优先因子，且 $P_1 > P_2 > 0$，优先因子 P_1 大于 P_2 的幅度取决于两目标重要性差别的大小。

多目标优化类型三：在多目标优化类型二的基础上，如果桥梁决策者希望桥梁维修总成本限额尽量刚好用完，则目标函数需改为：

$$\text{Min } z = P_1 d_1^- + P_2 (d_2^- + d_2^+)$$

多目标优化类型四：在多目标优化类型三的基础上，如果决策者认为维修桥梁的安全性特别重要，并希望可靠度水平尽可能不过于接近目标可靠度，例如希望 $\beta \geqslant \beta_T + 0.5$，并设该要求的优先级别为第三，优先因子为 P_3，此时的目标规划模型为：

目标函数：　$\text{Min } z = P_1 d_1^- + P_2 (d_2^- + d_2^+) + P_3 d_3^-$

系统约束：
$$\beta \geqslant \beta_T$$
$$V \geqslant V_T$$

目标约束：
$$t_{PRC} + d_1^- - d_1^+ = t_{PRCTarget}$$
$$C_T + d_2^- - d_2^+ = C_{TLimit}$$
$$\beta + d_3^- - d_3^+ = \beta_T + 0.5$$

非负约束：
$$d_k^- \geqslant 0, d_k^+ \geqslant 0, k = 1,2,3$$
$$P_1 > P_2 > P_3 > 0$$

7.6.4　“合理收益法”

上一节已经将方案的寿命延长转化成了收益，即：

$$B_T = P_a t_{save} = P_a (t_{PRC} - t_{RC})$$

这样的收益只是合理收益的一种，另一种是将达到桥梁目标寿命时的可靠度和状况指标的富余量转化为合理收益（当决策者要求指标富余量越大越好时），转化公式为：

$$B_{\text{over}} = P_{\text{a}}\left(\frac{\beta_{\text{over}}}{0.12} + \frac{V_{\text{over}}}{1.8}\right)$$

于是，包括指标富余合理收益在内的全面合理收益为：

$$B_{\text{Tover}} = B_{\text{T}} + B_{\text{over}} = P_{\text{a}}\left(t_{\text{save}} + \frac{\beta_{\text{over}}}{0.12} + \frac{V_{\text{over}}}{1.8}\right)$$

当取 $P_{\text{a}} = i_0 M_{\text{I}}$ 时，有：

$$B_{\text{Tover}} = B_{\text{T}} + B_{\text{over}} = i_0 M_{\text{I}}\left(t_{\text{save}} + \frac{\beta_{\text{over}}}{0.12} + \frac{V_{\text{over}}}{1.8}\right)$$

基于合理收益（B_{T} 或 B_{Tover}），对桥梁维修方案进行经济分析（包括经济指标计算）的方法就是“合理收益法”。

第8章　桥梁维修多目标组合优化

第7章提出了桥梁预防维修的基本优化方法，解决了由若干单一种类维修措施组成的不同定期预防维修方案的优化问题，但这只是低层次的优化，更高层次的优化是组合优化。预防维修的组合优化，指的是对由多项维修措施组合而形成的不同维修方案进行比较选优。

预防维修多目标优化的基本优化标准是以最低的维修成本在保证可靠指标与状况指标不超过其目标值的条件下使首次重大维修时间尽可能向后延迟。由于维修措施的效果对两个指标的贡献可能大小不一，有的对可靠指标改善幅度更大，有的对状况指标改善效果更显著，由这种对两个指标贡献不均衡的维修措施构成的定期维修方案，其由关键指标决定的桥梁寿命或首次重大维修时间 t_{PRC} 会远小于由非关键指标决定的 $t_{PR(V)}$，从经济效益的角度考虑，这势必造成非关键指标改善结果的浪费，从而导致单位维修成本的维修效果下降。为避免这种情况的出现，可采用组合优化，就是寻求不同的维修措施组合，以使它们优劣互补，形成经济高效的维修方案。

根据组合方式的不同，预防维修多目标组合优化可分为如下类型：

（1）预防维修结合型组合优化，（2）预防维修叠加型组合优化，（3）预防维修连接型组合优化，（4）预防维修搭接型组合优化，（5）预防维修混合型组合优化。

结合型组合优化是指由两种或两种以上的维修措施结合成“块”后，以该“块”为单元重复实施的组合优化方式，该类型的组合优化与简单优化类似，将在第8.1节详细阐述。叠加型组合优化则由单种维修措施组成的不同定期维修方案分别独立实施，其效果形成叠加，第8.2节将提出该类型的组合优化方法。

连接型组合优化是最一般形式的组合优化，它将不同的维修措施在其有效期之外（不一定是有效期期末）“连接”起来依次实施；搭接型组合优化将不同的维修措施在其有效期范围内“搭接”起来依次开始实施；混合型组合优化则是上述两种或两种以上不同类型兼而有之。这三种预防维修组合优化方法不难根据前两种组合优化方法的原理拓展开来，此不赘述。

然而，在桥梁维修实践中，经常遇到仅使用预防维修难以达到多目标要求的情况，此时需要采取重大维修措施（如加固以及重要构件的更新修复）来获得更长的桥梁寿命、更优的桥梁性能与更低的桥梁维修成本。

一般情况下，重大维修在可靠度指标 β 或状况指标 V 达到或接近其目标值时实施。重大维修与预防维修的组合优化类型常见的有连接型、叠加型和混合型。在前两节预防维修多目标组合优化例子的（A + B）组合的基础上，第8.3节和第8.4节给出了重大维修与预防维修的连接型和叠加型多目标组合优化的方法步骤。

8.1 预防维修结合型组合优化

下面以硅烷浸渍防腐措施C和厚涂防腐涂层措施D为例，给出结合型组合优化方法的步骤。首先构成由维修措施C组成的定期维修方案C和由维修措施D组成的定期维修方案D，其初始参数参见表8-1，维修效果指标（劣化模型参数取值与计算方法皆同第7章，计算过程略）参见表8-2。

定期维修方案C和D的初始参数 **表8-1**

方案	可靠度β或状况V	指标跳升$\gamma_{(V)}$	劣化延迟$dd_{(V)}$(年)	指标改善率$\theta_{12(V)}$(年$^{-1}$)	有效期$t_{PD(V)}$(年)	实施周期$t_{P(V)}$(年)	首次实施时间$t_{PI(V)}$(年)	单次维修成本C(万元)
硅烷浸渍C	β	0.1	3	0.05	12	13	18	380
	V	3.6	4	1.2	10	13	18	
厚涂防腐涂层D	β	0.3	3	0.06	11	13	18	350
	V	1.5	2	1	10	13	18	

定期维修方案C和D的维修效果指标 **表8-2**

方案	指标	单次改善率$\theta_{PD(V)}$($\Delta\beta$/年)	单轮指标增速$v_{tP(V)}$(ΔV/年)	单轮指标降低值@$_{(V)}$	理论维修次数$n'_{(V)}$(次)	首次重大维修时间$t_{PR(V)}$(年)	实际首次重大维修时间t_{PRC}(年)
硅烷浸渍C	β	0.91/12	−0.65/13	0.65	3.75385	68.4	68.4
	V	18/10	−5.4/13	5.4	6.40741	107.2	—
厚涂防腐涂层D	β	1.14/11	−0.42/13	0.42	5.80952	95.3	—
	V	13.1/10	−10.3/13	10.3	3.35922	65.5	65.5

两个基本维修方案都是针对海洋环境下混凝土桥梁结构的防腐蚀定期维修措施，其相同的防腐措施有：高性能混凝土、增厚的混凝土保护层、部分环氧涂层钢筋或不锈钢筋、合理的设计尤其是防水设计和高质量的施工等。另外，两个方案都需进行寿命较短构件的定期更新基本维修项目，如桥面铺装层、伸缩缝、支座与排水等构件的更新更换。这里不考虑相同维修项目的成本，并设维修桥梁的初始投资为5000万元。

不同的防腐项目是：

C方案：硅烷浸渍防腐措施（单次维修成本为380万元）；

D方案：厚涂混凝土防腐涂层措施（单次维修成本为350万元）。

从表8-2可以看出，硅烷浸渍防腐方案C的首次重大维修时间在第68.4年，而此时其状况指标还远未达到目标值$V_T=39$；厚涂防腐涂层方案D的首次重大维修时间在第65.5年，而此时其可靠指标也远未达到目标值$\beta_T=4.2$。也就是说，硅烷浸渍防腐维修措施C的优势在于改善状况指标，厚涂防腐涂层维修措施D的优势在于改善可靠指标。

为使两方案优势互补，考虑让 C 措施与 D 措施成对出现，构成 C&D 定期维修结合方案，下面计算该结合方案的首次重大维修时间与维修次数：

单轮（每轮 $2t_{\mathrm{P}}=26$ 年）指标降低值$@_{\mathrm{C\&D(V)}}$与理论维修次数 $n'_{\mathrm{C\&D(V)}}$分别按桥梁可靠度指标和桥梁状况指标计算。

（1）由可靠度指标 β 决定的单轮指标降低值$@_{\mathrm{C\&D}}$与理论维修次数 $n'_{\mathrm{C\&D}}$分别为：

$$@_{\mathrm{C\&D}}=@_{\mathrm{C}}+@_{\mathrm{D}}=0.65+0.42=1.07(\text{由表 8-2 知，}@_{\mathrm{C}}=0.65\text{ 和}@_{\mathrm{D}}=0.42)$$

和

$$n'_{\mathrm{C\&D}}=\frac{\beta_0-\alpha(t_{\mathrm{PI}}-t_{\mathrm{I}})-\beta_{\mathrm{T}}}{@_{\mathrm{C\&D}}}=\frac{7-0.12\times(18-15)-4.2}{1.07}$$

$$=\frac{2.44}{1.07}=2.2804$$

即实施两次结合方案 C&D 后，可靠度指标 β 值尚余 0.3（$=1.07\times0.2804$）才会达到可靠度指标目标值 4.2。

（2）由桥梁技术状况指标 V 决定的单轮指标降低值$@_{\mathrm{VC\&DV}}$与理论维修次数 $n'_{\mathrm{VC\&D}}$分别为：

$$@_{\mathrm{VC\&D}}=@_{\mathrm{VC}}+@_{\mathrm{VD}}=5.4+10.3=15.7(\text{由表 8-2 知，}@_{\mathrm{VC}}=5.4\text{ 和}@_{\mathrm{VD}}=10.3)$$

和

$$n'_{\mathrm{VC\&D}}=\frac{V_0-\alpha_{\mathrm{V}}(t_{\mathrm{PIV}}-t_{\mathrm{IV}})-V_{\mathrm{T}}}{@_{\mathrm{VC\&D}}}=\frac{88-1.8\times(18-10)-39}{15.7}$$

$$=\frac{34.6}{15.7}=2.2038$$

即实施两次结合方案（C&D）后，桥梁状况指标 V 值尚余 3.2（$=15.7\times0.2038$）才会达到桥梁状况指标目标值 39。

由上述计算结果可见，两种情况下结合方案的理论维修次数都是两次多，两次结合方案（相当于两次 C 措施和两次措施 D）“实施”过后，剩余指标可降空间还可实施一次措施 C 或措施 D，究竟“第 5 次”采用 C 还是 D 维修措施，需分别计算两种情况的首次重大维修时间，然后比较之。

（1）“第 5 次”采用厚涂防腐涂层 D 措施（2C&3D）

由可靠度指标 β 决定的首次重大维修时间 t_{PR}［按式（6-40）计算］：

$$t_{\mathrm{PR}}=t_{\mathrm{PI}}+[\mathrm{Int}(n')+1]t_{\mathrm{P}}-\frac{@\ -f@}{\alpha}$$

$$=18+(4+1)\times13-\frac{0.42-0.3}{0.12}=82\text{ 年}$$

由桥梁状况指标 V 决定的首次重大维修时间 t_{PRV}［按式（6-39）计算］：

$$t_{\mathrm{PRV}}=t_{\mathrm{PIV}}+\mathrm{Int}(n'_{\mathrm{V}})t_{\mathrm{P}}+dd_{\mathrm{V}}+\frac{f@_{\mathrm{V}}+\gamma_{\mathrm{V}}}{\alpha_{\mathrm{V}}-\theta_{12\mathrm{V}}}$$

$$=18+4\times13+2+\frac{4.7}{1.8-1}=77.9\text{ 年}$$

故该方案的首次重大维修时间为：$t_{\mathrm{PRC}}=\min(82,77.9)=77.9$ 年 $=t_{\mathrm{PRV}}$。

（2）“第 5 次”采用硅烷浸渍防腐 C 措施（2D&3C）

由可靠度指标 β 决定的首次重大维修时间 t_{PR} ［按式（6-39）计算］：

$$t_{PR}=t_{PI}+\mathrm{Int}(n')t_P+dd+\frac{f@+\gamma}{\alpha-\theta_{12}}$$

$$=18+4\times13+3+\frac{0.4}{0.12-0.05}=78.7\text{ 年}$$

由桥梁状况指标 V 决定的首次重大维修时间 t_{PRV}［按式(6-40) 计算］：

$$t_{PRV}=t_{PIV}+[\mathrm{Int}(n'_V)+1]t_{PV}-\frac{@_V-f_V@_V}{\alpha_V}$$

$$=18+(4+1)\times13-\frac{5.4-3.2}{1.8}=81.8\text{ 年}$$

故该方案的首次重大维修时间为：$t_{PRC}=\min$（78.7，81.8）=78.7 年 $=t_{PR}$。

由此可见，该方案（2D&3C）与“第 5 次”采用厚涂防腐涂层 D 措施的方案（2C&3D）相比，可使首次重大维修时间推迟 0.8 年（=78.7 年－77.9 年），而总维修成本增加了 30 万元，可比较它们的相对经济效果，参见表 8-3。

方案（2C&3D）与方案（2D&3C）的比较 **表 8-3**

列　编　号	(1)	(2)	(2) －(1)
结合方案	2C&3D	2D&3C	—
首次重大维修时间 t_{PRC}（年）	77.9	78.7	0.8
总维修成本（万元）	1460+350	1460+380	30

按照维修桥梁的初始投资（M_I=5000 万元），该桥梁的年利益 P_a 至少应达到 250 万元（当取贴现率为 5%时，$P_a=i_0M_I=0.05\times5000=250$ 万元），于是，延长 0.8 年的收益为 250×0.8=200 万元，远大于增加的成本 30 万元，故“第 5 次”采用硅烷浸渍防腐 C 措施的方案 2D&3C 更优。该最优方案的首次重大维修时间推迟到第 78.7 年时实施，比未组合的、由维修措施 C 定期重复实施形成的维修方案 C 延后 10 年（=78.7－68.4），比未组合的、由维修措施 D 定期重复实施形成的维修方案 D 延后 13 年（=78.7－65.5）。至于该方案的具体实施，可先实施 3 次硅烷浸渍防腐措施，再实施两次厚涂防腐涂措施，或者将顺序反过来。

下面再进一步比较它们的经济效益：

静态收益成本比 R_{BC}：
$$R_{BC}=\frac{B_T}{C_T}=\frac{P_at_{save}}{C_T}$$

其中：$t_{save}=t_{PRC}-t_{RC}=t_{PRC}-22$；$P_a=250$ 万元(取贴现率为 5%)。

从表 8-4 中 R_{BC} 和 t_{save} 的数值可见，经济指标 R_{BC} 和时间指标 t_{save} 都是结合方案优于方案 C，因此，相对于方案 C，结合方案更优；方案 C 与方案 D 比较，一个经济指标更优，一个时间指标更优，还需比较它们的相对指标 R_{BCR}：

$$R_{BCR}=\frac{\Delta B_T}{\Delta C_T}。$$

方案 C、方案 D 与方案（2D&3C）的经济指标比较　　表 8-4

方　案	维修次数	首次重大维修时间 t_{PRC}（年）	省时 t_{save}（年）	总收益 B_T（万元）	总成本 C_T（万元）	静态收益成本比 R_{BC}
D	4	65.5	43.5	10875	1400	7.768
C	4	68.4	46.4	11600	1520	7.632
2D&3C	5	78.7	56.7	14175	1840	7.704

方案 C 对方案 D 与方案（2D&3C）对方案 C 的相对经济指标比较　　表 8-5

比　较　情　形	收益增加 ΔB_T（万元）	成本增加 ΔC_T（万元）	相对静态收益成本比 R_{BCR}	比较结果
方案 C 相对于方案 D	725	120	6.04	方案 C 更优
结合方案相对于方案 C	2575	320	8.05	结合方案更优

由表 8-5 可知，根据相对静态收益成本比 R_{BCR}，方案 C 优于方案 D，同样证明结合方案是最优方案。

以上是两项维修措施 C 与 D 参与组合，也可对更多的维修措施进行组合，原理同上。譬如，对 B、C、D 三项维修措施作组合优化，可能的对比方案有：B、C、D、B&C、B&D、C&D、B&C&D。

8.2　预防维修叠加型组合优化

设有两类维修措施：A 类和 B 类，它们可以独立地分别实施，其效果互不影响，也可对其进行叠加型组合优化。当对桥梁的不同部件（部位）定期实施不同维修措施时，往往属于这种情况。

设 A 类有 8 种方案，分两个子类：维修成本较低的 A1、A2、A3、A4，和维修成本较高的 A1h、A2h、A3h、A4h；B 类有 10 种方案，也分两个子类：维修成本较低的 B1、B2、B3、B4、B5，和维修成本较高的 B1h、B2h、B3h、B4h、B5h。其基本参数如表 8-6 和表 8-7 所示。两者组合总共有 8×10 种不同的方案，比较这些组合方案可得到最优或满意方案。

A 类定期维修方案的初始参数　　表 8-6

方案子类	低成本 A 类				高成本 Ah 类				单　位
方　　案	A1	A2	A3	A4	A1h	A2h	A3h	A4h	
单次维修成本 C	3	3	3	3	6	6	6	6	$0.01M_I$
可靠度改善率 θ	0.02	0.03	0.04	0.05	0.03	0.04	0.05	0.06	$\Delta\beta$/年
状况改善率 θ_V	0.9	0.7	0.5	0.3	1.0	0.8	0.6	0.4	ΔV/年
首次实施时间 $t_{PI}=t_{PIV}$	10	10	10	10	10	10	10	10	年
实施周期 $t_P=t_{PV}$	10	10	10	10	20	20	20	20	年
有效期 $t_{PD}=t_{PDV}$	7	7	7	7	15	15	15	15	年

注：M_I 为桥梁初始投资额。

B 类定期维修方案的初始参数 **表 8-7**

方案子类	低成本 B 类					高成本 B 类					单位
方案	B1	B2	B3	B4	B5	B1h	B2h	B3h	B4h	B5h	
单次维修成本	1	1	1	1	1	2	2	2	2	2	$0.01M_I$
可靠度改善率 θ	0.05	0.04	0.03	0.02	0.01	0.06	0.05	0.04	0.03	0.02	$\Delta\beta$/年
状况改善率 θ_V	0.15	0.3	0.45	0.6	0.75	0.2	0.35	0.5	0.65	0.8	ΔV/年
首次实施时间 $t_{PI}=t_{PIV}$	10	10	10	10	10	10	10	10	10	10	年
实施周期 $t_P=t_{PV}$	10	10	10	10	10	20	20	20	20	20	年
有效期 $t_{PD}=t_{PDV}$	8	8	8	8	8	16	16	16	16	16	年

注：M_I 为桥梁初始投资额。

8.2.1 参与组合优化的维修方案的指标与维修效果参数计算

8.2.1.1 定期维修的桥梁可靠度与桥梁状况指标的表达式

设定期维修的第 i 次维修的可靠度改善有效区间为 $[t_{i1}, t_{i2}]$，有效期为：

$$t_{PD}=t_{i2}-t_{i1}$$

其中： $t_{i1}=t_{PI}+(i-1)t_P$； $t_{i2}=t_{i1}+t_{PD}$； $i=1,2,3,\cdots,M$。

其第 i 次维修的状况改善有效区间为 $[t_{Vi1},t_{Vi2}]$，有效期为：

$$t_{PDV}=t_{Vi2}-t_{Vi1}$$

其中： $t_{Vi1}=t_{PIV}+(i-1)t_{PV}$； $t_{Vi2}=t_{Vi1}+t_{PDV}$

$$i=1,2,3,\cdots,M$$

则在线性劣化与线性改善的前提下，其实际可靠度指标与状况指标的表达式分别为：

$$\begin{aligned}\beta(t) &= \beta_0-\alpha(t-t_I)F(t_I)\\ &\quad+\sum_{i=1}^{M}[\gamma_i F(t_{i1})]+\sum_{i=1}^{M}\left\{\theta_i\begin{bmatrix}1\\-1\end{bmatrix}^T\begin{bmatrix}(t-t_{i1})F(t_{i1})\\(t-t_{i2})F(t_{i2})\end{bmatrix}\right\}\end{aligned} \quad (8\text{-}1)$$

和

$$\begin{aligned}V(t) &= V_0-\alpha_V(t-t_{IV})F(t_{IV})\\ &\quad+\sum_{i=1}^{M}[\gamma_{Vi}F(t_{Vi1})]+\sum_{i=1}^{M}\left\{\theta_{Vi}\begin{bmatrix}1\\-1\end{bmatrix}^T\begin{bmatrix}(t-t_{Vi1})F(t_{Vi1})\\(t-t_{Vi2})F(t_{Vi2})\end{bmatrix}\right\}\end{aligned} \quad (8\text{-}2)$$

前面所给的例子中，A 类与 B 类维修措施的指标陡升皆为 0。

8.2.1.2 A 类维修方案的维修效果参数与经济指标

根据第 7 章给出的计算方法与计算公式，计算出 A 类维修方案的有关维修效果参数与经济指标如表 8-8 所示。

从表 8-8 可见，当以 t_{PRC} 或 R_{BC} 越大越好为标准时，A 类维修方案中的最优方案是 A2h（$t_{PRC}=48$ 年，$C_T=12$，$R_{BC}=4.5833$），次优方案是 A3h（$t_{PRC}=47$ 年，$C_T=12$，$R_{BC}=4.1667$），其可靠度和状况以及累积总成本随时间而变化的情况如图 8-1 与 8-2 所示（这类

图以及下文中出现的所有类似的图，都是由作者开发的“桥梁维修多目标优化程序 BMMOP”绘制的，参见第 9 章）。

A 类维修方案的维修效果参数与经济指标（$i_0=5\%$，$\xi=20\%$）　　**表 8-8**

方　案	A1	A2	A3	A4	A1h	A2h	A3h	A4h	单　位
t_{PR}	42	44	47	50	45	48	51	56	年
t_{PRV}	52	48	44	40	58	51	47	43	年
t_{PRC}	42	44	44	40	45	48	47	43	年
t_{save}	5	7	7	3	8	11	10	6	年
n	4	4	4	3	2	2	2	2	次
C_T	12	12	12	9	12	12	12	12	$0.01M_I$
B_T	25	35	35	15	40	55	50	30	$0.01M_I$
C_A	0.2857	0.2727	0.2727	0.2250	0.2667	0.2500	0.2553	0.2791	$0.01M_I$
B_A	0.5952	0.7955	0.7955	0.3750	0.8889	1.1458	1.0638	0.6977	$0.01M_I$
R_{BC}	2.0833	2.9167	2.9167	1.6667	3.3333	4.5833	4.1667	2.50	—
R^*	2.1333	2.9867	2.9867	1.6967	3.4133	4.6933	4.2667	2.56	—
r_0	4.96	6.63	6.63	4.17	7.41	9.55	8.87	5.81	%

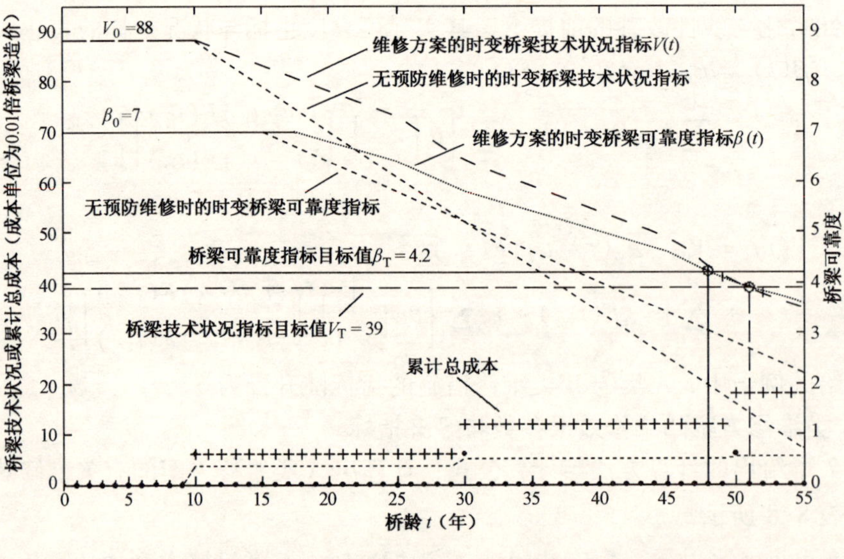

图 8-1　方案 A2h 的可靠度和状况及累计总成本的时变情况

这两个方案都属于维修次数少（2 次）、维修周期长（20 年）的 A 类方案，可与维修次数多（4 次）、维修周期短（10 年）的 A 类方案 A3（该方案的 t_{PRC} 为44 年，C_T 是 12 个成本单位）进行比较，参见图 8-3。

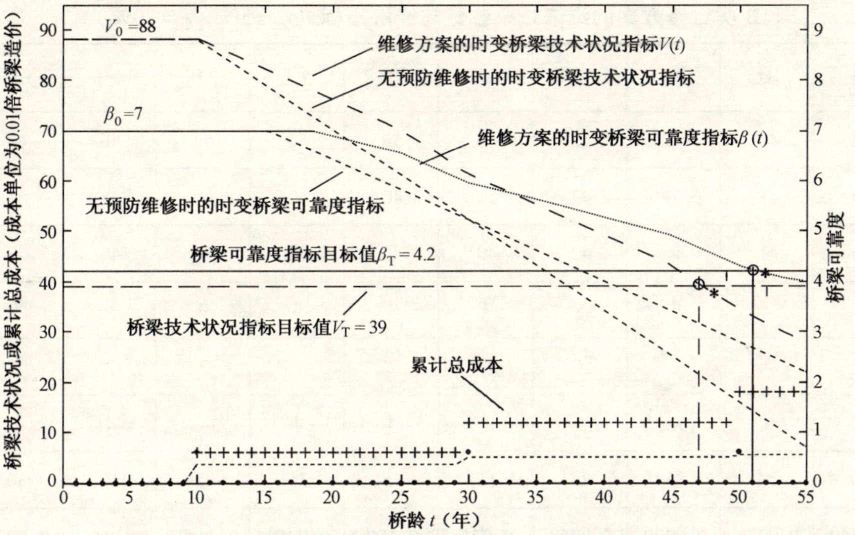

图 8-2　方案 A3h 的可靠度和状况及累计总成本的时变情况

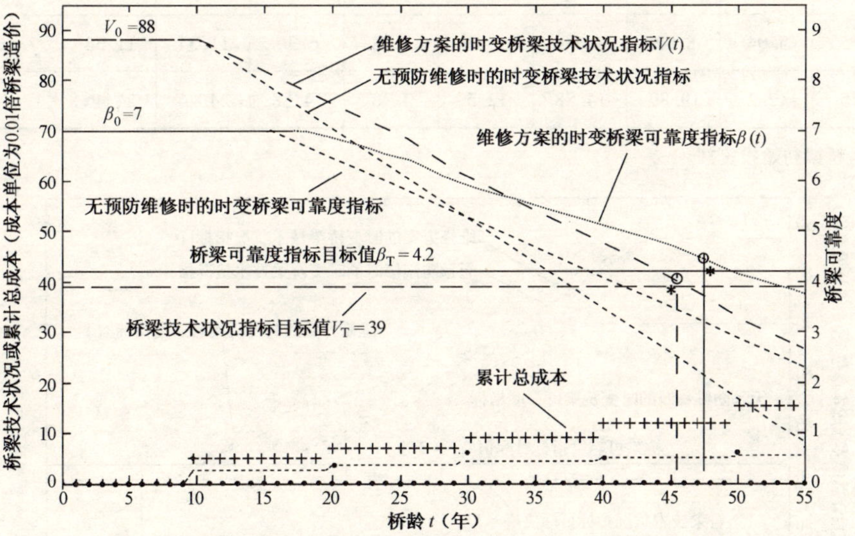

图 8-3　方案 A3 的可靠度和状况及累计总成本的时变情况

8.2.1.3　B 类维修方案的维修效果参数与经济指标

根据第 7 章给出的计算方法与计算公式，计算出 B 类维修方案的有关维修效果参数与经济指标如表 8-9 所示。

从表 8-9 可见，当以 t_{PRC}或 R_{BC}越大越好为标准时，B 类维修方案中的最优方案是 B3h

与 B4h（$t_{PRC}=46$ 年，$C_T=4$，$R_{BC}=11.25$）（一个成本单位是 $0.01M_I$，M_I 为桥梁初始投资额），次优方案是 B3（$t_{PRC}=44$ 年，$C_T=4$，$R_{BC}=8.75$），其可靠度和状况以及累积总成本随时间而变化的情况如图 8-4 ~ 图 8-6 所示。

B 类维修方案的维修效果参数与经济指标（$i_0=5\%$，$\xi=20\%$）　　**表 8-9**

方案	B1	B2	B3	B4	B5	B1h	B2h	B3h	B4h	B5h	单位
t_{PR}	52	48	45	42	40	58	52	48	46	43	年
t_{PRV}	39	41	44	47	50	40	42	46	48	52	年
t_{PRC}	39	41	44	42	40	40	42	46	46	43	年
t_{save}	2	4	7	5	3	3	5	9	9	6	年
n	3	4	4	4	4	2	2	2	2	2	次
C_T	3	4	4	4	4	4	4	4	4	4	$0.01M_I$
B_T	10	20	35	25	15	15	25	45	45	30	$0.01M_I$
C_A	0.0769	0.0976	0.0909	0.0952	0.075	0.100	0.0952	0.087	0.087	0.0930	$0.01M_I$
B_A	0.2564	0.4878	0.7955	0.5952	0.375	0.375	0.5952	0.9783	0.9783	0.6977	$0.01M_I$
R_{BC}	3.33	5.00	8.75	6.25	5.00	3.75	6.25	11.25	11.25	7.5	—
R^*	3.35	5.04	8.82	6.30	5.03	3.78	6.30	11.34	11.34	7.56	—
r_0	8.55	12.2	19.89	14.88	12.5	9.38	14.88	24.46	24.46	17.44	%

注：M_I 为桥梁初始投资额。

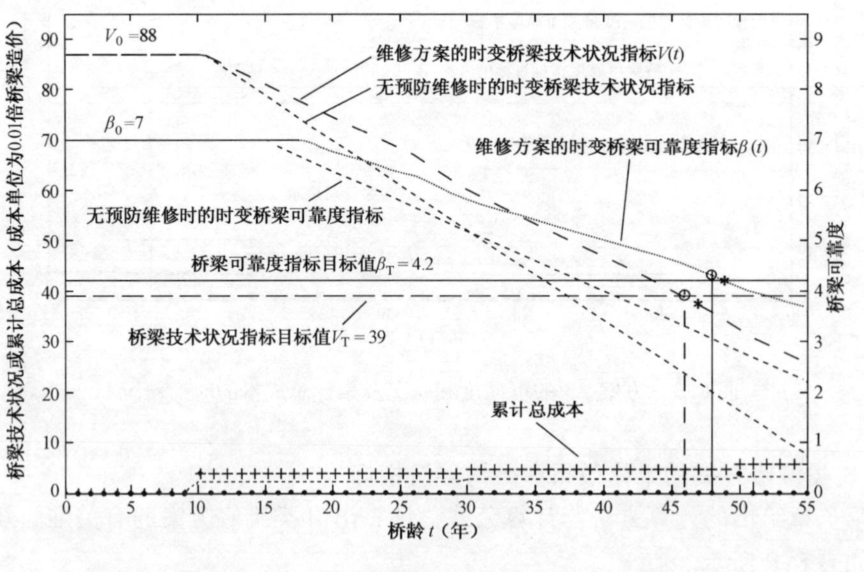

图 8-4　方案 B3h 的可靠度和状况及累计总成本的时变情况

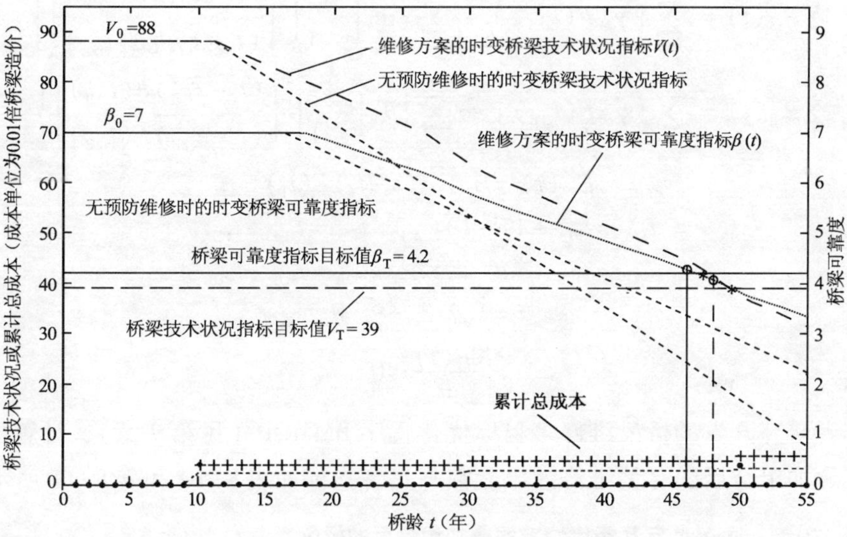

图 8-5　方案 B4h 的可靠度和状况及累计总成本的时变情况

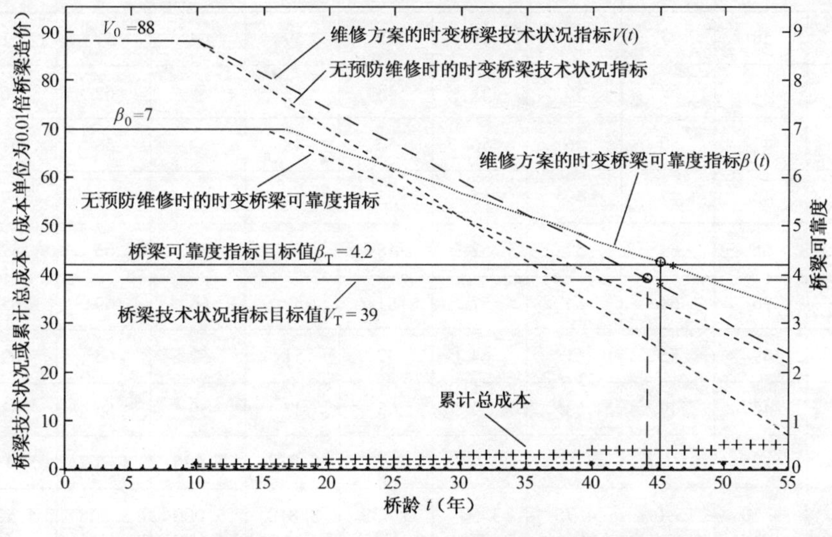

图 8-6　方案 B3 的可靠度和状况及累计总成本的时变情况

8.2.2　叠加组合后的维修方案的指标与维修效果参数计算

根据效果叠加法原理，A 类与 B 类维修方案叠加组合后的实际可靠度指标水平$\beta(t)$，等于 A 类维修方案的净改善效果$\sum\beta_{iA}(t)$与 B 类维修方案的净改善效果$\sum\beta_{iB}(t)$之和再加上无预防维修时的可靠度水平$\beta_W(t)$，即：

$$\beta(t)=\sum\beta_{iA}(t)+\sum\beta_{iB}(t)+\beta_W(t) \tag{8-3}$$

其中：

$$\sum\beta_{iA}(t)=\sum_{i=1}^{M}[\gamma_{iA}F(t_{i1A})]+\sum_{i=1}^{M}\left\{\theta_{iA}\begin{bmatrix}1\\-1\end{bmatrix}^{T}\begin{bmatrix}(t-t_{i1A})F(t_{i1A})\\(t-t_{i2A})F(t_{i2A})\end{bmatrix}\right\}$$

$$\sum\beta_{iB}(t)=\sum_{i=1}^{M}[\gamma_{iB}F(t_{i1B})]+\sum_{i=1}^{M}\left\{\theta_{iB}\begin{bmatrix}1\\-1\end{bmatrix}^{T}\begin{bmatrix}(t-t_{i1B})F(t_{i1B})\\(t-t_{i2B})F(t_{i2B})\end{bmatrix}\right\}$$

$$\beta_W(t)=\beta_0-\alpha(t-t_I)F(t_I)$$

$$t_{i1A}=t_{PIA}+(i-1)t_{PA},\quad t_{i2A}=t_{i1A}+t_{PDA}$$

$$t_{i1B}=t_{PIB}+(i-1)t_{PB},\quad t_{i2B}=t_{i1B}+t_{PDB}$$

$$i=1,2,3,\cdots,M$$

且：

$$\frac{d\beta(t)}{dt}\leqslant 0$$

运用作者研究开发的桥梁维修多目标优化程序 BMMOP（见第 9 章），计算出 A 类与 B 类维修方案叠加组合后的有关维修效果参数与经济指标如表 8-10 和表 8-11 所示。

A 类与 B 类维修方案叠加组合后的桥梁寿命 t_{PRC}（年）和收益成本比 R_{BC}（$i_0=5\%$）　　**表 8-10**

类	方案	B1	B2	B3	B4	B5	B1h	B2h	B3h	B4h	B5h
t_{PRC}	A1	58	57	51	48	45	59	64	57	51	48
	A2	51	57	56	51	48	53	58	62	56	51
	A3	47	50	56	56	50	48	52	58	61	56
	A4	43	47	49	55	55	45	48	51	57	59
	A1h	66	64	57	52	48	67	69	65	57	52
	A2h	56	64	64	57	51	59	66	69	65	57
	A3h	49	55	61	64	57	51	57	65	69	64
	A4h	46	49	53	59	63	47	50	55	63	68
R_{BC}	A1	5.25	5.00	3.50	3.438	2.50	5.238	5.625	4.762	3.333	3.438
	A2	3.50	5.0	4.75	3.50	3.438	3.810	5.000	5.208	4.524	3.333
	A3	3.125	4.063	4.75	4.75	4.063	3.438	3.571	5.000	5.000	4.524
	A4	1.875	3.125	3.75	4.50	4.500	2.500	3.428	3.333	4.762	5.238
	A1h	6.042	5.625	4.348	3.261	3.438	6.250	6.667	5.833	4.167	3.125
	A2h	4.130	5.625	5.625	4.348	3.044	4.583	6.042	6.667	5.833	4.167
	A3h	3.750	3.913	5.000	5.625	4.348	2.917	4.167	5.833	6.667	5.625
	A4h	2.813	3.750	3.478	4.783	5.417	3.125	4.063	3.750	5.417	6.458

A 类与 B 类维修方案叠加组合后的静态年成本 C_A 与静态总成本 C_T

（成本单位：0.01M_I）和静态收益率 r_0（单位:%，取 $i_0=5\%$） **表 8-11**

类	方案	B1	B2	B3	B4	B5	B1h	B2h	B3h	B4h	B5h
C_A	A1	0.345	0.351	0.392	0.333	0.356	0.356	0.375	0.368	0.412	0.333
	A2	0.392	0.351	0.357	0.392	0.333	0.396	0.362	0.387	0.375	0.412
	A3	0.340	0.320	0.357	0.357	0.320	0.333	0.404	0.362	0.393	0.375
	A4	0.372	0.340	0.327	0.364	0.364	0.356	0.333	0.412	0.368	0.356
	A1h	0.364	0.375	0.404	0.442	0.333	0.358	0.348	0.369	0.421	0.462
	A2h	0.411	0.375	0.375	0.404	0.451	0.407	0.364	0.348	0.369	0.421
	A3h	0.327	0.418	0.393	0.375	0.404	0.471	0.421	0.369	0.348	0.375
	A4h	0.348	0.327	0.434	0.390	0.381	0.340	0.320	0.436	0.381	0.353
C_T	A1	20	20	20	16	16	21	24	21	21	16
	A2	20	20	20	20	16	21	21	24	21	21
	A3	16	16	20	20	16	16	21	21	24	21
	A4	16	16	16	20	20	16	16	21	21	21
	A1h	24	24	23	23	16	24	24	24	24	24
	A2h	23	24	24	23	23	24	24	24	24	24
	A3h	16	23	24	24	23	24	24	24	24	24
	A4h	16	16	23	23	24	16	16	24	24	24
r_0	A1	9.05	8.77	6.86	7.16	5.56	8.88	8.79	8.35	6.54	7.16
	A2	6.86	8.77	8.48	6.86	7.16	7.19	8.62	8.40	8.08	6.54
	A3	6.65	8.13	8.48	8.48	8.13	7.16	6.87	8.62	8.20	8.08
	A4	4.36	6.65	7.65	8.18	8.18	5.56	7.16	6.54	8.35	8.88
	A1h	9.15	8.79	7.63	6.27	7.16	9.33	9.66	8.97	7.31	6.01
	A2h	7.38	8.79	8.79	7.63	5.97	7.77	9.15	9.66	8.97	7.31
	A3h	7.65	7.11	8.20	8.79	7.63	5.72	7.31	8.97	9.66	8.79
	A4h	6.11	7.65	6.56	8.11	8.60	6.65	8.13	6.82	8.60	9.50

注：M_I 为桥梁初始投资额。

8.2.3 叠加组合维修方案的优化

要进行优化，需根据事先确定的优化标准开展优化工作。4 个基本优化目标是：桥梁寿命 t_{PRC}、可靠度指标 β，状况指标 V 和维修成本 C_T。由此派生出的目标或经济指标有：

延长寿命 t_{save}、收益成本比 R_{BC}、净现值 NPV、静态收益率 r_0、内部收益率 r、综合收益成本比 R^* 和年维修成本 C_A 等。优化标准是对上述优化目标或经济指标的不同优先顺序和不同重视程度（通过权重度量）的原则或尺度。下面根据不同的优化标准对上述组合方案进行优化。

8.2.3.1　桥梁寿命优先标准

单目标优化类型一：要求在桥梁可靠度与桥梁状况不低于其目标值的条件下使桥梁寿命最长，即：

优化目标：　　$\text{Max}\quad t_{PRC}$

约束条件：　　$\beta \geqslant \beta_T$

$V \geqslant V_T$

该标准将寿命 t_{PRC} 视为第一重要目标，同时适当顾及其他经济目标，寿命长且经济性好的方案即为最优方案。

依此标准，在组合方案中，（A1h + B2h）、（A2h + B3h）和（A3h + B4h）三个方案的寿命最长：$t_{PRC}=69$ 年，其相应的经济指标静态收益成本比 R_{BC}（取 $i_0=5\%$）为 6.667 和静态收益率 r_0 为 9.66 也是所有组合方案中最高的，故此三组合方案皆为最优方案，总成本为 24% M_I（M_I 为桥梁初始投资额），比不实施预防维修延长寿命 32 年，其具体可靠度指标和状况指标以及成本随时间的变化情况参见图 8-7 ~ 图 8-9。

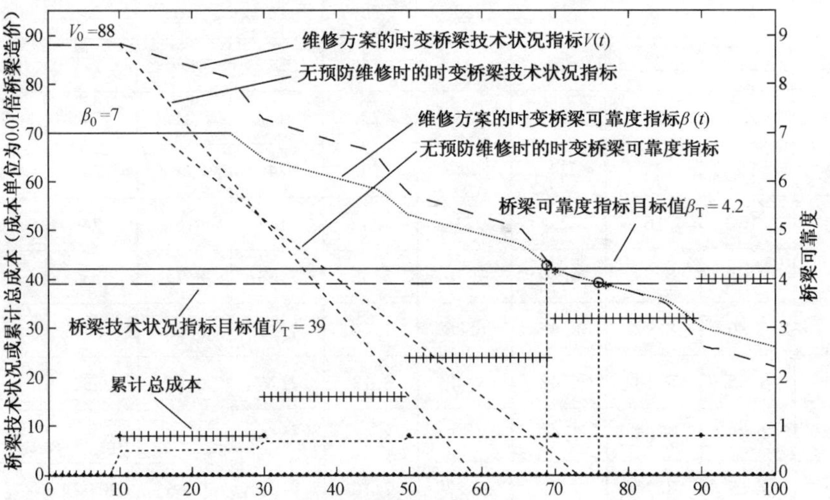

图 8-7　方案（A1h + B2h）的可靠度和状况及累计总成本的时变情况

单目标优化类型二：要求在桥梁可靠度与桥梁状况不低于其目标值且维修总成本不超过其限额的条件下，使桥梁寿命最长，即：

优化目标：　　$\text{Max}\quad t_{PRC}$

约束条件：　　$\beta \geqslant \beta_T$

$V \geqslant V_T$

$C_T \leqslant C_{TLimit}$

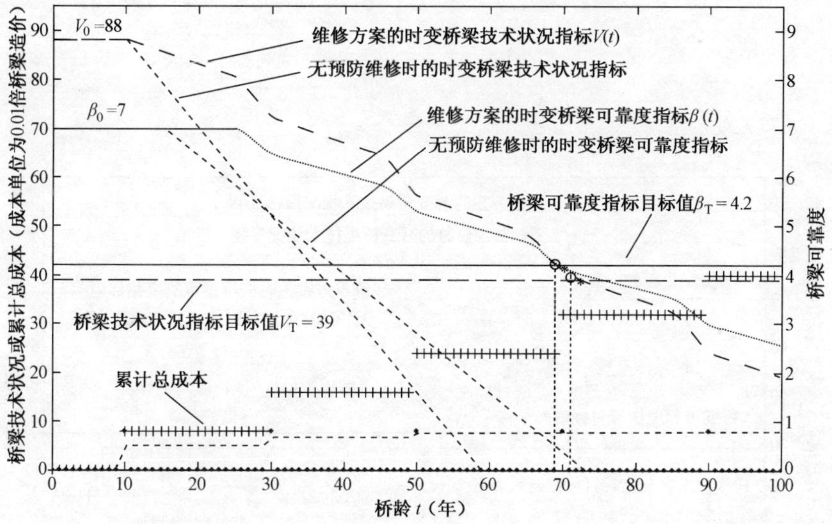

图 8-8 方案（A2h + B3h）的可靠度和状况及累计总成本的时变情况

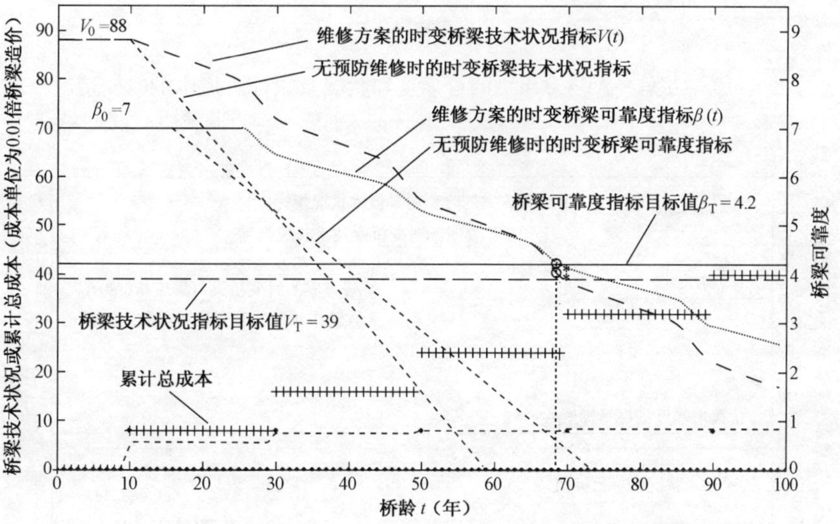

图 8-9 方案（A3h + B4h）的可靠度和状况及累计总成本的时变情况

例如，总维修成本限额 $C_{\text{TLimit}}=21$（$0.01M_{\text{I}}$）（一个成本单位是 $0.01M_{\text{I}}$，M_{I} 为桥梁初始投资额）。满足 $C_{\text{T}}\leqslant C_{\text{TLimit}}=21$，总成本约束的方案的最长寿命是 60 年，这样的方案有三个，它们是：

（1）（A1 + B2h），$C_{\text{Tt}=60}=21$，$t_{\text{PRC}}=64$ 年，$C_{\text{TtPRC}}=24$，参见图 8-10；

（2）（A2 + B3h），$C_{\text{Tt}=60}=21$，$t_{\text{PRC}}=62$ 年，$C_{\text{TtPRC}}=24$，参见图 8-11；

（3）（A3 + B4h），$C_{\text{Tt}=60}=21$，$t_{\text{PRC}}=61$ 年，$C_{\text{TtPRC}}=24$，参见图 8-12。

这三个方案都是最优方案，其中方案（1）则是优中之优，因为其 t_{PRC} 超过 60 年更多，表明桥龄为 60 年时该方案的指标富余量更大。

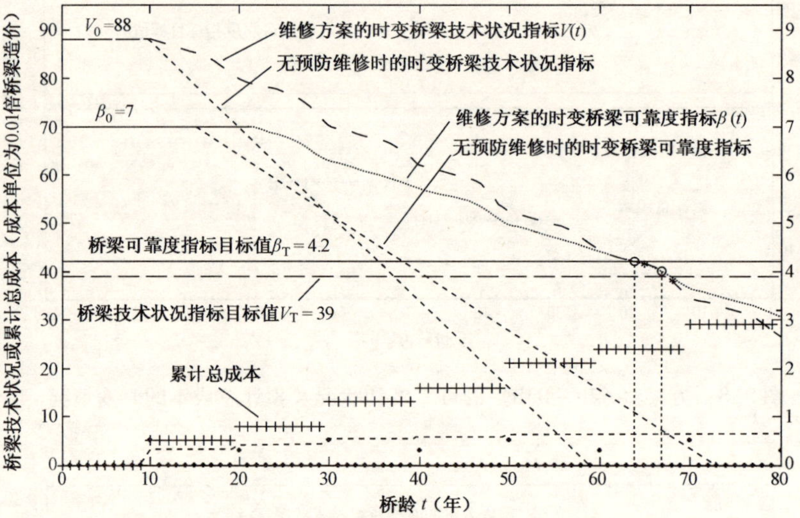

图 8-10　方案（A1 + B2h）的可靠度和状况及累计总成本的时变情况

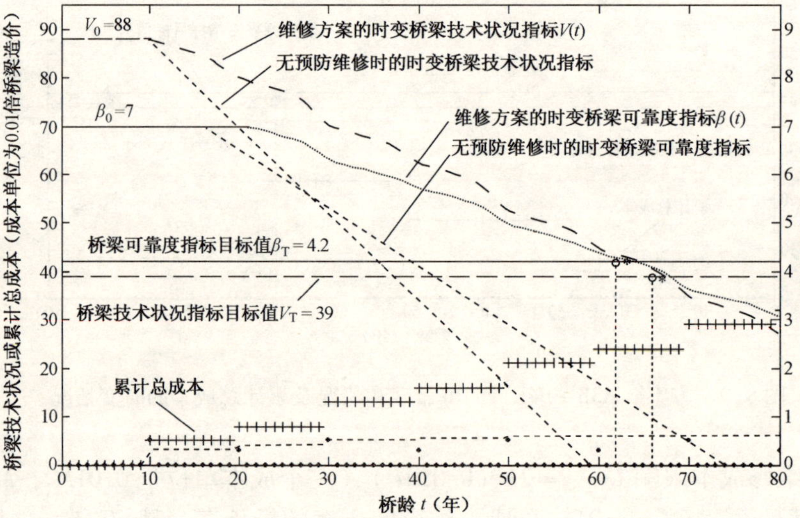

图 8-11　方案（A2 + B3h）的可靠度和状况及累计总成本的时变情况

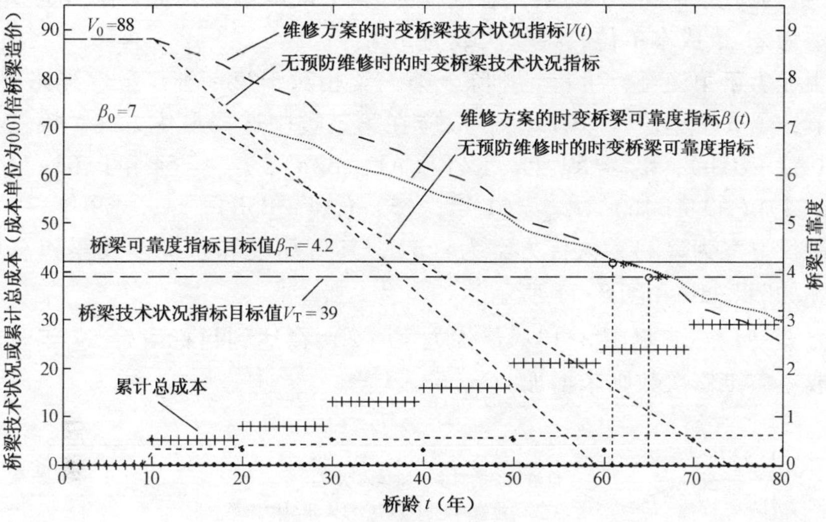

图 8-12　方案（A3 + B4h）的可靠度和状况及累计总成本的时变情况

8.2.3.2　维修成本最低标准

单目标优化类型三：要求在桥梁可靠度与桥梁状况以及桥梁寿命不低于其目标值的条件下，使桥梁维修总成本最低，即：

优化目标：　　Min　C_T

约束条件：

$$\beta \geqslant \beta_T = 4.2$$

$$V \geqslant V_T = 39$$

$$t_{PRC} \geqslant t_{PRCTarget}$$

例如，目标寿命 $t_{PRCtarget}$ = 65 年，满足的方案有：

（A1h + B1），66 年；（A1h + B1h），67 年；（A1h + B2h），69 年；（A1h + B3h），65 年；（A2h + B3h），69 年；（A2h + B2h），66 年；（A2h + B4h），65 年；（A3h + B3h），65 年；（A3h + B4h），69 年；（A4h + B5h），68 年。

其总成本 C_T 皆为 24（$0.01M_I$）（一个成本单位是 $0.01M_I$，M_I 为桥梁初始投资额），且那些寿命大于 65 年的方案在桥龄为 65 年时的累积总成本仍然全是 24。从维修次数看，除了（A1h + B1）方案是 6 次可首先被排除外，其他方案都是 3 次，这些方案都是最低成本方案，但是最优方案还应选寿命更长的，因为寿命越长的方案当达到目标寿命时，可靠度和状况指标高于其目标值的幅度越大，即有更大的富余空间，这当然要优于达到目标寿命时有指标无富余空间的方案。也就是说，在成本与维修次数相同时，选寿命更长的方案，即：（A1h + B3h）、（A2h + B4h）和（A3h + B3h）。

因此，在该标准下的最优组合方案仍然是寿命最长的那三个方案（69 年）（与寿命最长标准相同）。

若目标寿命降为 59 年，则根据寿命大于或等于 59 年的方案在桥龄为 59 年时的累积总成本与维修次数，符合要求的方案分三类：

第一类的累积总成本为 24 个成本单位（一个成本单位是 $0.01M_I$，M_I 为桥梁初始投资额)，维修次数为3次；第二类的累积总成本为23个成本单位，维修次数为5次；第三类的累积总成本为21个成本单位，维修次数为5次。

第二类明显劣于第三类，可首先排除。第三类相对于第一类，虽然维修次数增加了2次，但成本节约了3个单位（0.01M_I），故应在第三类中选择最优方案。第三类包括以下方案：(1)（A1+B1h），$t_{PRC}=59$年；(2)（A1+B2h），$t_{PRC}=64$年；(3)（A2+B3h），$t_{PRC}=62$年；(4)（A3+B4h），$t_{PRC}=61$年；(5)（A4+B5h），$t_{PRC}=59$年。

因此，最优方案为(2)，次优方案为(3)，其可靠度和状况以及累积总成本随时间而变化的情况如图8-10和图8-11所示。

相对于方案(1)，参见图8-13，最优方案(2)在达到目标寿命59年时的指标富余量更大，而成本与维修次数则未增加。

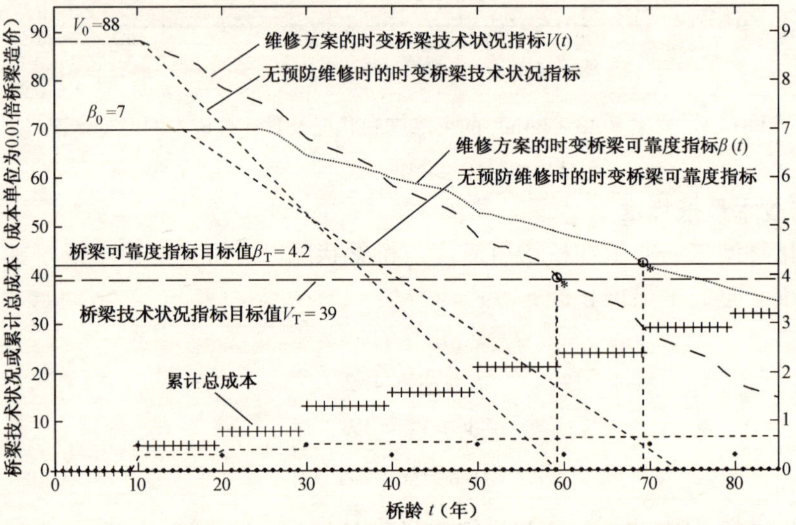

图8-13 方案（A1+B1h）的可靠度和状况及累计总成本的时变情况

8.2.3.3 可靠度与状况指标最佳标准

多目标优化类型一：要求在桥梁可靠度与桥梁状况以及桥梁寿命不低于其目标值且维修总成本不超过其限额的条件下，使桥梁可靠度指标水平和桥梁状况指标水平最高，即：

优化目标：Max （β 和 V）

约束条件：

$$\beta \geqslant \beta_T$$

$$V \geqslant V_T$$

$$t_{PRC} \geqslant t_{PRCTarget}$$

$$C_T \leqslant C_{TLimit}$$

例如，目标寿命 $t_{PRCtarget}=58$ 年，总成本约束为：$C_T \leqslant C_{TLimit}=21$（0.01$M_I$）（一个成本单位是0.01$M_I$，$M_I$ 为桥梁初始投资额）。满足总成本约束的方案的最长寿命是60年，这样的方案有三个，它们是：

(1)（A1+B2h），$C_{Tt=60}=21$，$t_{PRC}=64$年，$C_{TtPRC}=24$；

(2)（A2+B3h），$C_{Tt=60}=21$，$t_{PRC}=62$年，$C_{TtPRC}=24$；

（3）（A3 + B4h），$C_{Tt=60}=21$，$t_{PRC}=61$ 年，$C_{TtPRC}=24$。

满足总成本约束的方案的次长寿命是59年，这样的方案有两个，它们是：

（4）（A1 + B1h），$C_{Tt=59}=21$，$t_{PRC}=59$ 年，$C_{TtPRC}=21$；

（5）（A4 + B5h），$C_{Tt=59}=21$，$t_{PRC}=59$ 年，$C_{TtPRC}=21$。

满足总成本约束的方案的第三长寿命是58年，这样的方案有三个，它们是：

（6）（A2 + B2h），$C_{Tt=58}=21$，$t_{PRC}=58$ 年，$C_{TtPRC}=21$；

（7）（A3 + B3h），$C_{Tt=58}=21$，$t_{PRC}=58$ 年，$C_{TtPRC}=21$；

（8）（A1 + B1），$C_{Tt=58}=20$，$t_{PRC}=58$ 年，$C_{TtPRC}=20$。

考察方案（6）、（7）、（8），由于达到目标寿命58年时其指标至少有一个富余量很小（因 $t_{PRC}=58$ 年），而本优化问题的优化目标是“两个指标 β 和 V 越大越好”，也就是两指标的富余量越大越好，因此，这3个方案通常可首先排除。

剩下的5个方案中，达到目标寿命58年时指标富余量最大的是方案（1），因为其 t_{PRC} 为64年，超过目标寿命6年，故方案（1）为最优方案。次优方案为（2），其可靠度和状况以及累积总成本随时间而变化的情况如图8-11和图8-12所示。

预防维修组合优化结论：

（1）在寿命优先标准下，组合方案的最优方案的参与方案不一定是独立时的最优方案。例如：（A1h + B2h）是最优组合方案，但A1h不是A类方案中的最优方案，只是第3优；B2h也不是B类方案中寿命最长的，连次优、第3优也不是，仅排第4优、第3差。

（2）参与组合的方案的指标互补程度越高，组合方案越好。

例如：A1h的 $t_{PR}-t_{PRV}$ 为 −13年（−58 + 45），B2h的 $t_{PR}-t_{PRV}$ 差为11年（52 − 41），两差之和为 −2年。两差之和越接近 −1.1年，互补程度越高。因为 −2年跟无预防维修时的（t_R-t_{RV}）差1.1年（38.3 − 37.2）之和为 −0.9年，接近0。而（A3h + B1h）的寿命只有51年，成本仍达24，其互补程度就相当低。

A3h的 $t_{PR}-t_{PRV}$ 为(51 − 47) = 4年，B1h的 $t_{PR}-t_{PRV}$ 为(58 − 40) = 18年，两差之和为22年，远远大于 −1.1年。

（3）在组合优化中，参与组合的方案的指标互补程度取决于构成参与方案的维修措施的可靠度指标与状况指标的改善幅度互补性。

（4）通常情况下，组合方案的$(t_{PR}-t_{PRC})+(t_{PRV}-t_{PRC})$越大，经济性越差。

8.3 重大维修与预防维修的连接型组合优化

重大维修的类型是根据重大维修参与组合优化的方式划分的：连接型组合优化是指重大维修实施时预防维修已不再实施；叠加型组合优化是指，重大维修生效时，预防维修仍继续实施。

用“E”来表示重大维修（Essential maintenance），则叠加型组合优化实际上是三类维修方案的叠加，即（A + B + E）；而连接型组合优化则是A类与B类维修方案叠加组合后，再与E类维修措施连接组合，即（A + B）Link E。

作为例子，E类重大维修措施考虑以下6项：E1、E2、E3、E4、E5、E6，其初始参数如表8-12所示，其维修特点如下：

E1——低成本优于改善状况型；
E2——低成本均衡型；
E3——低成本优于改善可靠度型；
E4——高成本优于改善状况型；
E5——高成本均衡型；
E6——高成本优于改善可靠度型。

E 类重大维修措施方案的初始参数　　**表 8-12**

方　案	E1	E2	E3	E4	E5	E6	单位
单次维修成本	15	15	15	35	35	35	$0.01M_I$
可靠度陡升 γ	0.2	0.4	0.6	0.8	1.2	1.6	$\Delta\beta$
状况陡升 γ_V	15	10	5	30	20	10	ΔV
可靠度劣化延迟 dd	3	3	3	6	6	6	年
状况劣化延迟 dd_V	2	2	2	3	3	3	年

注：M_I 为桥梁初始投资额。

8.3.1　计算公式

设实施一次重大维修后指标返回到其开始实施时的起点所经历的时间分别为 $t_{ERreturn}$ 与 $t_{ERVreturn}$，则其计算公式如下：

$$t_{ERreturn} = dd + \frac{\gamma}{\alpha} = dd + \frac{\gamma}{0.12} \tag{8-4a}$$

$$t_{ERVreturn} = dd_V + \frac{\gamma_V}{\alpha_V} = dd_V + \frac{\gamma_V}{1.8} \tag{8-4b}$$

设开始实施首次重大维修的时间为 t_{PRC}，它是 A 类与 B 类维修方案叠加组合后的桥梁寿命，此时点的可靠度指标和状况指标分别为 β_{tPRC} 和 V_{tPRC}，此时的指标富余值分别是 $\beta_{overtPRC}$ 和 $V_{overtPRC}$，且有：

$$\beta_{overtPRC} = \beta_{tPRC} - 4.2 \tag{8-5a}$$

和

$$V_{overtPRC} = V_{tPRC} - 39 \tag{8-5b}$$

从 t_{PRC} 开始便只有重大维修生效了，在线性劣化的前提下，此后的可靠度指标与状况指标的计算公式分别为：

$$\beta(t) = \beta_{tPRC} - \alpha(t - t_{PRC})F(t_{PRC}) + \gamma F(t_{PRC}) + \alpha\begin{bmatrix}1\\-1\end{bmatrix}^{T}\begin{bmatrix}(t-t_{E1})F(t_{E1})\\(t-t_{E2})F(t_{E2})\end{bmatrix} \tag{8-6a}$$

和

$$V(t) = V_{tPRC} - \alpha_V(t - t_{PRC})F(t_{PRC}) + \gamma_V F(t_{PRC}) + \alpha_V\begin{bmatrix}1\\-1\end{bmatrix}^{T}\begin{bmatrix}(t-t_{E1V})F(t_{E1V})\\(t-t_{E2V})F(t_{E2V})\end{bmatrix} \tag{8-6b}$$

其中：　　$t_{E1} = t_{PRC}$，$t_{E2} = t_{E1} + dd$，$\alpha = 0.12/年$；

$t_{\mathrm{E1V}} = t_{\mathrm{PRC}}$，$t_{\mathrm{E2V}} = t_{\mathrm{E1V}} + dd_{\mathrm{V}}$，$\alpha_{\mathrm{V}} = 1.8$/年。

(A+B) Link E 方案的寿命计算：

由可靠度指标决定的桥梁寿命 t_{ERlink}：

$$t_{\mathrm{ERlink}} = t_{\mathrm{PRC}} + t_{\mathrm{ERreturn}} + \frac{\beta_{\mathrm{overtPRC}}}{\alpha} \tag{8-7a}$$

由状况指标决定的桥梁寿命 t_{ERVlink}：

$$t_{\mathrm{ERVlink}} = t_{\mathrm{PRC}} + t_{\mathrm{ERVreturn}} + \frac{V_{\mathrm{overtPRC}}}{\alpha_{\mathrm{V}}} \tag{8-7b}$$

由此，(A+B) Link E 方案的寿命 t_{ERClink} 为上述两者中的最小者：

$$t_{\mathrm{ERClink}} = \mathrm{Min}\{t_{\mathrm{ERlink}}, t_{\mathrm{ERVlink}}\} \tag{8-8}$$

8.3.2 优化

运用作者研究开发的桥梁维修多目标优化程序 BMMOP（见第9章），计算出 A 类与 B 类维修方案叠加后再与 E 类维修方案连接，即（A+B）Link E 的有关维修效果参数与经济指标，以下的优化皆基于这些结果。

8.3.2.1 桥梁寿命最长标准

该标准要求在桥梁可靠度与桥梁状况不低于其目标值的条件下使桥梁寿命最长，即：

优化目标： $\mathrm{Max} \quad t_{\mathrm{ERC}}$

约束条件： $\beta \geqslant \beta_{\mathrm{T}}$

$V \geqslant V_{\mathrm{T}}$

依此标准，在连接组合方案中，（A1h+B1h）Link E4（$t_{\mathrm{ERC}} = 86.25$ 年）和（A2h+B2h）Link E4（$t_{\mathrm{ERC}} = 86.00$ 年）两方案有最长寿命 86 年，为最优方案。其总成本均为 59% M_{I}（一个成本单位是 0.01M_{I}，M_{I} 为桥梁初始投资额），静态收益成本比 R_{BC}（取 $i_0 = 5\%$）分别为 4.174 和 4.153，其可靠度指标和状况指标以及成本随时间的变化情况参见图 8-14 和图 8-15。

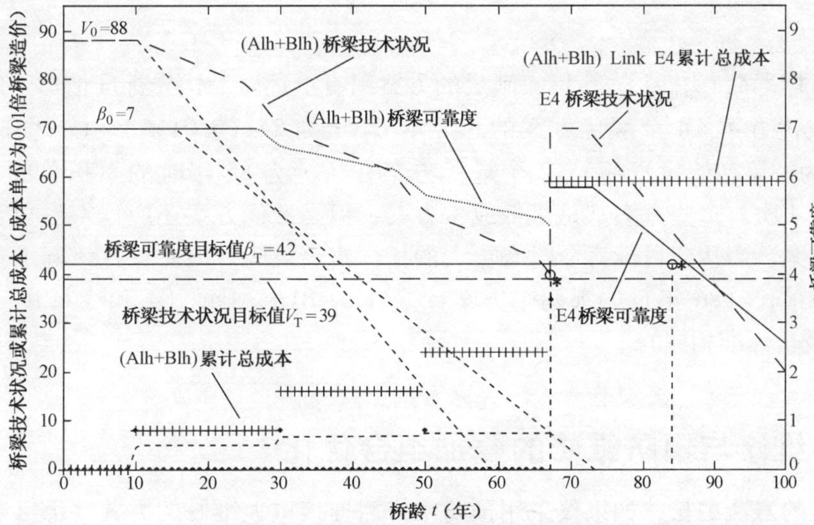

图 8-14 方案（A1h+B1h）Link E4 的可靠度和状况及累计总成本的时变情况

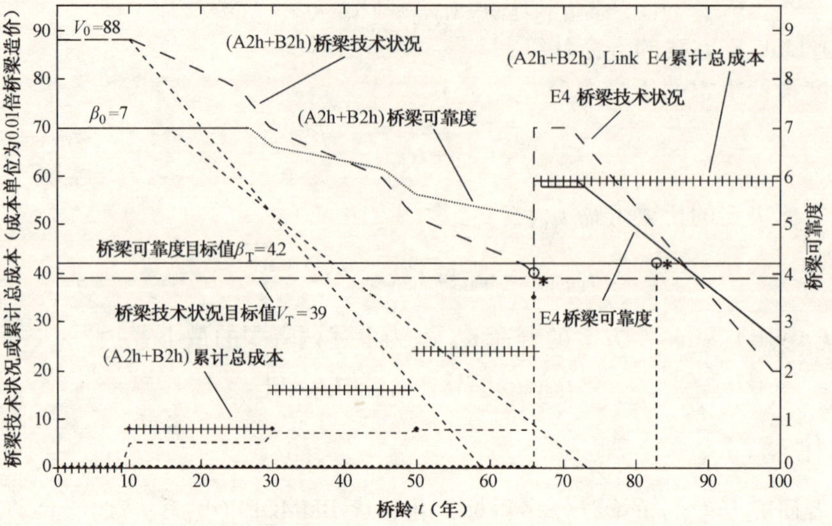

图 8-15　方案（A2h + B2h）Link E4 的可靠度和状况及累计总成本的时变情况

次优方案有 4 个，分别是：（A1h + B2h） Link E5 （t_{ERC} = 85. 58 年）、（A3h + B3h） Link E4 （t_{ERC} = 85. 42 年）、（A2h + B3h） Link E5 （t_{ERC} = 85. 33 年） 和 （A3h + B4h） Link E5 （t_{ERC} = 85. 08 年），其寿命为 85 年，总成本均为 59% M_I （M_I 为桥梁初始投资额），静态收益成本比 R_{BC} （取 i_0 = 5%） 分别为 4. 117、4. 103、4. 096 和 4. 075。

8. 3. 2. 2　维修成本最低标准

该标准要求在桥梁可靠度与桥梁状况以及桥梁寿命不低于其目标值的条件下，使桥梁维修总成本最低，即：

优化目标：　$$\text{Min}\quad C_T$$

约束条件：　$$\beta \geqslant \beta_T = 4.2$$

$$V \geqslant V_T = 39$$

$$t_{ERC} \geqslant t_{ERCTarget}$$

例如，目标寿命 $t_{ERCtarget}$ = 85 年，满足的方案只有上述寿命优先标准情形下的 2 个最优方案和 4 个次优方案。4 个次优方案的总成本 C_T 全为 24 （0. 01M_I） （一个成本单位是 0. 01M_I，M_I 为桥梁初始投资额），2 个最优方案在桥龄为 85 年时的累积总成本也是 24。维修次数都是 4 次。这些方案都是最低成本方案，但是最优方案还应选寿命更长的，因为寿命越长的方案，当达到目标寿命时有更大的指标富余空间。因此，在该标准下的最优方案仍然是寿命最长（86 年）的那两个方案：（A1h + B1h） Link E4 和 （A2h + B2h） Link E4 （与寿命最长标准相同）。

8. 4　重大维修与预防维修的叠加组合优化

要使桥梁的寿命更长，如果仅采用预防维修后连接重大维修的方式，那么若只实施一次重大维修则可能达不到寿命要求。若实施多次重大维修，则可能成本过高，经济性变差。因此，需要在重大维修实施后继续实施预防维修，从而使两类维修的效果叠加起来，此时，便需要进行重大维修与预防维修的叠加组合优化，以获得最优方案。

仍以前面给出的A类和B类预防维修方案以及E类重大维修方案为例，并运用第8.2节A类与B类叠加组合优化的结果，进行（A+B）与E的叠加组合优化。

8.4.1 计算公式

A类、B类与E类维修方案叠加组合后的实际可靠度指标水平β（t）（这里设只进行一次重大维修），等于A类、B类与E类维修方案的净改善效果β_E（t）之和，再加上无预防维修时的可靠度水平β_W（t）：

$$\beta(t) = \sum\beta_{iA}(t) + \sum\beta_{iB}(t) + \beta_E(t) + \beta_W(t) \tag{8-9}$$

其中：
$$\sum\beta_{iA}(t) = \sum_{i=1}^{M}\left[\gamma_{iA}F(t_{i1A})\right] + \sum_{i=1}^{M}\left\{\theta_{iA}\begin{bmatrix}1\\-1\end{bmatrix}^{T}\begin{bmatrix}(t-t_{i1A})F(t_{i1A})\\(t-t_{i2A})F(t_{i2A})\end{bmatrix}\right\}$$

$$\sum\beta_{iB}(t) = \sum_{i=1}^{M}\left[\gamma_{iB}F(t_{i1B})\right] + \sum_{i=1}^{M}\left\{\theta_{iB}\begin{bmatrix}1\\-1\end{bmatrix}^{T}\begin{bmatrix}(t-t_{i1B})F(t_{i1B})\\(t-t_{i2B})F(t_{i2B})\end{bmatrix}\right\}$$

$$\beta_E(t) = \gamma_E F(t_{PRC}) + \alpha\begin{bmatrix}1\\-1\end{bmatrix}^{T}\begin{bmatrix}(t-t_{1E})F(t_{1E})\\(t-t_{2E})F(t_{2E})\end{bmatrix}$$

$$\beta_W(t) = \beta_0 - \alpha(t-t_I)F(t_I)$$

$$t_{i1A} = t_{PIA} + (i-1)t_{PA},\ t_{i2A} = t_{i1A} + t_{PDA}$$

$$t_{i1B} = t_{PIB} + (i-1)t_{PB},\ t_{i2B} = t_{i1B} + t_{PDB}$$

$$i = 1, 2, 3, \cdots, M$$

$$t_{1E} = t_{PRC},\ t_{2E} = t_{PRC} + dd_E$$

且：
$$\frac{d\beta(t)}{dt} \leqslant 0$$

桥梁状况指标的计算表达式与可靠度指标的上述计算表达式类似，不再赘述。

运用作者研究开发的桥梁维修多目标优化程序BMMOP，计算出A类与B类维修方案叠加后再与E类维修方案叠加［即（A+B+E）］的有关维修效果参数与经济指标，以下的优化皆基于这些结果。

8.4.2 优化

8.4.2.1 桥梁寿命最长标准

该标准要求在桥梁可靠度与桥梁状况不低于其目标值的条件下使桥梁寿命最长，即：

优化目标：$\text{Max} \quad t_{ERC}$

约束条件：
$$\beta \geqslant \beta_T$$
$$V \geqslant V_T$$

依此标准，在叠加组合方案中，（A1h+B1h）+ E4方案有最长寿命（109年），为最优方案，其总成本为75%M_I（M_I为桥梁初始投资额），静态收益成本比R_{BC}（取$i_0=5\%$）为4.80，其可靠度指标和状况指标以及成本随时间的变化情况参见图8-16。

次优方案是（A2h+B2h）+ E4，其寿命为107年，总成本为75%M_I（M_I为桥梁初始投资额），静态收益成本比 R_{BC}（取 $i_0=5\%$）为 4.667。

寿命第三长的方案有 3 个，分别是：（A3h + B3h）+ E4、（A1h + B2h）+ E5、（A2h + B3h）+ E5，其寿命为 106 年，总成本均为 75% M_I（M_I 为桥梁初始投资额），静态收益成本比 R_{BC}（取 $i_0=5\%$）均为 4.60。

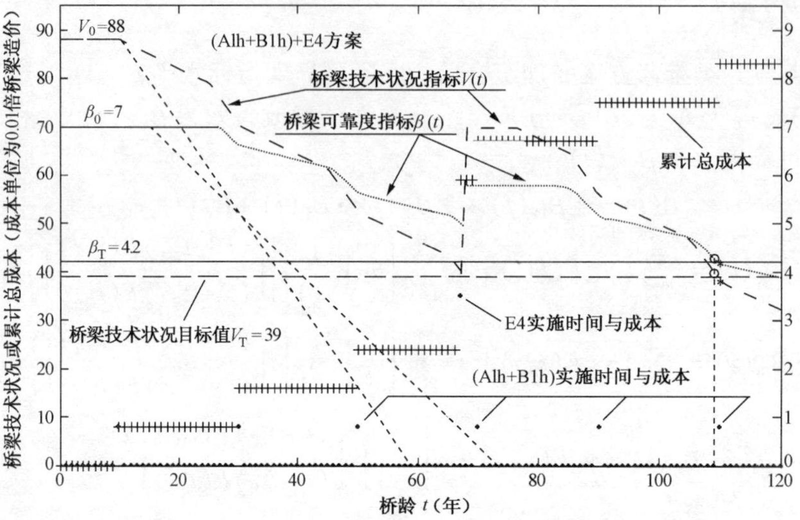

图 8-16　方案（A1h + B1h）+ E4 的可靠度和状况及累计总成本的时变情况

8.4.2.2　有维修总成本限制的寿命最长标准

该标准要求在桥梁可靠度与桥梁状况不低于其目标值且维修总成本不超过其限额的条件下，使桥梁寿命最长，即：

优化目标：　　$\text{Max}\quad t_{ERC}$

约束条件：　　$\beta \geqslant \beta_T$

$V \geqslant V_T$

$C_T \leqslant C_{TLimit}$

以（Aih + Bjh + Ek）叠加组合为例（$i=1, 2, 3, 4$；$j=1, 2, 3, 4, 5$；$k=1, 2, 3, 4, 5, 6$），若取 $C_{TLimit}=60$（$0.01M_I$），则满足 $C_T \leqslant C_{TLimit}=60$（$0.01M_I$）总成本约束的方案的最长寿命是 88 年，该方案是（A1h + B1h + E1），其总成本 C_T 为 47，静态收益成本比 R_{BC}（取 $i_0=5\%$）为 5.426，其可靠度指标和状况指标以及成本随时间的变化情况参见图 8-17。维修总成本限额 C_{TLimit} 越小，能达到的桥梁最长寿命就越短，参见表 8-13。

（Aih + Bjh + Ek）**叠加维修方案满足不同总成本限额时的最长寿命**　　　　**表 8-13**

序　　号	1	2	3	4	5	单　位
总成本限额 C_{TLimit}	39	47	59	67	[75，∞)	$0.01M_I$
最长寿命 t_{ERCMAX}	70	88	88	90	109	年

注：M_I 为桥梁初始投资额。

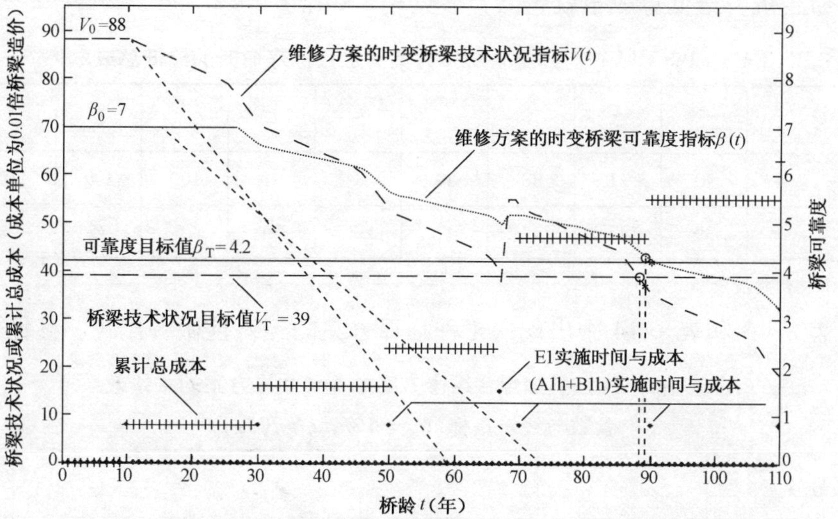

图8-17　方案（A1h + B1h + E1）的可靠度和状况及累计总成本的时变情况

8.4.2.3　维修成本最低标准

该标准要求在桥梁可靠度与桥梁状况以及桥梁寿命不低于其目标值的条件下，使桥梁维修总成本最低，即：

优化目标：　　Min　C_T

约束条件：　　$\beta \geqslant \beta_T = 4.2$

$$V \geqslant V_T = 39$$

$$t_{ERC} \geqslant t_{ERCTarget}$$

仍以（Aih + Bjh + Ek）叠加组合为例（i = 1，2，3，4；j = 1，2，3，4，5；k = 1，2，3，4，5，6），取目标寿命 $t_{ERCtarget}$ = 100 年，依此标准，在叠加组合方案中，满足的方案有：

（1）寿命最长的方案(A1h + B1h) + E4，其寿命为 109 年，静态收益成本比 R_{BC}（取 i_0 = 5%）为 4.80，其可靠度指标和状况指标以及成本随时间的变化情况参见图 8-16。

（2）寿命第二长的方案(A2h + B2h) + E4，其寿命为 107 年，静态收益成本比 R_{BC}（取 i_0 = 5%）为 4.667。

（3）寿命第三长的方案有 3 个，分别是：（A3h + B3h）+ E4、（A1h + B2h）+ E5、（A2h + B3h）+ E5，其寿命为 106 年，静态收益成本比 R_{BC}（取 i_0 = 5%）均为 4.60。

（4）寿命第四长的方案有 2 个，分别是：（A3h + B4h）+ E5 和（A4h + B5h）+ E5，其寿命为 105 年，静态收益成本比 R_{BC}（取 i_0 = 5%）均为 4.533。

其他 3 个达到目标寿命 100 年的方案分别是：（A1h + B2h）+ E6，寿命为 104 年；（A4h + B4h）+ E4，寿命为 102 年；（A1h + B1h）+ E5，寿命为 101 年。

这些方案在桥龄为 100 年时的累积总成本都是 75% M_I（M_I 为桥梁初始投资额），均为最低成本方案，但最优方案还应优先选择寿命更长的，因为寿命越长的方案当达到目标寿命时有更大的指标富余空间。

目标寿命越短，最低总成本就越低，参见表 8-14。

（Aih + Bjh + Ek）**叠加组合维修方案满足目标寿命时的最低总成本**　　　　**表 8-14**

序　　号	1	2	3	4	5	6	7	8	9	单　位
目标寿命 $t_{ERCtarget}$	70	71	88	89	90	91	100	109	110	年
最低总成本 C_{TMIN}	39	47	47	47	67	75	75	75	$+\infty$	$0.01M_I$

注：M_I 为桥梁初始投资额。

下面对表 8-13 和表 8-14 中出现的 4 种临界方案的经济性做一比较，参见表 8-15。

（Aih + Bjh + Ek）**叠加组合维修方案的 4 种临界方案的维修效果参数与经济指标**（$i_0=5\%$，$\zeta=20\%$）　　　　**表 8-15**

方案类号 N		4	3	2	1	单　位
总成本 C_T		75	67	47	39	$0.01M_I$
寿命 t_{ERC}		109	90	88	70	年
t_{save}		72	53	51	33	年
对应组合方案		A1h + B1h + E4	A1h + B3h + E4 A3h + B5h + E5	A1h + B1h + E1	A1h + B3h + E1 A2h + B4h + E1 A2h + B1h + E2 A3h + B3h + E3	—
B_T		360	265	255	165	$0.01M_I$
C_A		0.688	0.744	0.534	0.557	$0.01M_I$/ 年
B_A		3.303	2.944	2.898	2.357	$0.01M_I$/ 年
R_{BC}		4.80	3.955	5.426	4.231	—
R^*		5.52	4.465	5.936	4.561	—
N 相对 N-1	ΔB_T	95	10	90	—	$0.01M_I$
	ΔC_T	8	20	8	—	$0.01M_I$
	R_{BCR}	11.875	0.500	11.250	—	—

注：M_I 为桥梁初始投资额。

从绝对经济指标看，这 4 种组合方案都是可取的，因为它们的收益都远大于其支出：$B_A >> C_A$，$R_{BC} >>1$，$R^* >>1$；其中，2 类方案最好，3 类方案最差。从相对经济指标看，4 类方案远比 3 类方案好，2 类方案远比 1 类方案 1 好，3 类方案不如 2 类方案好。4 类方案相对于 2 类方案，其相对收益成本比为：$R_{BCR}=\frac{360-255}{75-47}=3.75$。可见，仍然是 4 类方案更好。

第 9 章　桥梁维修多目标优化示例

9.1　桥梁维修的多目标优化程序与类型划分

9.1.1　桥梁维修多目标优化程序

基于上述生效函数的桥梁维修多目标优化的理论与方法，作者研究开发了“桥梁维修多目标优化程序 BMMOP（Bridge Maintenance Multi-objective Optimization Program）”。

桥梁维修多目标优化程序 BMMOP 分 4 大模块，分别是：

（1）预防维修基本优化模块；

（2）预防维修组合优化模块；

（3）重大维修与预防维修的连接组合优化模块；

（4）重大维修与预防维修的叠加组合优化模块。

每一个模块内都包括以下功能子模块：数据子模块、计算子模块、优化子模块和绘图子模块。数据子模块完成维修措施初始数据的输入、修改与存储；计算子模块计算优化时间跨度内任意时点的维修优化监控指标和累计总成本，计算每一个方案或方案组合的桥梁寿命、收益成本比等参数和经济指标；优化子模块根据选定的优化标准与维修约束条件给出最优方案、次优方案以及方案优劣排序；绘图子模块绘出维修优化监控指标和累计总成本随时间变化的示意图。

BMMOP 的功能模块如图 9-1 所示。

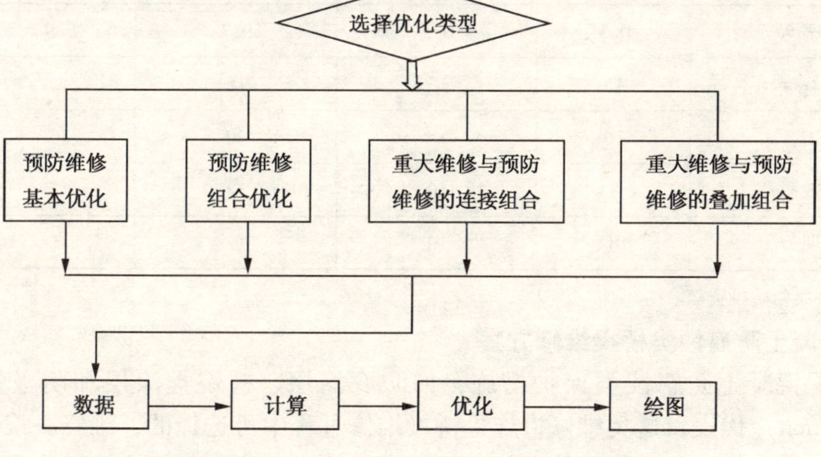

图 9-1　桥梁维修多目标优化程序 BMMOP 功能模块示意图

9.1.2　三类桥梁维修

9.1.2.1　更新类桥梁维修方案

第一类是更新类桥梁维修，指的是寿命较短的桥梁构件的定期更新，如桥面铺装层更新、伸缩缝更新以及排水等构件的更新更换，用“R”（Replacement）代表。这类维修措施是桥梁维修过程中必不可少的，维修决策优化可以根据其更新周期与单次维修成本选择不同的维修措施，以实现长期总体的最优化。用 R_1、R_2、R_3、R_4 代表不同的 R 类措施方案。假设其可同时进行，以减少维修次数，即：

$$R_i = (\text{桥面铺装层更新} + \text{伸缩缝更新} + \text{排水设施更新或修复} + \cdots)_i$$

$$i = 1, 2, 3, 4$$

R 类定期维修的子类型方案及其特点如下：

低成本短效型方案 R_1：单次维修成本低、有效期短、实施周期短、维修次数多；

较低成本较短效型方案 R_2：单次维修成本较低、有效期较短、实施周期较短、维修次数较多；

较高成本较长效型方案 R_3：单次维修成本较高、有效期较长、实施周期较长、维修次数较少；

高成本长效型方案 R_4：单次维修成本高、有效期长、实施周期长、维修次数少。

设待维修桥梁的现有桥面铺装层与伸缩缝及排水设施需要在桥龄为 15 年时更新或修复，该桥目前的桥龄 $t_{now}=6$ 年。于是，R_i 首次实施时间 $t_{PI}=15$ 年，设其维修参数如表 9-1 所示。

R 类定期维修方案的初始参数　　**表 9-1**

R 类方案子类型	R_1	R_2	R_3	R_4	单　位
R 类方案子类型特点	低成本短效型	较低成本较短效型	较高成本较长效型	高成本长效型	
单次维修成本 C	2.5	3.0	3.5	4.5	$0.01M_I$
桥梁可靠度改善率 θ	0.02	0.03	0.04	0.05	$\Delta\beta$/年
桥梁状况改善率 θ_V	0.3	0.5	0.7	0.9	ΔV/年
首次实施时间 $t_{PI}=t_{PIV}$	15	15	15	15	年
实施周期 $t_P=t_{PV}$	10	15	20	30	年
可靠度改善有效期 t_{PD}	8	10	12	15	年
状况改善有效期 t_{PDV}	8	10	12	15	年

注：M_I 为桥梁初始投资额。

9.1.2.2　混凝土防腐蚀类桥梁维修方案

第二类是混凝土防腐蚀类保护措施，如防腐涂层、硅烷类涂层和阴极保护等，用“P”（Protection）代表，这类维修措施是桥梁维修过程中可选择的，维修决策优化需根据桥梁的寿命要求与资金状况等具体条件，通过进行维修经济分析与多目标优化，确定是否选取以及选择何种类型的防腐措施。

用 P_1 代表短效轻混凝土防腐涂层方案，P_2 代表较短效较轻混凝土防腐涂层方案，P_3 代表较长效较重混凝土防腐涂层方案，P_4 代表长效重混凝土防腐涂层方案，P_5 代表硅烷类涂层防腐方案，即：

P_i =（防腐涂层 + 基本防腐措施）$_i$　其中：i = 1，2，3，4

P_5 =（硅烷类涂层 + 基本防腐措施）

"基本防腐措施"包括设计与施工方面的混凝土防腐措施：高性能混凝土、增厚的混凝土保护层及部分环氧涂层钢筋或不锈钢筋、合理的防腐设计尤其是防水设计和有利于防腐的高质量的施工等。

涂覆型涂层防腐蚀措施是针对海洋环境混凝土结构的表面防护技术之一。该措施的特点是隔绝氯离子、酸性气体等有害介质在混凝土内的渗透和扩散，尤其适合于以盐雾水汽为特征的海洋侵蚀环境下混凝土的保护。其做法应符合《海港工程混凝土结构防腐蚀技术规范》JTJ 275—2000 附录 D 的规定，例如：

（1）P_2 方案（较轻防腐涂层方案）涂层干膜最小平均厚度（μm）：底层，15 厚丙烯酸树脂封闭漆；面层，丙烯酸树脂漆 350 厚（表湿区），320 厚（表干区），涂层设计使用年限为 10 年。

（2）P_4 方案（重防腐涂层措施方案）涂层干膜最小平均厚度（μm）：底层，15 厚丙烯酸树脂封闭漆；面层，丙烯酸树脂漆 500 厚（表湿区），450 厚（表干区），涂层设计使用年限为 20 年。

硅烷类涂层的老化年限约为 15 年（本例的实施周期取 13 年），并且在 10 年内海水中的氯离子不会向混凝土中渗透，而混凝土的氯离子扩散系数在 10 年后将再变小 1～2 个数量级，为安全起见，按氯离子扩散系数 $\leqslant 1.0\times10^{-12}$ m^2/s 计算，则混凝土的使用寿命可达 100 年以上。其做法应符合《海港工程混凝土结构防腐蚀技术规范》JTJ 275—2000 附录 E 的规定。

防腐涂层实施越早效果越好，因此首次实施时间 t_{PI} 取目前的桥龄 t_{now}，即：$t_{PI1}=t_{PI2}=t_{PI3}=t_{PI4}=t_{now}=6$ 年。而硅烷类涂层的首次实施时间取桥龄为 8 年时，即：$t_{PI5}=8$ 年。其详细维修参数参见表 9-2。

P 类混凝土防腐蚀定期维修方案的初始参数　　**表 9-2**

P 类方案子类型	P_1	P_2	P_3	P_4	P_5	单位
P 类方案子类型特点	低成本短效型	较低成本较短效型	较高成本较长效型	高成本长效型	高成本高效型	
单次维修成本 C	0.45	0.70	1.10	1.50	1.50	$0.01M_I$
可靠度改善率 θ	0.012	0.023	0.035	0.050	0.060	$\Delta\beta$/年
状况改善率 θ_V	0.20	0.35	0.50	0.70	0.90	ΔV/年
首次实施时间 $t_{PI}=t_{PIV}$	6	6	6	6	8	年
实施周期 $t_P=t_{PV}$	6	10	15	20	13	年
可靠度改善有效期 t_{PD}	5	9	12	15	10	年
状况改善有效期 t_{PDV}	5	9	12	15	10	年

注：M_I 为桥梁初始投资额。

P类定期维修的子类型及其特点如下：

低成本短效型P_1：单次维修成本低，有效期短，实施周期短，维修次数多；

较低成本较短效型P_2：单次维修成本较低，有效期较短，实施周期较短，维修次数较多；

较高成本较长效型P_3：单次维修成本较高，有效期较长，实施周期较长，维修次数较少；

高成本长效型P_4：单次维修成本高，有效期长，实施周期长，维修次数少。

高成本较短效型P_5：单次维修成本高，有效期较短，实施周期适中，维修次数居中。

9.1.2.3 桥梁加固类重大维修和重建方案

桥梁加固能够产生桥梁承载力、可靠度或技术状况等指标的陡升维修效果，属于重大维修（指对寿命较长的重要构件的加固或更新），用“J”（Jumping）代表。本例用J_1、J_2、J_3、J_4、J_5代表不同规模的桥梁加固方案，另用J_6代表桥梁重建方案。其详细维修参数参见表9-3。

J类维修方案的初始参数　　表9-3

方案	J_1	J_2	J_3	J_4	J_5	J_6	单位
J类方案子类型	桥梁加固					重建	
	小规模	较小规模	中等规模	较大规模	大规模		
单次维修成本	15	20	25	30	35	100	$0.01M_I$
可靠度陡升γ	0.4	0.7	1.0	1.3	1.6	2.8	$\Delta\beta$
状况陡升γ_V	9	13	17	21	25	48	ΔV
可靠度劣化延迟dd	3	4	5	6	7	13	年
状况劣化延迟dd_V	1	2	3	4	5	9	年

注：M_I为桥梁初始投资额。

9.2 不同类型桥梁维修多目标优化示例

下面进一步运用上述基于生效函数的桥梁维修多目标优化的理论与方法，针对上节给出的三种典型桥梁维修类型的不同方案，运用BMMOP程序的计算结果进行优化决策。

9.2.1 更新类和混凝土防腐类桥梁维修的基本优化

9.2.1.1 更新类桥梁维修的基本优化

基于第5~8章给出的计算方法与计算公式，运用BMMOP程序计算出更新类（R类）桥梁维修方案的有关维修效果参数与经济指标如表9-4所示。

从表9-4可见，当以首次重大维修时间t_{PRC}越大越好为标准时，最优方案是较高成本较长效型R_3（$t_{PRC}=46$年，总维修成本$C_T=7$个成本单位，收益成本比$R_{BC}=6.4286$）；当以R_{BC}越大越好为标准时，最优方案是高成本长效型R_4（$t_{PRC}=44$年，$C_T=4.5$个成本单位，$R_{BC}=7.7778$）。两者哪个更优，还需比较它们的相对收益成本比指标R_{BCR}。

R 类维修方案的维修效果参数与经济指标（$i_0=5\%$，$\xi=20\%$） **表 9-4**

方　　案	R_1	R_2	R_3	R_4	单　位
由可靠度决定的首次重大维修时间 t_{PR}	42	43	46	45	年
由状况决定的首次重大维修时间 t_{PRV}	40	42	46	44	年
实际首次重大维修时间 t_{PRC}	40	42	46	44	年
首次重大维修时间延迟 t_{save}	3	5	9	7	年
维修次数 n	3	2	2	1	次
维修总成本 C_T	7.5	6.0	7.0	4.5	$0.01M_I$
总经济利益 B_T	15	25	45	35	$0.01M_I$
动态年维修成本 C_A	0.1875	0.1429	0.1522	0.1023	$0.01M_I$
收益成本比 R_{BC}	2.0000	4.1667	6.4286	7.7778	—
综合收益成本比 R^*	2.0300	4.2167	6.5186	7.8478	—
静态收益率 r_0	5.00	9.92	13.98	17.68	%

注：M_I 为桥梁初始投资额。

R_3 相对于 R_4 的相对收益成本比为：$(45-35)/(7-4.5)=4$，远大于1。故最优方案是较高成本较长效型 R_3，其可靠度和状况以及累积总成本随时间而变化的情况如图 9-2 所示。

相对于无预防维修情形，采用 R_3 可使桥梁寿命延长 9 年（46－37）。由此可见，仅采用更新类维修，桥梁寿命延长不多。

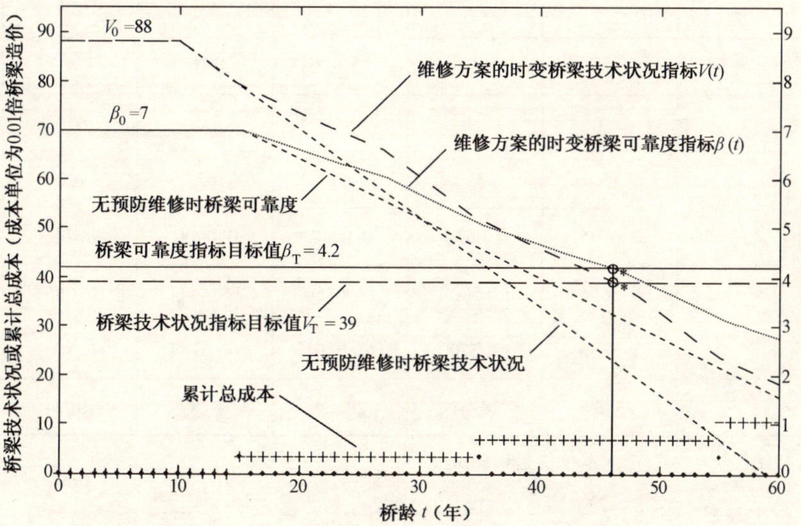

图 9-2　方案 R_3 的可靠度和状况及累计总成本的时变情况

9.2.1.2　混凝土防腐蚀类桥梁维修的基本优化

基于第 5 ~ 8 章给出的计算方法与计算公式，运用 BMMOP 程序计算出 P 类混凝土防腐蚀维修方案的有关维修效果参数与经济指标如表 9-5 所示。

从表 9-5 可见，不管是以首次重大维修时间 t_{PRC} 还是以收益成本比 R_{BC} 越大越好为标准，最优方案都是 P_5（$t_{PRC}=57$ 年，$C_T=6$，$R_{BC}=16.6667$），次优方案是 P_4（$t_{PRC}=50$ 年，$C_T=4.5$，$R_{BC}=14.4444$），其可靠度和状况以及累计总成本随时间而变化的情况如图 9-3 与图 9-4 所示。

但是，方案 P_4 的维修次数少（3 次）、维修周期长（20 年），P_5 的维修次数多（4 次）、维修周期短（13 年）。相比起来，P_4 好于 P_5，此时究竟选择哪种方案，需根据维修桥梁的具体情况决定。

相对于无预防维修情形，P_5 可使桥梁寿命延长 20 年（56 − 37），P_4 延长 13 年，这是它们的理论净效果（实际上 P 类措施不会被单独实施）。可见，防腐预防维修的效果远比更新类桥梁维修好。

P 类维修方案的维修效果参数与经济指标（$i_0=5\%$，$\xi=20\%$）　　表 9-5

方　案	P_1	P_2	P_3	P_4	P_5	单　位
由可靠度决定的首次重大维修时间 t_{PR}	41	45	48	54	58	年
由状况决定的首次重大维修时间 t_{PRV}	40	44	46	50	57	年
实际首次重大维修时间 t_{PRC}	40	44	46	50	57	年
首次重大维修时间延迟 t_{save}	3	7	9	13	20	年
维修次数 n	6	4	3	3	4	次
总成本 C_T	2.7	2.8	3.3	4.5	6.0	$0.01M_I$
总经济利益 B_T	15	35	45	65	100	$0.01M_I$
动态年维修成本 C_A	0.0675	0.0636	0.0717	0.0900	0.1053	$0.01M_I$
收益成本比 R_{BC}	5.5556	12.5000	13.6364	14.4444	16.6667	—
综合收益成本比 R^*	5.5856	12.5700	13.7264	14.5744	16.8667	—
静态收益率 r_0	13.89	28.41	29.64	28.89	29.24	%

注：M_I 为桥梁初始投资额，一个成本单位是 $0.01M_I$。

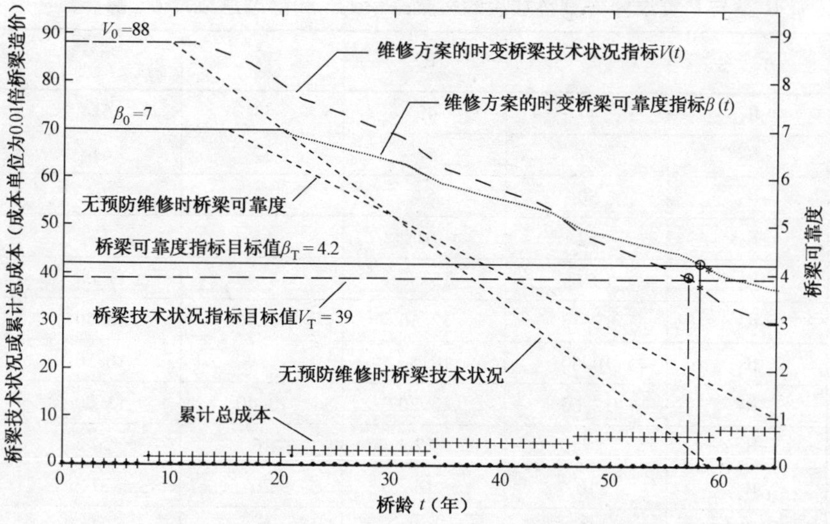

图 9-3　方案 P_5 的可靠度和状况及累计总成本的时变情况

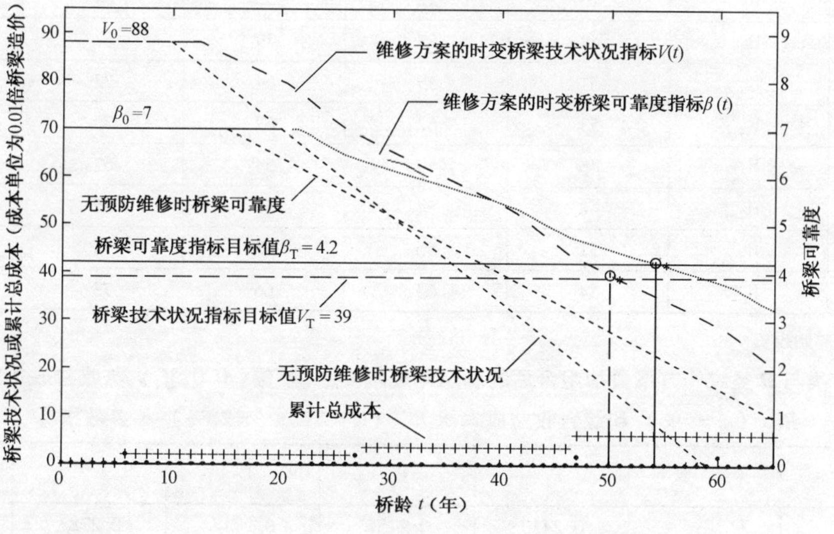

图 9-4　方案 P_4 的可靠度和状况及累计总成本的时变情况

9.2.2 定期更新类与混凝土防腐蚀类桥梁维修的组合优化

下面进行更新类（R 类）与防腐类（P 类）桥梁维修方案的叠加组合优化（R + P）。基于第 6 ~ 8 章给出的计算方法与计算公式，运用 BMMOP 程序计算出 R 类与 P 类维修方案叠加组合后的有关维修效果参数与经济指标如表 9-6 和 9-7 所示。

从表 9-6 和表 9-7 可见，当以首次重大维修时间 t_{PRC} 越大越好为标准时，最优方案是（$R_4 + P_5$）（t_{PRC} = 91 年，C_T = 24 个成本单位，R_{BC} = 11.25）；当以收益成本比 R_{BC} 越大越好为标准时，最优方案是（$R_4 + P_4$）（t_{PRC} = 72 年，C_T = 15 个成本单位，R_{BC} = 11.6667）。一个时间指标更优，一个经济指标更优，尚需比较它们的相对指标。

R 类与 P 类维修方案叠加后的桥梁寿命 t_{PRC} 和静态总成本 C_T 等参数　　表 9-6

类	方案	P_1	P_2	P_3	P_4	P_5
t_{PRC}(年)	R_1	44	49	53	61	69
	R_2	47	53	57	64	73
	R_3	50	54	62	70	83
	R_4	52	61	65	72	91
$C_T(0.01M_I)$	R_1	10.65	13.50	14.40	17.00	22.50
	R_2	12.15	12.50	13.40	16.50	19.50
	R_3	10.60	10.50	14.90	16.50	23.00
	R_4	12.60	13.20	13.40	15.00	24.00
t_{save}(年)	R_1	7	12	16	24	32
	R_2	10	16	20	27	36
	R_3	13	17	25	33	46
	R_4	15	24	28	35	54
t_{PR}(年)	R_1	46	52	56	64	72
	R_2	48	55	59	67	74
	R_3	51	55	64	72	84
	R_4	53	62	67	75	92
t_{PRV}(年)	R_1	45	50	54	62	70
	R_2	48	54	58	65	74
	R_3	51	56	63	71	86
	R_4	54	63	66	73	94

注：M_I 为初始投资。

R 类与 P 类维修方案叠加组合后的静态年成本 C_A（单位：$0.01M_I$）与收益成本比 R_{BC}（$i_0=5\%$）和综合收益成本比 R^*（$i_0=5\%$，$\xi=20\%$）等参数指标　　表 9-7

类	方案	P_1	P_2	P_3	P_4	P_5
$C_A(0.01M_I)$	R_1	0.2420	0.2755	0.2717	0.2787	0.3261
	R_2	0.2585	0.2358	0.2351	0.2578	0.2671
	R_3	0.2120	0.1944	0.2403	0.2357	0.2771
	R_4	0.2423	0.2164	0.2062	0.2083	0.2637
R_{BC}	R_1	3.2864	4.4444	5.5556	7.0588	7.1111
	R_2	4.1152	6.4000	7.4627	8.1818	9.2308
	R_3	6.1321	8.0952	8.3893	10.0000	10.0000
	R_4	5.9524	9.0909	10.4478	11.6667	11.2500
R^*	R_1	3.3564	4.5644	5.7156	7.2988	7.4311
	R_2	4.2152	6.5600	7.6627	8.4518	9.5908
	R_3	6.2621	8.2652	8.6393	10.3300	10.4600
	R_4	6.1024	9.3309	10.7278	12.0167	11.7900

续表

类	方 案	P_1	P_2	P_3	P_4	P_5
$\beta_{overt_{PRC}}$	R_1	0.184	0.177	0.210	0.290	0.140
	R_2	0.040	0.069	0.130	0.190	0.040
	R_3	0.004	0.092	0.045	0.090	0
	R_4	0.038	0.080	0.130	0.160	0.055
$V_{overt_{PRC}}$	R_1	1.40	0.85	0.20	0.10	0.10
	R_2	0.40	0.65	0.40	0.30	0.60
	R_3	1.20	2.00	0.60	0.50	2.40
	R_4	1.00	1.70	1.00	0.10	2.20

注：M_I 为桥梁初始投资额。

方案（R_4+P_5）相对于方案（R_4+P_4）的相对收益成本比 R_{BCR} 为：

$$R_{BCR}=\frac{\Delta B_T}{\Delta C_T}=\frac{54\times5-35\times5}{24-15}=10.5556$$

R_{BCR} 远大于1，故最优方案是(R_4+P_5)。但是，方案(R_4+P_4)的维修次数只有6次，而方案(R_4+P_5)的维修次数多达10次，相比起来，方案(R_4+P_4)好于方案(R_4+P_5)。此时究竟选择哪种方案，需根据维修桥梁的具体情况决定。两方案的可靠度和状况以及累计总成本随时间而变化的情况如图9-5和图9-6所示。

相对于无预防维修情形，方案（R_4+P_5）可使桥梁寿命延长54年（91－37），方案（R_4+P_4）延长35年（72－37）。可见，在采用最好的R类定期更新维修的基础上，再进行高等级的防腐预防维修，可使桥梁寿命延长许多。

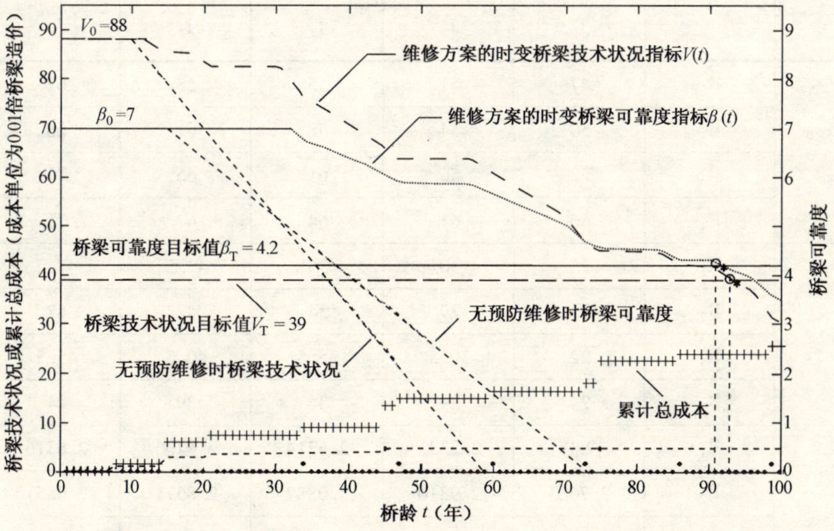

图9-5 方案（R_4+P_5）的可靠度和状况及累计总成本的时变情况

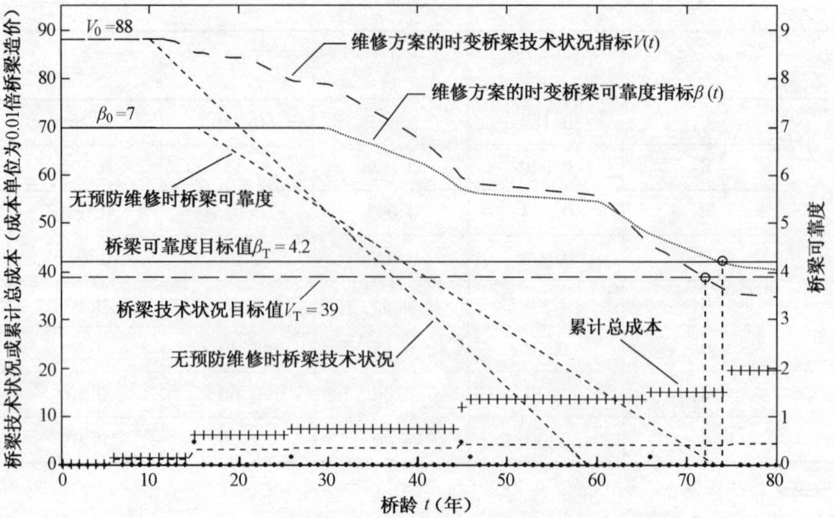

图 9-6　方案（R_4+P_4）的可靠度和状况及累计总成本的时变情况

9.2.3　更新类桥梁维修与桥梁加固或重建方案的组合优化

基于第 6 ~ 8 章给出的计算方法与给出的计算公式，运用 BMMOP 程序计算出更新类桥梁维修与桥梁加固或重建方案叠加组合（R + J）后的有关维修效果参数与经济指标如表 9-8 所示。

R 类与 J 类维修方案叠加组合后的桥梁寿命 t_{ERC}（年）静态总成本 C_T 与收益成本比 R_{BC}（$i_0=5\%$）　　表 9-8

类	方案	J_1	J_2	J_3	J_4	J_5	J_6
t_{ERC}(年)	R_1	47	51	55	58	62	82
	R_2	50	54	58	61	66	86
	R_3	52	56	61	66	70	90
	R_4	56	61	64	67	71	95
$C_T(0.01M_I)$	R_1	25	30	35	42.5	47.5	117.5
	R_2	24	29	34	42	47	115.0
	R_3	22	30.5	35.5	40.5	45.5	114.0
	R_4	24	29	34	39	44	113.500
R_{BC}	R_1	2.0	2.3333	2.5714	2.4706	2.6316	1.9149
	R_2	2.7083	2.9310	3.0882	2.8571	3.0851	2.1304
	R_3	3.4091	3.1148	3.3803	3.5802	3.6264	2.3246
	R_4	3.9583	4.1379	3.9706	3.8462	3.8636	2.5551

注：M_I 为桥梁初始投资额。

首先进行更新类桥梁维修方案与桥梁加固方案的叠加组合优化。从表9-8可知，当以桥梁寿命（取为第二次重大维修时间）t_{ERC}越大越好为标准时，最优方案是（R_4+J_5）（$t_{ERC}=71$年，$C_T=44$个成本单位，$R_{BC}=3.8636$）。

当以收益成本比R_{BC}越大越好为标准时，最优方案是（R_4+J_2）（$t_{ERC}=61$年，$C_T=29$个成本单位，$R_{BC}=4.1379$）。

一个时间指标更优，一个经济指标更优，尚需比较它们的相对指标。

（R_4+J_5）相对于（R_4+J_2）的相对收益成本比R_{BCR}为：

$$R_{BCR}=\frac{\Delta B_T}{\Delta C_T}=\frac{71\times5-61\times5}{44-29}=3.3333$$

R_{BCR}远大于1，故最优方案是（R_4+J_5），其可靠度和状况以及累计总成本随时间而变化的情况如图9-7所示。

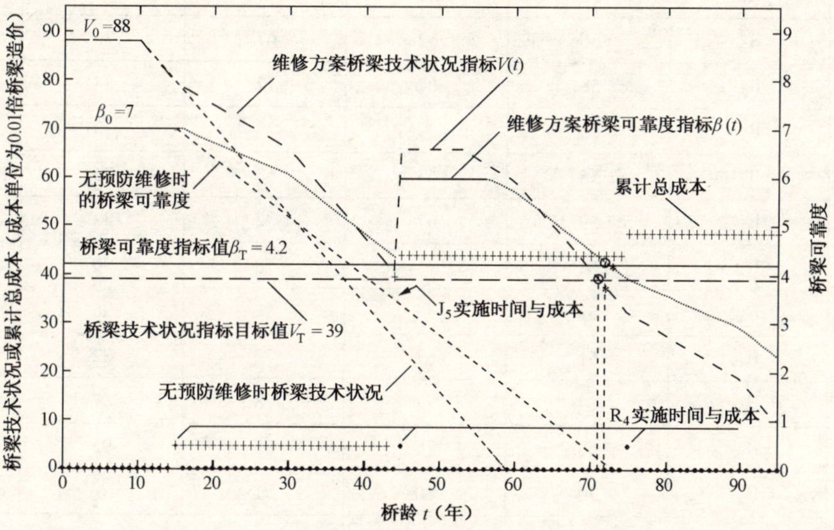

图9-7 方案（R_4+J_5）的可靠度和状况及累计总成本的时变情况

其次，将J类重建方案也包括进来进行叠加组合优化。从表9-8的最后一列可见，不管是以桥梁寿命t_{ERC}越大越好为标准，还是以收益成本比R_{BC}越大越好为标准，J类重建的最优方案都是（R_4+J_6）（$t_{ERC}=95$年，$C_T=113.5$个成本单位，$R_{BC}=2.5551$）。那么（R_4+J_6）是否优于（R_4+J_5）？下面比较它们的相对指标。

（R_4+J_6）相对于（R_4+J_5）的相对收益成本比R_{BCR}为：

$$R_{BCR}=\frac{\Delta B_T}{\Delta C_T}=\frac{(95-37)\times5-(71-37)\times5}{113.5-44}=1.7266$$

R_{BCR}大于1，故（R_4+J_6）优于（R_4+J_5），但优越的程度属于一般。此时究竟选择哪种方案，需根据维修桥梁的具体情况考虑相关因素后确定。

由此可见，就上述所给例子而言，在不进行混凝土防腐蚀预防维修的情况下，即便是采用最好的R类定期更新维修和一次大规模桥梁加固，桥梁寿命最多也仅达到71年；纵使将加固改作重建，桥梁寿命虽可达95年，但成本则成倍增加。而根据上节的结果，采用防腐维修措施的（R_4+P_5）的桥梁寿命高达 91 年，连（R_2+P_5）也达 73 年。因此，在桥梁维修实践中，一定要重视采取混凝土防腐蚀保护措施，重视预防维修。

9.2.4　桥梁更新类防腐类维修与加固重建方案的组合优化

基于第 6 章给出的计算方法与给出的计算公式，运用 BMMOP 程序计算出 R 类定期更新、P 类混凝土防腐蚀类维修方案与 J 类桥梁加固或重建方案叠加组合（R + P + J）后的有关维修效果参数与经济指标，如表 9-9 ~ 表 9-11 所示。

R 类、P 类维修方案与 J 类重大维修或重建方案叠加后的桥梁寿命 t_{ERC}（单位：年）

表 9-9

类	方案	P_1	P_2	P_3	P_4	P_5
J_1	R_1	53	58	63	69	81
	R_2	56	62	67	76	88
	R_3	58	67	72	84	96
	R_4	63	69	73	90	101
J_2	R_1	56	63	67	76	85
	R_2	59	67	72	83	97
	R_3	64	71	78	90	107
	R_4	67	73	81	96	112
J_3	R_1	61	67	72	82	94
	R_2	64	72	78	87	103
	R_3	68	76	85	95	111
	R_4	70	80	91	101	124
J_4	R_1	65	72	78	85	99
	R_2	70	76	83	95	111
	R_3	72	83	90	104	122
	R_4	74	90	95	104	130
J_5	R_1	69	76	82	92	108
	R_2	73	83	88	101	119
	R_3	77	89	94	110	130
	R_4	81	94	99	121	137
J_6	R_1	91	101	108	122	142
	R_2	96	108	117	132	149
	R_3	100	113	126	146	160
	R_4	103	122	130	149	167

R 类、P 类维修方案与 J 类重大维修或重建方案叠加组合后的静态总成本 C_T（单位:0.01M_I） **表 9-10**

类	方案	P_1	P_2	P_3	P_4	P_5
J_1	R_1	28.60	31.70	31.90	36.00	41.50
	R_2	28.05	31.20	32.50	36.00	40.50
	R_3	29.55	30.40	31.00	35.00	43.00
	R_4	28.5	28.90	29.50	36.00	40.50
J_2	R_1	36.55	36.70	40.50	43.50	46.50
	R_2	33.05	36.90	37.50	41.00	48.50
	R_3	35.00	35.40	39.50	41.50	49.50
	R_4	33.95	33.90	39.00	41.00	50.00
J_3	R_1	42.00	44.90	45.50	48.50	55.50
	R_2	41.50	41.90	45.50	47.50	55.00
	R_3	40.45	43.90	45.60	46.50	54.50
	R_4	38.95	44.10	45.10	46.00	56.50
J_4	R_1	47.00	49.90	53.00	53.50	63.00
	R_2	46.95	49.90	51.60	55.50	63.00
	R_3	45.45	49.60	50.60	55.00	64.50
	R_4	44.40	49.80	50.10	51.00	63.00
J_5	R_1	54.95	57.40	59.10	62.50	72.00
	R_2	52.40	55.60	56.60	60.50	69.50
	R_3	54.40	55.30	55.60	61.50	71.00
	R_4	54.35	54.80	56.20	62.00	72.50
J_6	R_1	126.75	129.50	132.70	136.50	149.00
	R_2	124.75	128.70	129.80	134.50	143.50
	R_3	124.70	125.20	129.80	135.00	141.00
	R_4	121.15	126.40	127.90	134.50	139.00

注：M_I 为桥梁初始投资额。

R 类、P 类维修方案与 J 类重大维修或重建方案叠加组合后的收益成本比 R_{BC}（$i_0=5\%$） **表 9-11**

类	方案	P_1	P_2	P_3	P_4	P_5
J_1	R_1	2.7972	3.3123	4.0752	4.4444	5.3012
	R_2	3.3868	4.0064	4.6154	5.4167	6.2963
	R_3	3.5533	4.9342	5.6452	6.7143	6.8605
	R_4	4.5614	5.5363	6.1017	7.3611	7.9012

续表

类	方 案	P_1	P_2	P_3	P_4	P_5
J_2	R_1	2. 5992	3. 5422	3. 7037	4. 4828	5. 1613
	R_2	3. 3283	4. 0650	4. 6667	5. 6098	6. 1856
	R_3	3. 8571	4. 8023	5. 1899	6. 3855	7. 0707
	R_4	4. 4183	5. 3097	5. 6410	7. 1951	7. 5000
J_3	R_1	2. 8571	3. 3408	3. 8462	4. 6392	5. 1351
	R_2	3. 2530	4. 1766	4. 5055	5. 2632	6. 0000
	R_3	3. 8319	4. 4419	5. 2632	6. 2366	6. 7890
	R_4	4. 2362	4. 8753	5. 9867	6. 9565	7. 6991
J_4	R_1	2. 9787	3. 5070	3. 8679	4. 4860	4. 9206
	R_2	3. 5144	3. 9078	4. 4574	5. 2252	5. 8730
	R_3	3. 8504	4. 6371	5. 2372	6. 0909	6. 5891
	R_4	4. 1667	5. 3213	5. 7884	6. 5686	7. 3810
J_5	R_1	2. 9117	3. 3972	3. 8071	4. 4000	4. 9306
	R_2	3. 4351	4. 1367	4. 5053	5. 2893	5. 8993
	R_3	3. 6765	4. 7016	5. 1259	5. 9350	6. 5493
	R_4	4. 0478	5. 2007	5. 5160	6. 7742	6. 8966
J_6	R_1	2. 1302	2. 4710	2. 6752	3. 1136	3. 5235
	R_2	2. 3647	2. 7584	3. 0817	3. 5316	3. 9024
	R_3	2. 5261	3. 0351	3. 4284	4. 0370	4. 3617
	R_4	2. 7239	3. 3623	3. 6357	4. 1636	4. 6763

9. 2. 4. 1 不考虑重建方案时的组合优化

下面进行更新类桥梁维修方案、混凝土防腐蚀类桥梁维修方案与桥梁加固方案的叠加组合优化（$R+P+J_{1\sim5}$）。

当以桥梁寿命 t_{ERC} 越长越好为标准时，由表 9-9 可知，最优方案是（$R_4+P_5+J_5$）（$t_{ERC}=137$ 年，$C_T=72.5$ 个成本单位，$R_{BC}=6.8966$）；当以收益成本比 R_{BC} 越大越好为标准时，从表 9-11 可见，最优方案是（$R_4+P_5+J_1$）（$t_{ERC}=101$ 年，$C_T=40.5$ 个成本单位，$R_{BC}=7.9012$）。一个时间指标更优，一个经济指标更优，尚需比较它们的相对指标。

（$R_4+P_5+J_5$）相对于（$R_4+P_5+J_1$）的相对收益成本比 R_{BCR} 为：

$$R_{BCR}=\frac{\Delta B_T}{\Delta C_T}=\frac{(137-37)\times5-(101-37)\times5}{72.5-40.5}=5.625$$

R_{BCR} 远大于 1，故最优方案是（$R_4+P_5+J_5$），其可靠度和状况以及累计总成本随时间而变化的情况如图 9-8 所示。

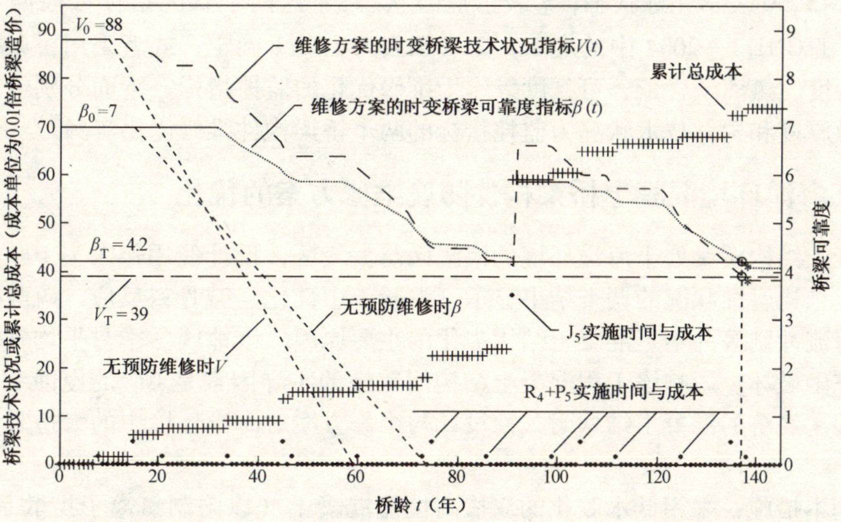

图 9-8 方案（$R_4+P_5+J_5$）的可靠度和状况及累计总成本的时变情况

9.2.4.2 考虑重建方案时的组合优化

本书提出的方法同样可以考虑重建方案，但桥梁重建决策是一个非常复杂的问题。由于重建方案的成本特别高，所以如果不重建能够满足寿命要求，则一般不考虑重建方案。如果要考虑重建方案，则至少需要在经济上是合理的。就本例而言，不重建的最长桥梁寿命是 137 年，因此，重建方案的寿命应该高于此值。由表 9-9 可知，寿命大于 137 年的重建方案有 6 个。这里以重建方案（$R_4+P_4+J_6$）（$t_{ERC}=149$ 年，$C_T=134.5$ 个成本单位）为例考察其经济性。不考虑重建时的最优方案是（$R_4+P_5+J_5$）（$t_{ERC}=137$ 年，$C_T=72.5$ 个成本单位），重建方案（$R_4+P_4+J_6$）相对于（$R_4+P_5+J_5$）的相对收益成本比 R_{BCR} 为：

$$R_{BCR}=\frac{\Delta B_T}{\Delta C_T}=\frac{(149-37)\times5-(137-37)\times5}{134.5-72.5}=0.9677$$

R_{BCR}小于 1，故重建方案（$R_4+P_4+J_6$）劣于不重建时的方案（$R_4+P_5+J_5$）。

再考察重建方案（$R_4+P_5+J_6$）（$t_{ERC}=167$ 年，$C_T=139$ 个成本单位），它是寿命最长的重建方案，其相对于（$R_4+P_5+J_5$）的相对收益成本比 R_{BCR} 为：

$$R_{BCR}=\frac{\Delta B_T}{\Delta C_T}=\frac{(167-37)\times5-(137-37)\times5}{139-72.5}=2.2556$$

R_{BCR}大于 1，故该重建方案优于不重建时的最优方案（$R_4+P_5+J_5$），但其优越的程度属于一般。此时究竟选择哪种方案，需根据维修桥梁的具体情况考虑相关因素后确定。

从上述示例的结果可以发现，诸如混凝土防腐蚀类保护措施这样的预防维修，对于延长桥梁寿命具有重要意义。因此，在桥梁维修中，一定要重视预防维修。

9.3 桥梁构件维修优化示例

桥梁构件维修优化的监控指标可以使用任何反映桥梁构件安全或使用功能情况的指标，例如，采用桥梁部件技术状况等级（一类到五类，一类最好）或桥梁部件缺损状况评定标度（0～5，0 表示完好状态，5 表示危险状态），这两个状况指标可根据《公路桥涵养护规范》JTG H11—2004 中的表 3.5.2-3 和表 3.5.2-1 确定；或者采用桥梁构件的承载力、碳化深度、氯离子含量、可靠度等作为维修优化的监控指标。下面分别给出以混凝土保护层有效厚度和构件技术状况为监控指标的两个桥梁构件维修优化实例。

9.3.1　某海洋环境混凝土桥梁构件防腐维修方案的优化

某混凝土结构桥梁处于海洋环境的浪溅区与大气区，设计使用年限为 100 年。该地区在役混凝土结构腐蚀状况的调查结果显示，混凝土中性化、碱骨料反应、硫酸盐侵蚀、海洋生物及海流冲刷等并不是混凝土结构劣化的主要原因。该地区冬季月平均气温较高，基本不存在冻融破坏。影响该工程混凝土结构耐久性的主导因素是 Cl^- 的侵蚀。因此，制定科学、合理、经济的混凝土结构耐久性设计与维修方案对海洋环境中的大桥具有十分重要的意义。

（1）基本措施：采用低水胶比的双掺高性能混凝土（以限制氯离子扩散系数），并设置适当的钢筋保护层厚度作为保证混凝土结构设计使用年限的基本措施。

（2）附加措施：采用预应力筋保护、渗透性控制模板、局部使用环氧钢筋和阻锈剂等附加措施。

1）对于预应力混凝土结构，孔道的不密实极易造成高应力状态下预应力筋的锈蚀。为增强预应力孔道压浆的密实性，提高预应力体系的耐久性，大桥预应力混凝土箱梁采用耐腐蚀、密封性能好的塑料波纹管，配合真空辅助压浆技术，作为预应力混凝土结构的耐久性措施之一。

2）环氧涂层钢筋是采用静电喷涂工艺使其表面形成连续的环氧绝缘层的钢筋。大桥在腐蚀最为严重的浪溅区现浇墩身中采用了环氧涂层钢筋。

3）钢筋阻锈剂。与海工耐久混凝土配合，钢筋阻锈剂能大幅度提高对钢筋的防护能力。与普通混凝土相比，海工耐久混凝土一方面使得腐蚀介质（ Cl^- ）达到钢筋表面的量减少，另一方面密实的混凝土又能长期有效地保持钢筋阻锈剂的高浓度，从而使阻锈剂得以较为长期地发挥抑制或延缓钢筋电化学腐蚀的效能。该工程潮差区的承台和浪溅区的墩身部位使用了掺入型阻锈剂，作为保证混凝土结构耐久性的补充措施。

4）渗透性控制模板。使用渗透性控制模板是提高混凝土表面质量的有效途径。该模板的衬垫是一种无纺纤维，对比试验表明，它能把刚入模的混凝土表面多余的空气和水排出，使混凝土表面水胶比降低，同时可确保混凝土在养护期间保持高湿度，将裂缝风险减到最小，因而可大幅提高混凝土表面的密实度和强度，C35 混凝土根据回弹试验结果推定达到 C60。大桥桥墩应用了该产品，工程实践表明，使用渗透性控制模板可大大改善混凝土的外观质量，提高混凝土表面的抗裂性、抗渗性和耐久性。

该桥不同结构的初步防腐方案如下：

1. 钻孔灌注桩

由于钻孔灌注桩的混凝土靠自重压密，因此其密实性难以与经过振捣密实的混凝土相比，为增加钻孔灌注桩的防腐性能，可适当增大钢筋保护层的厚度，采用高性能混凝土，并保留施工用钢护筒。其具体防腐方案参见表 9-12。

钻孔灌注桩防腐方案的有关参数　　表 9-12

环境部位	水位变化区	水下区、陆地区
混凝土设计强度等级	C30	C30
混凝土设计保护层厚度（mm）	75	75
防腐方案	钢护筒（Q235，$t=10\sim14$ mm）+高性能混凝土	高性能混凝土
混凝土寿命预测（年）	113	130

2. 承台的防腐蚀措施

海上承台主要位于水位变化区和浪溅区，而陆地上的承台按大气区的要求考虑其耐久性。承台体积较大，混凝土等级相对较低，处在腐蚀环境恶劣的水位变化区和浪溅区，因此需较大的保护层厚度才能满足混凝土耐久性要求，初步选用的保护层厚度为 90 mm。较大的保护层易使混凝土表面开裂，如承台侧面无围堰防护，则可采用纤维混凝土或增设防裂钢丝网。其具体防腐方案参见表 9-13。

承台防腐方案的有关参数　　表 9-13

环境部位	浪溅区、水位变化区	大气区
混凝土设计强度等级	C30	C30
混凝土设计保护层厚度（mm）	90	90
防腐方案	高性能混凝土	高性能混凝土
混凝土寿命预测（年）	约 117	约 177

3. 桥墩的防腐措施

桥墩的大部分位于浪溅区，一部分位于大气区，其具体防腐方案参见表 9-14。

桥墩防腐方案的有关参数　　表 9-14

环境部位	浪溅区墩身（现浇）	大气区墩身（现浇）
混凝土设计强度等级	C40	C30
混凝土设计保护层厚度（mm）	65	60
防腐方案	高性能混凝土+环氧涂层钢筋	高性能混凝土
混凝土寿命预测（年）	约 110	约 114

4. 混凝土箱梁的防腐措施

箱梁分为现场浇筑、预制整孔架设和预制节段拼装，箱梁均位于大气区，其具体防腐方案参见表 9-15。

箱梁防腐方案的有关参数 **表9-15**

环境部位	箱梁（现浇）	箱梁（预制）
混凝土设计强度等级	C50	C50
混凝土设计保护层厚度（mm）	40	40
防腐方案	高性能混凝土	高性能混凝土
混凝土寿命预测（年）	约104	约104

浪溅区墩身与箱梁的寿命根据计算虽然可达到100年，但保障率不够，安全储备不足，由于时间跨度大，桥梁使用与环境因素变数多，加之目前对 Cl^- 侵蚀的混凝土结构防腐问题的认识尚不够成熟，所以估算使用寿命至少应在120年以上。特别是箱梁，因系薄壁结构，混凝土保护层较薄，更需要增加防腐措施。下面有5个备选加强防腐方案，分两类：涂覆型与阴极保护型。

涂覆型涂层防腐蚀措施是针对海洋环境混凝土结构的表面防护技术之一。该措施的特点是隔绝氯离子、酸性气体等有害介质在混凝土内的渗透和扩散，尤其适合于以盐雾水汽为特征的海洋侵蚀环境下混凝土的保护。

（1）LP方案（Light Painting）——轻防腐涂层措施方案：涂层干膜最小平均厚度（μm）：底层，15厚丙烯酸树脂封闭漆；面层，丙烯酸树脂漆350厚（表湿区），320厚（表干区），涂层设计使用年限为10年。单次成本平均值为27元/m^2。

（2）HP方案（Heavy Painting）——重防腐涂层措施方案：涂层干膜最小平均厚度（μm）：底层，15厚丙烯酸树脂封闭漆；面层，丙烯酸树脂漆500厚（表湿区），450厚（表干区），涂层设计使用年限为20年。单次成本平均值为41元/m^2。

（3）SiP方案（Silane Painting）——硅烷类涂层：其老化年限为15年，并且在10年内海水中的氯离子不会向混凝土中渗透，而混凝土的氯离子扩散系数在10年后将再变小1~2个数量级。为安全起见，按氯离子扩散系数 $\leqslant 1.0\times10^{-12}\ m^2/s$ 计算，则混凝土的使用寿命可达100年以上。单次成本平均值为29元/m^2。

以上三个方案应符合《海港工程混凝土结构防腐蚀技术规范》JTJ 275—2000附录D和附录E的有关规定。

（4）CP1方案（Cathodic Protection）——牺牲阳极法阴极保护。牺牲阳极法被认为是一种被动方法，牺牲阳极法是基于两种金属不同的腐蚀电位的原理。钢筋阴极保护中使用的牺牲阳极是锌块或铝块，以及热喷锌、锌铝铟合金。块状阳极用于保护埋地或浸于电解质中混凝土，热喷涂阳极用于保护暴露于大气中的混凝土。牺牲阳极法的优点是无需外部电源，施工简便，不必经常维护管理；然而它本身会溶解和消耗，牺牲阳极主要应用于已建成混凝土结构的修复，它的寿命不长（10~15年），本例取12年。它在到达年限时就消耗完了。单次成本平均值约50元/m^2。

（5）CP2方案——外加电流法阴极保护。外加电流法被认为是一种主动的方法，以直流电源的负极与被保护的钢筋相接，正极与难溶性辅助阳极（如：钛基阳极）相接，提供保护电流，电流通过连续的混凝土介质到达钢筋表面，使钢筋发生阴极极化而受到保护。它具有有效期限不取决于暴露条件、性能不受氯化物含量影响、不受混凝土裂缝影响等优点，可用于受氯化物污染引起钢筋腐蚀的旧混凝土结构的修复或新结构中钢筋的保护。在众多阳极材料中，金属氧化物钛网阳极是当今在钢筋混凝土阴极保护中应用最广泛和最成功的阳极材料。加速寿命试验表明，这种材料的使用寿命可达 75 年以上，本例取 60 年。但该材料较昂贵，且每年的维护费用高达初期成本的 5%，单次成本平均值约 70 元/m^2。

下面以混凝土保护层有效厚度 w 作为维修优化监控指标（代替桥梁可靠度或状况指标），对该桥浪溅区墩身与大气区箱梁的防腐措施进行优化。保护层有效厚度是指氯离子浓度未达到钢筋生锈临界值的混凝土保护层厚度。对于海工混凝土结构，多以钢筋生锈作为设计使用寿命的界限。因此，本例中的桥梁构件的寿命即属此意。混凝土结构混凝土保护层有效厚度因受氯离子侵蚀而逐年变薄，设其损失速度是线性的，并用 α_w 表示。

浪溅区墩身与大气区箱梁初始防腐方案的保护层有效厚度的初始值 w_0 和损失速度 α_w 等参数如表 9-16 所示。保护层有效厚度的目标值 w_T 取为 0。

浪溅区墩身与大气区箱梁初始防腐方案的有关参数 **表 9-16**

参数	浪溅区墩身	大气区箱梁
初始防腐方案构件寿命（年）	110	104
保护层有效厚度初始值 w_0（mm）	65	40
保护层有效厚度损失速度 α_w（mm/年）	0.590909	0.384615

上述 5 个备选混凝土防腐加强方案的有关维修参数与总成本如表 9-17 所示。并设首次实施时间 $t_{PI}=0$，改善有效期 t_{PD} 等于实施周期 t_P。

加强防腐方案的初始维修参数与总成本 **表 9-17**

方案	LP	HP	SiP	CP1	CP2	单位
	轻防腐涂层	重防腐涂层	硅烷类涂层	牺牲阳极阴极保护	外加电流阴极保护	
单次维修平均成本 C	27	41	29	50	70 +5% 年维护费	元/m^2
保护层有效厚度改善率 θ_W	0.04	0.05	0.06	0.08	0.10	mm/年
实施周期 t_P	10	20	15	12	60	年
100 年总成本	270	205	203	400	490	元/m^2
120 年总成本	324	246	232	500	560	元/m^2

由于阴极保护类加强防腐方案的成本过高，可先排除，仅考虑 3 个涂覆型加强防腐方案，其保护层有效厚度损失速度和相应构件寿命如表 9-18 所示。

浪溅区墩身与大气区箱梁加强防腐维修方案的有关参数　　表 9-18

方　案	参　数	浪溅区墩身	大气区箱梁
LP	保护层有效厚度损失速度 α_w（mm/年）	0.550909	0.344615
	相应构件寿命（年）	118	116
HP	保护层有效厚度损失速度 α_{ww}（mm/年）	0.540909	0.334615
	相应构件寿命（年）	120	119
SiP	保护层有效厚度损失速度 α_{ww}（mm/年）	0.530909	0.324615
	相应构件寿命（年）	122	123

综合比较 3 个涂覆型加强防腐方案，轻防腐涂层 LP 方案因其总成本更高，且达不到 120 年的安全估算寿命，可予以排除。不管从总成本还是从构件估算寿命上看，硅烷类涂层 SiP 方案都略优于重防腐涂层 HP 方案。因此，浪溅区墩身与大气区箱梁的加强防腐方案采用硅烷类涂层方案。其混凝土保护层有效厚度与总成本的时变情况如图 9-9 和图 9-10 所示。

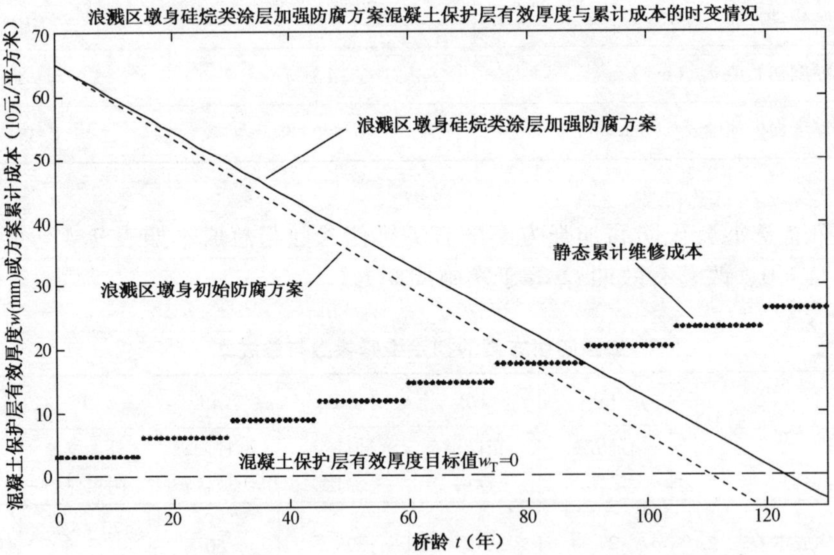

图 9-9　墩身硅烷类涂层加强防腐方案混凝土保护层有效厚度与总成本的时变情况

9.3.2　某梁板式桥钢梁的维修优化

某桥梁位于华北地区，为两跨钢梁—混凝土桥面板梁板式结构，总长 68m，总宽 19m，行车道宽 2×7.5m。沥青混凝土桥面铺装，涂漆钢梁处于露天环境。

下面针对该桥钢梁作维修优化（桥面板类似），分析期为 50 年、60 年、70 年、80 年。

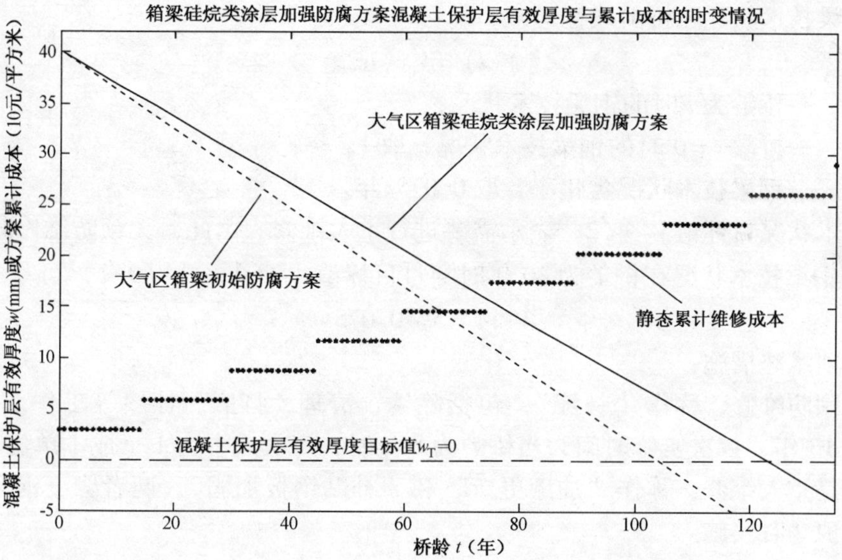

图9-10 箱梁硅烷类涂层加强防腐方案混凝土保护层有效厚度与总成本的时变情况

由于钢梁的可靠度劣化远比其技术状况劣化慢，假设在分析期内钢梁的可靠度不低于其目标可靠度。因此，钢梁的维修优化仅考虑其技术状况指标及维修成本。

根据《公路桥涵养护规范》JTG H11—2004，桥梁钢结构部件技术状况评定标准及其相应的养护措施如表9-19所示。本例取钢梁的技术状况值为1～5，一类构件对应于最高技术状况值5，五类构件对应于最低技术状况值1，参见表9-19。

桥梁钢结构部件技术状况评定标准与钢梁技术状况取值　　表9-19

评定等级	技术状况 V值	技术状况描述	养护措施
一类	5	各部件及焊缝均完好；各节点铆钉螺栓无松动；各部分油漆均匀完整，色泽鲜明	正常保养
二类	4	各部件完好，焊缝无开焊；少数节点有个别铆钉螺栓松动变形；油漆变色、起泡、剥落，面积在10%以内	小修
三类	3	个别次要构件有局部变形，焊缝有裂纹；连接铆钉、螺栓损坏在10%以内；油漆失效面积在10%～20%之间	中修酌情进行交通管制
四类	2	个别主要构件有扭曲变形、损伤裂纹、开焊、严重锈蚀；连接铆钉、螺栓损坏在10%～20%之间；油漆失效面积在20%以上	大修或改造及时进行交通管制
五类	1	主要构件有严重扭曲变形、开焊，锈蚀削弱截面10%以上，钢材变质，强度性能恶化。油漆失效面积在50%以上；节点板及连接铆钉螺栓损坏在20%以上；结构永久变形大于规范值；结构震动或摆动过大，行车和行人有不安全感	改建或重建及时关闭交通

假设钢梁技术状况随桥龄线性递减，即：

$$V(t)=V_0-\alpha_V t \tag{9-1}$$

式中 $V(t)$——桥龄为 t 时的钢梁技术状况；

V_0——桥龄 $t=0$ 时的钢梁技术状况，取 $V_0=5$；

α_V——钢梁技术状况劣化率，取0.075/年。

钢梁技术状况目标值 V_T 取2，表示需要进行重大维修。由此，无预防维修时（仅进行日常维修）钢梁技术状况在桥龄为40年时穿过目标值。于是，式（9-1）可写成：

$$V(t)=5-0.075t \tag{9-2}$$

考虑3项维修措施：

一项是预防维修，称作“补漆”，包括除锈、清理、打磨、补漆等工作，定期实施，实施周期为13年，首次实施时间为当桥龄为8年时，每次成本为1个成本单位（*cu*）；

另两项是重大维修，称作“油漆更新”和“补贴钢板加固”，两者皆于钢梁技术状况达到其目标值2时实施。

其维修效果与成本参见表9-20。

钢梁基本维修措施的维修效果与维修成本 表9-20

维修类型	维修措施	技术状况陡升 γ_V	状况改善率 θ_V	有效期	维修成本（*cu*）
预防维修	补漆	—	0.02/年	10年	1
重大维修	油漆更新	1.5	—	—	10
	补贴钢板	2.5	—	—	50

组合方案可由两种或两种以上的维修措施构成，本例仅考虑两种维修措施的组合，一种低成本的预防维修措施，加一种高成本的重大维修措施。由上述三个维修措施出发，可得到以下7个维修方案：

（1）补漆方案：定期预防维修，每13年实施一次；

（2）油漆更新方案：一次重大维修，钢梁技术状况达到其目标值时实施；

（3）补贴钢板方案：一次重大维修，钢梁技术状况达到其目标值时实施；

（4）补漆连油漆更新方案：先进行补漆方案，当钢梁技术状况达到其目标值2时再实施一次油漆更新，此后，停止补漆措施；

（5）补漆连补贴钢板方案：先进行补漆方案，当钢梁技术状况达到其目标值2时再实施一次补贴钢板，此后，停止补漆措施；

（6）补漆+油漆更新方案：先进行补漆方案，当钢梁技术状况达到其目标值2时再实施一次油漆更新，此后，补漆方案继续实施；

（7）补漆+补贴钢板方案：先进行补漆方案，当钢梁技术状况达到其目标值2时再实施一次补贴钢板，此后，补漆方案继续实施。

各方案钢梁技术状况与累计成本（动态累计成本按5%贴现率计算）的时变情况如图9-11～图9-13所示。

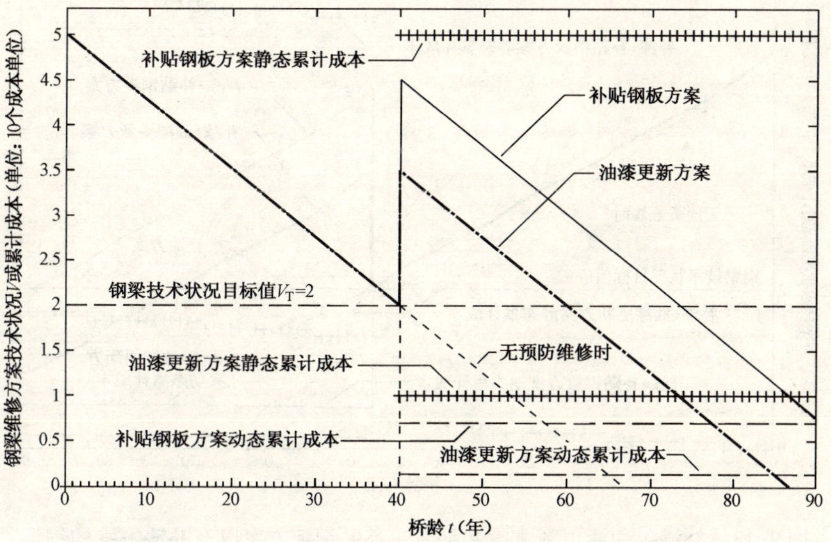

图 9-11 油漆更新方案和补贴钢板方案的钢梁技术状况与累计成本的时变情况

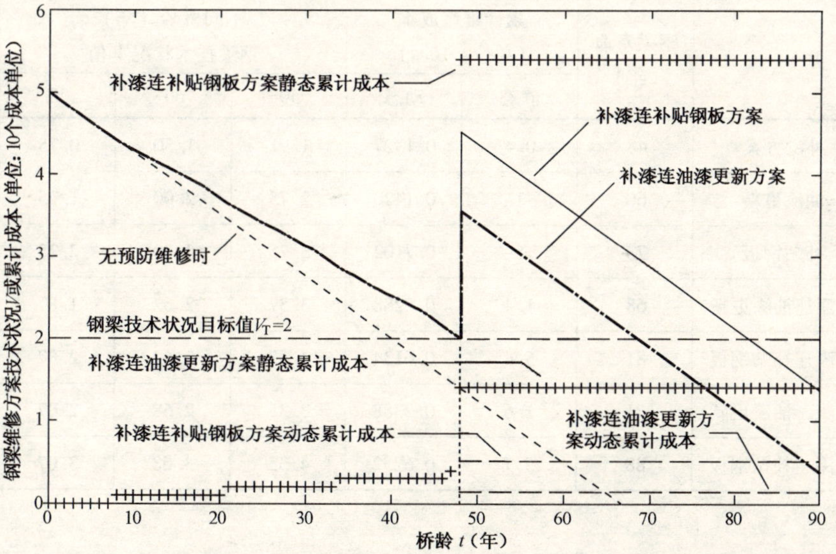

图 9-12 补漆连油漆更新方案和补漆连补贴钢板方案的钢梁技术状况与累计成本的时变情况

设钢梁的初始投资为 100 个成本单位，基准贴现率取 5%，设由于钢梁寿命延长而带来的利益为 100 ×5% =5 个成本单位/年（*cu*/年）。各方案钢梁寿命（设最多进行一次重大维修）与其对应的累计维修成本（动态累计成本按 5% 贴现率计算）以及静态收益成本比如表 9-21 所示。

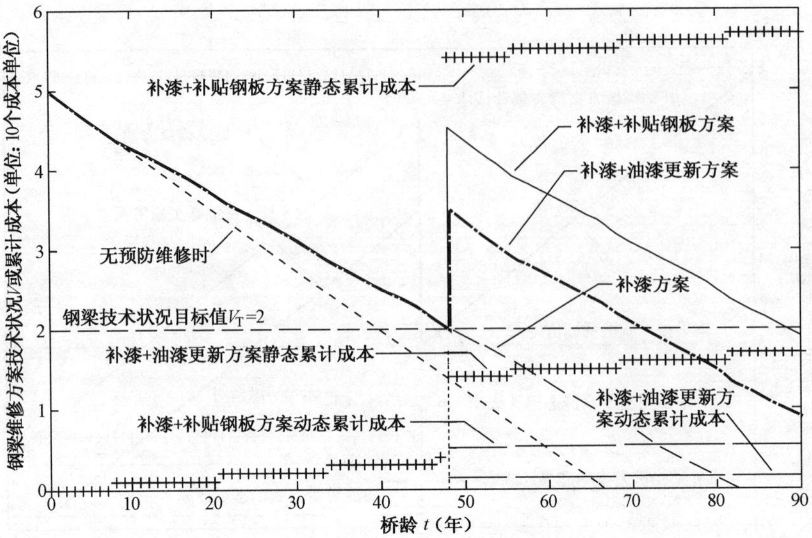

图 9-13　补漆 + 油漆更新方案和补漆 + 补贴钢板方案以及补漆方案的钢梁技术状况与累计成本的时变情况

钢梁维修方案的钢梁寿命与累计维修成本以及收益成本比　　　**表 9-21**

方案号	方　　案	钢梁寿命（年）	累计维修成本（单位：10cu）		不同桥龄（年）钢梁技术状况 V 值			静态收益成本比
			静态	动态	50	60	70	
（1）	补漆方案	48	0.4	0.1327	1.91	1.30	0.75	10
（2）	油漆更新	60	1	0.1420	2.75	2.00	1.25	10
（3）	补贴钢板	73	5	0.7102	3.75	3.00	2.25	3.30
（4）	补漆连油漆更新	68	1.4	0.2288	3.37	2.62	1.87	10
（5）	补漆连补贴钢板	81	5.4	0.6134	4.37	3.62	2.87	3.80
（6）	补漆 + 油漆更新	71	1.6	0.2388	3.35	2.68	2.07	9.69
（7）	补漆 + 补贴钢板	88	5.7	0.6252	4.35	3.68	3.07	4.21

下面根据表 9-21 进行钢梁维修方案的比较与优化。

如果要求钢梁寿命达到 50 年，补漆方案只差 2 年，则可考虑缩短实施周期后采用之，其动态累计维修成本最低，为 1.327*cu*；或者采用油漆更新方案，其动态累计维修成本仅为 1.42*cu*，其 50 年末钢梁技术状况仍超过目标值 0.75。

如果要求钢梁寿命达到 60 年，则油漆更新方案为最佳方案，其 60 年末钢梁技术状况刚好达到目标值。

如果要求钢梁寿命达到 70 年，则补漆 + 油漆更新方案为最佳方案，其动态累计维修成本为 2.388*cu*，其 70 年末钢梁技术状况值为 3.07。

如果要求钢梁寿命达到80年，则补漆连补贴钢板方案为最佳方案，其动态累计维修成本为6.134*cu*，80年末钢梁技术状况值为2.12。

以上以技术状况为优化指标对钢梁进行了维修优化分析，所谓“钢梁寿命”是指由钢梁技术状况决定的钢梁寿命，用t_{LifeV}表示。而由钢梁可靠度决定的钢梁寿命，则用$t_{\mathrm{Life}\beta}$表示。因此，上述四种情形实际上分别基于以下假设：$t_{\mathrm{Life}\beta} \geqslant 50$年、$t_{\mathrm{Life}\beta} \geqslant 60$年、$t_{\mathrm{Life}\beta} \geqslant 70$年和$t_{\mathrm{Life}\beta} \geqslant 80$年。

钢梁实际寿命t_{Life}为两者中的最小者，即：

$$t_{\mathrm{Life}} = \mathrm{Min}\ \{t_{\mathrm{LifeV}},\ t_{\mathrm{Life}\beta}\}$$

从计算与优化结果可知，预防维修对于延长桥梁构件寿命的确很重要，且进行维修的时间越早越好。例如，“补漆+补贴钢板”方案相对于“补贴钢板”方案，由于更早地进行了预防维修——“补漆”方案，钢梁寿命增加了15年（88－73），而累计动态维修成本不仅没有增加反而降低了0.85*cu*（6.252－7.102）。

参考文献

[1] D. M. Frangopol, K. Maute. Life-Cycle Reliability-Based Optimization of Civil and Aerospace Structures. Comput Struct, 2003, 81: 397 ~ 410.

[2] M. Liu, Y. K. Wen, S. A. Burns. Life Cycle Cost Oriented Seismic Design Optimization of Steel Moment Frame Structures with Risk-Taking Preference. Engineering Structures, 2004, 26: 1407 ~ 1421.

[3] M. Liu, S. A. Burns, Y. K. Wen. Optimal Seismic Design of Steel Frame Buildings Based on Life Cycle Cost Considerations. Earthquake Engineering and Structural Dynamics, 2003, 32: 1313 ~ 1332.

[4] P. C. Das. Prioritization of Bridge Maintenance Needs. Case Studies in Optimal Design and Maintenance Planning of Civil Infrastructure Systems. D. M. Frangopol, eds., ASCE, Reston, Virginia, 1999: 26 ~ 44.

[5] A. Miyamoto, K. Kawamura, H. Nakamura. Bridge Management System and Maintenance Optimization for Exiting Bridges. Computer-Aided Civil and Infrastructure Engineering, 2000, (5): 45 ~ 55.

[6] D. M. Frangopol, J. S. Kong, E. S. Gharaibeh. Reliability-Based Life-Cycle Management of Highway Bridges. Journal of Computing in Civil Engineering, 2001, 15 (1): 27 ~ 34.

[7] P. C. Das, D. M. Frangopol, A. S. Nowak. "Preface". Current and Future Trends in Bridge Design, Construction, and Maintenance. P. C. Das, D. M. Frangopol, and A. S. Nowak, eds., Thomas Telford, London, 2001.

[8] T. Vidal, A. Castel, R. Francois. Analyzing Crack Width to Predict Corrosion in Reinforced Concrete. Cement and Concrete Research, 2004, 34: 165 ~ 174.

[9] Makoto Kitagawa. Maintenance of Steel Bridges on Honshu-Shikoku Crossing Yukikazu Yanaka. Journal of Constructional Steel Research, 2002, 58: 131 ~ 150.

[10] M. Liu, D. M. Frangopol. Optimal Bridge Maintenance Planning Based on Probabilistic Performance Prediction. Engineering Structures, 2004, 26: 991 ~ 1002.

[11]] J. S. Kong, D. M. Frangopol. Life-Cycle Reliability-Based Maintenance Cost Optimization of Deteriorating Structures with Emphasis on Bridges. J. Struct. Eng, 2003, 129 (6): 818 ~ 828.

[12] M. Liu, D. M. Frangopol. Multiobjective Maintenance Planning Optimization for Deteriorating Bridges Considering Condition, Safety, and Life-Cycle Cost. Journal of Structural Engineering. MAY, 2005: 833 ~ 842.

[13] M. Liu, S. A. Burns, Y. K. Wen. Multiobjective Optimization for Performance Based Seismic Design of Steel Moment Frame Structures. Earthquake Eng. Struct. Dyn, 2005, 34 (3): 289 ~ 306.

[14] K. Deb. Multiobjective Optimization Using Evolutionary Algorithms. Wiley. U. K. Chichester, A. C. Estes, D. M. Frangopol. Bridge Lifetime System Reliability under Multiple Limit States. J. Bridge Eng, 2001, 6 (6): 523 ~ 528.

[15] C. Liu, A. Hammad, Y. Itoh. Multiobjective Optimization of Bridge Deck Rehabilitation Using a Genetic Algorithm. Comput. Aided Civ. Infrastruct. Eng, 1997, 12: 431 ~ 443.

[16] A. Miyamoto, K. Kawamura, H. Nakamura. Development of Bridge Management System for Existing Bridges. Advance in Engineering software, 2001, 32: 821 ~ 833.

[17] H. Furuta, T. Kameda, Y. Fukuda, D. M. Frangopol. Life Cycle Cost Analysis for Infrastructure Systems: Life Cycle Cost vs. Safety Level vs. Service Life. D. M. Frangopol, E. Brühwiler, M. H. Faber, and B. Adey, eds., Life-Cycle Performance of Deteriorating Structures: Assessment, Design and Management. ASCE, Reston, Va. 2004: 19 ~ 25.

[18] H. P. Xu, J. M. Humar. Damage Detection in a Girder Bridge by Artificial Neural Network Technique. Computer-Aided Civil and Infrastructure Engineering, 2006, 21 (6): 450 ~ 464.

[19] 赖红松，董品杰，祝国瑞．求解多目标规划问题的 Pareto 多目标遗传算法．系统工程，2003，21（5）：5 ~ 24.

[20] 盛昭翰，曹忻．最优化方法基本教程．南京：东南大学出版社，1992.

[21] K. Deb. Multi-Objective Optimization Using Evolutionary Algorithms. Chichester: John Wiley & Sons, 2001.

[22] 刘孝．在役桥梁优化维修决策研究［学位论文］．郑州：郑州大学土木工程学院，2010.

[23] 李文华，荣艳倩，刘文光．桥梁维修加固决策技术研究进展．工程科技科，2007（1）：293 ~ 294.

[24] 王光远．结构服役期间的动态可靠度及其维修理论初探［J］．哈尔滨建筑大学学报，1990，23（2）：1 ~ 9.

[25] 王光远．结构强度储备的评估及结构维修过程的跟踪决策［J］．哈尔滨建筑大学学报，1993，26（2）：1 ~ 10.

[26] 王光远．工程软设计理论．北京：科学出版社，1992.

[27] Y Mori, B. R. Ellingwood. Maintaining reliability of concrete structures I Role of inspection repair［J］. Journal of structural engineering, 1993, 120 (3): 846 ~ 863.

[28] 刘玉彬，王光远．以动态模糊随机可靠度为参数的在役结构维修决策．哈尔滨建筑大学学报，1996，2（29）：1 ~ 7.

[29] 郭院成，霍达．在役结构的最优维修决策．基建优化，1997，18（2）：13 ~ 17.

[30] 屈文俊，车惠民．既有铁路混凝土桥梁的维修及经济使用寿命预测．桥梁建设，1996（4）：6 ~ 9.

[31] 吕岳鹏．考虑结构生命过程的公路桥梁可靠度模型［J］．西安公路交通大学学报，1998（4B）：142 ~ 146.

[32] Frangopol, D. M. Chapter 9: Lief-cycle cost analysis for bridges［M］. Bridge safe and reliability, D. M. Frangopol, ed., ASCE, Reston, Va., 1999, 210 ~ 236.

[33] Das, P. C. Reliability based bridge management procedures［A］. Bridge management4, M. J, Ryall, G. A. R. Parke, and J. E. Harding, eds., Thomas Telofrd, London, 2000, 1 ~ 11.

[34] Thoft-Christensen, P. Estimation ofbridge reliability distributions. Current and future trends in bridge design, construction, and maintenance, P. C. Das, D. M. Frangopol, and A. S. Nowak, eds., Thomas Telford, London, 1999, 15 ~ 25.

[35] Frangopol, D. M. Gharaibeh, E. 5., Kong, J. 5., and Miyake, M. Optimal network level bridge maintenance planning based on minimum expected cost. J. Transp. Res. Board, 2000, 2 (1696), 26 ~ 33.

[36] 郭院成，李勐勋，赵卓．化工结构考虑一次维修的优化设计．基建优，2000，Vol（5）：1 ~ 3.

[37] 滕海文，赵卓，霍达．基于腐蚀控制的在役结构优化维修决策．工程力学增刊，2001：388 ~ 382.

[38] Alien C. Estes, Dan M. Frangopol. Minimum expected cost-oriented optimal maintenance planning for deteriorating structures: application to concrete bridge decks. Reliability Engineering&System Safety, 2001 (73): 281 ~ 191.

[39] 刘扬，张建仁．钢筋混凝土桥梁服役期间的可靠度评价．中国公路学报，2001，2（14）：61 ~ 65.

[40] 张宇贻，秦权．基于可靠度的混凝土桥梁构件最优检测维修规划．清华大学学报，2001，12（41）：68 ~ 71.

[41] 秦权．基于时变可靠度的桥梁检测与维修方案优化．公路，2002，9：17～25.
[42] 杨伟军，张建仁，梁兴文．基于动态可靠度的服役桥梁维修加固策略．中国公路学报，2002，15（3）：49～52.
[43] 卫红蕊．在役桥梁改造的技术经济分析及寿命预测［硕士学位论文］．西安：长安大学，2003.
[44] 曾小刚，肖盛燮．模糊综合评判法在旧桥加固方案优选中的应用．重庆交通学院学报，2003，22（4）:1～3.
[45] 孙晓燕，黄承逵，赵国藩等．基于动态可靠度和经济优化相结合的服役桥梁维修加固风险决策．工程力学，2004，21（5）：5～10.
[46] 徐岳，武同乐．桥梁加固工程生命周期成本横向对比分析阴．长安大学学报，2004，5.
[47] 王子军．在役桥梁可靠性评估及加固方案优选研究［学位论文］．西安：长安大学，2004.
[48] Cheol-Kyu Lee，Sung-Keun Kim. GA-based algorithm for selecting optimal repair and rehabilitation methods for reinforced concrete（RC）bridge decks［J］. Automation in Construction，2005，Volume 16，Issue 2：153 ～165.
[49] Mark Q. Stewart，John A. Mullard. Spatial time-dependent reliability analysis of corrosion damage and the timing of first repair for RC structures. Engineering Structures，2007，29（7）：1457 ～ 1464.
[50] 赵卓，蒋晓东．受腐蚀混凝土结构耐久性检测诊断．郑州：黄河水利出版社，2006.
[51] 王增忠．基于混凝土耐久性的建筑工程项目全寿命经济分析［学位论文］．上海：同济大学，2006.
[52] 张克波，朱建华．基于价值工程与变权综合评价的服役桥梁雏修加固方案决策．中外公路，2006，26（1）：121～124.
[53] 张军，陈国平．现役桥梁结构性能评估及全寿命维护加固决策．公路与汽运，2007，3（2）：92～94.
[54] 夏海兵，姚安林，尹继明．基于加固寿命周期成本最小的桥梁维修决策．公路交通技术，2007，2（1）：111～113.
[55] 谢桂华，李继祥，王军．受腐蚀混凝土结构的可靠性分析及维修决策方法．四川建筑科学研究，2008，34（2）：89～92.
[56] 边晶海，朱浮声，康玉梅．基于可靠性的服役桥梁维修加固决策研究综述．中外公路，2008，（1）：133～138.
[57] 林刘赞．基于损伤的桥梁状态评估决策系统研究［学位论文］．上海：同济大学，2009.
[58] 中华人民共和国建设部．城市桥梁养护技术规范 CJJ 99—2003.
[59] 林刘赞．苏州市桥梁管理系统研究报告．上海：同济大学，2008.
[60] 陈雅琴．桥梁管理系统研究［学位论文］．西安：长安大学，2000.
[61] 王光远等．工程结构系统软设计理论及应用．北京：国防工业出版社，2002.
[62] 陈小庆，侯中喜等．基于 NSGA-II 的改进多目标遗传算法．计算机应用，2006，6（10）：2453～2456.
[63] 吴鑫淼．基于寿命周期成本理论的水工结构设计与维修计划优化［学位论文］．天津：天津大学，2008.
[64] 夏海兵，姚安林．基于加固寿命周期成本最小的桥梁维修决策．公路交通技术，2007，（1）：111～113.
[65] 曹明兰，黄侨，杨伟军．基于条件状态的桥梁维修方法及其跟基于可靠度的桥梁维修方法的比较研究．公路交通科技，2006，23（9）：46～50.
[66] 庞元志．基于 DER&U 评估方法的 B/S 架构桥梁管理系统［学位论文］．成都：西南交通大学，2008.
[67] 李季隆．预应力混凝土桥梁状态评估系统与病害识别研究［学位论文］．杭州：浙江大学，2010.
[68] 徐威．既有铁路混凝土桥状态评定方法研究［学位论文］．成都：西南交通大学，2005.
[69] J de Brito，F A Branco，P ThoR—Christensen，et a1. An expert system for concrete bridge management［J］. Engineering Structure，1997，19（7）：519～526.

[70] Hitoshi Furuta, Jianhong He, Eiichi Watanabe. A fuzzy expert system for damage assessment using Genetic Algorithms and Neural Networks. Microcomputers in civil engineering, 1996 (11): 37 ~ 45.

[71] Hani G Melhem, Senaka Aturaliya. Bridge condition rating using an eigenvector of pofity settings [J]. Microcomputers in Civil Engineering, 1996, 11: 421 ~ 432.

[72] Moriyoshi Kushida, Ayaho Miyamoto, Kazuya Kinoshia. Development of concrete bridge rating prototype expert system with machine learning [J]. Journal of computing in civil engineering, 1997, 11 (4): 238 ~ 254.

[73] Kei Kawamura, Ayaho Miyamoto. Condition state evaluation of existing reinforced concrete bridges using neuro—fuzzy hybrid system [J]. Computers and structures, 2003 (81): 1931 ~ 1940.

[74] 王永平，张宝银，张树人. 桥梁使用性能模糊评估专家系统. 中国公路学报，1996，9 (2): 62 ~ 67.

[75] 李亚东. 既有桥梁评估初探. 桥梁建设，1997 (3): 18 ~ 21.

[76] 胡雄，吉祥，陈兆能等. 拉索桥梁安全性与耐久性评估的专家系统设计. 应用力学学报，1998，15 (4): 122 ~ 126.

[77] 叶培伦，俞亚南. 应用层次分析法评判混凝土桥梁综合性能. 华东公路，2000 (5)，18 ~ 20.

[78] 兰海，史家钧. 灰色关联分析与变权综合方法在桥梁评估中的应用. 同济大学学报（自然科学版），2001，29 (1): 50 ~ 54.

[79] 孙九春，史家钧. 加权集值统计理论和重心决策理论在桥梁评估中的应用. 上海公路，2001 (4): 20 ~ 22.

[80] 郭红仙，任宝双，钱稼茹. 北京地区钢筋混凝土简支桥梁结构综合评估系统. 清华大学学报（自然科学版），2002，42 (6): 825 ~ 831.

[81] [25] 任宝双，钱稼茹，聂建国等. 在用钢筋混凝土简支桥梁结构综合评估方法. 土木工程学报，2002，35 (2): 97 ~ 102.

[82] 禹智涛，韩大建. 既有桥梁可靠性的综合评估方法. 中南公路工程，2003，28 (3): 8 ~ 12.

[83] 刘沐宇，袁卫国，任飞. 大跨度钢管混凝土拱桥安全性模糊综合评价. 武汉理工大学学报，2003，25 (5): 33 ~ 36.

[84] 刘沐宇，何祖亮. 不确定层次分析的钢管混凝土拱桥安全性评价. 武汉理工大学学报，2004，26 (6): 25 ~ 28.

[85] 刘沐宇，袁卫国. 基于模糊神经网络的大跨度钢管混凝土拱桥安全性评价方法研究. 中国公路学报，2004，17 (4): 55 ~ 58.

[86] 薛飞宇，郝海霞. 人工神经网络在桥梁结构等级评估中的应用. 公路与汽运，2004 (3): 71 ~ 73.

[87] 韩大建，杨炳尧，颜全胜. 用人工神经网络方法评估桥梁缺损状况. 华南理工大学学报，2004，32 (9): 72 ~ 75.

[88] 淡丹辉，孙利民. Mamdani 型模糊推理系统在桥梁状态评估中的应用. 同济大学学报（自然科学版），2004，32 (9): 1131 ~ 1135.

[89] 袁海庆，杨燕，范剑锋等. 模糊层次分析法在桥梁综合评估中的应用. 武汉理工大学学报（交通科学与工程版），2005，29 (6): 906 ~ 909.

[90] 钟惠萍，张建仁，张克波等. 基于模糊神经网络的既有钢筋混凝土桥梁构件可靠性评估. 公路交通科技，2005，22 (8): 82 ~ 85.

[91] 杨则英，曲建波，黄承逵. 基于模糊综合评判和层次分析法的桥梁安全性评估. 天津大学学报，2005，38 (12): 1063 ~ 1067.

[92] 钟珞，范剑锋，袁海庆等. 桥梁承载能力状态评估的模糊神经网络推理方法. 华中科技大学学报（自然科学版），2006，34 (3): 88 ~ 90.

[93] 孙磊. 大跨径连续刚构桥梁健康监测与评估系统 [学位论文]. 西安：长安大学，2009.

[94] 卢建飞．桥梁结构状态评估综述．交通标准化，2010，(219)：127~129.
[95] 罗伦英．桥梁管理系统研究与应用［学位论文］．长沙：湖南大学，2010.
[96] R. Jiang, W. J. Zhang, P. Ji. Required Characteristics of Statistic al Distribution Models for Life Cycle Cost Estimation. Int. J. Production Economics, 2003, 83: 185 ~194.
[97] V. V. Dimitri, M. G. Stewart. Life-Cycle Cost Analysis of Reinforced Concrete Structures in Marine Environments. Structural Safety, 2003, 25: 343 ~362.
[98] 吴海军，陈艾荣．寿命周期成本分析方法在桥梁工程中的应用．公路，2004，(12)：34~38.
[99] J. M. van Noortwijk, D. M. Frangopol. Two Probabilistic Life-Cycle Maintenance Models for Deteriorating Civil Infrastructures. Probabilistic Engineering Mechanics, 2004, 19 (4): 345 ~359.
[100] D. Singh, R. L. K. Tiong. Development of Life Cycle Costing Framework for Highway Bridges in Myanmar. International Journal of Project Management, 2005, 23 (1): 37 ~44.
[101] O. O. Ugwu, M. M. Kumaraswamy, F. Kung, S. T. Ng. Object-Oriented Framework for Durability Assessment and Life Cycle Costing of Highway Bridges. Automation in Construction, 2005, 14 (5): 611 ~632.
[102] D. M. Frangopol, M. Liu. Life-Cycle Cost Analysis for Highways Bridges: Accomplishments and Challenges. ASCE Structures Congress 2004, Nashville, Tennessee, May 22-26, 2004.
[103] J. M. van Noortwijk, H. E. Klatter. The Use of Lifetime Distributions in Bridge Maintenance and Replacement Modeling. Computers and Structures, 2004, 82: 1091 ~1099.
[104] J. M. van Noortwijk. Explicit Formulas for the Variance of Discounted Life-Cycle Cost. Reliab Eng Syst Safety, 2003, 80 (2): 185 ~95.
[105] J. S. Kong, D. M. Frangopol. Evaluation of Expected Life-Cycle Maintenance Cost of Deteriorating Structures. J Struct Eng, 2003, 129 (5): 682 ~91.
[106] R. B. Corotis. The Political Realities of Life Cycle Costing. First International Conference on Bridge Maintenance, Safety, and Management. IABMAS, Barcelona, July 14 ~17, 2002.
[107] D. M. Frangopol, E. S. Gharaibeh, J. S. Kong, *et al.* Optimal Network-Level Bridge Maintenance Planning Based on Minimum Expected Cost. J. Transp. Res. Board, 2000, 2 (1696): 26 ~33.
[108] P. C. Das. Reliability Based Bridge Management Procedures. Bridge Management. M. J. Ryall, G. A. R. Parke, and J. E. Harding, eds., Thomas Telford, 2000. London: 1 ~11.
[109] Federal Highway Administration (FHWA). Asset Management Preserving a $1 Trillion Investment. FOCUS, 2000, Washington: 1 ~2.
[110] J. S. Kong, D. M. Frangopol, E. S. Gharaibeh. Life Prediction of Highway Bridges with or without Preventive Maintenance. Probabilistic Mechanics and Structural Reliability, A. Kareem, A. Haldar, B. F. Spencer, and E. A. Johnson, eds., ASCE, Reston, Virginia, 2000: 200 ~300.
[111] J. E. Roberts, R. Shepard. Bridge Management for the 21st Century. Journal of the Transportation Research Board, TRR, 2000, 2 (1996): 197 ~203.
[112] E. P. Small, T. Philbin, M. Fraher, G. Romack. Current Studies of Bridge Management System Implementation in the United States. Transportation Research Circular 498 (I), TRB-NRC, Washington, D. C., A-1, 2000: 1 ~16.
[113] K. -Y. Lin. Reliability-Based Minimum Life Cycle Cost Design of Reinforced Concrete Girder Bridges. PhD. Thesis, Department of Civil, Environmental, and Architectural Engineering, University of Colorado, Boulder. Colorado, 1995.
[114] P. R. Vassie. A Whole Life Cost Model for the Economic Evaluation of Durability options for Concrete Bridges. Safety of Bridges, P. C. Das, ed., Thomas Telford, 1997: 145 ~150.

[115] D. M. Frangopol, K. -Y. Lin, A. C. Estes. Life-Cycle Cost Design of Deteriorating Structures. Journal of Structural Engineering, ASCE, 1997, 123 (10): 1390 ~ 1401.

[116] R. Flanagan, G. Norman, J. Meadows, G. Rorinson. Life Cycle Costing: Theory and Practice. BSP Professional Books, London. 1989.

[117] 钟卿．基于全寿命命周期成本的桥梁设计理论研究［学位论文］．长沙：湖南大学，2006.

[118] 邵旭东，彭建新等．桥梁全寿命设计方法框架性研究．公路，2006，(1)：44 ~ 48.

[119] 张慧丽．路面全寿命周期费用分析中风险分析方法．中外公路，2006，26 (4)：69 ~ 72.

[120] J. M. Van Noortwijk. optimal Maintenance Decisions for Hydraulic Structures under Isotropic Deterioration. PhD. Thesis. Delft University of Technology, Delft, The Netherlands, 1996.

[121] D. M. Frangopol. Life-Cycle Cost Analysis for Bridges. Chapter 9 in Bridge Safety and Reliability, D. M. Frangopol, eds., ASCE, Reston, Virginia, 1999: 210 ~ 236.

[122] 赵进．公路桥梁养护决策与管理系统研究［学位论文］．西安：长安大学，2008.

[123] 汤怀胜．桥梁技术状况评估、预测及管理系统开发研究［学位论文］．长沙：湖南大学，2008.

[124] Sobanjo, J. O.. A Decision Suppon Methodology for the Rehabilitation and Replacement of Highway Bridges. Ph. D. Dissertation, Texas A&M University, 1991.

[125] Shahin, M. Y. "Pavement Management for Airports, Roads, and Parking Lots". Chapman&Han, 1994.

[126] Jiang M, and Sinha K. C. Bridge service life prediction model using the Markov chain. Transp. Res. Rec. 1223, Transponation Research Board, Washington, D. C, 1989.

[127] Cesare M. A, Santamarina C, Turkstra C, and Vanmarcke. E. H. Modeling bridge deterioration with MarkoV chains. J. Transp. Engrg, 1992, 118 (6): 820 ~ 833.

[128] 戴宇文．桥梁管理系统开发若干问题的研究与探索［学位论文］．广州：华南理工大学，2004.

[129] 陈晨．桥梁管理系统研究与开发的理论基础初探［学位论文］．广州：华南理工大学，2002.

[130] 吕颖超，贺拴海．在役桥梁承载力模糊可靠性的马尔科夫预测．长安大学学报，2005，25 (4)：39 ~ 43.

[131] Sobanjo, J. O.. A Neural network approach to modeling bridge deterioration. proc., 4th Congress on Computing in Civil Engineering, 1997, 623 ~ 626.

[132] Tokdemir, O. B., Ayvalik. C., and Mohammadi, J.. Prediction of highway bridge performance by artificial neural networks and genetic algorithms. Proc., 17th int. Symp. on Automation and Robotics in Construction (ISARC), National Taiwan Univ., Taipei, Taiwan, 2000: 1091 ~ 1098.

[133] O' Brien III, D. E., Kohn, S. D., and Shahin, M. Y.. Prediction of Pavement Performance by Using Nondestructive Test Results. Transportation Research Record, 1983, (943): 13 ~ 16.

[134] Sanders, D. H. and Zhang, Y. J.. Bridge Deterioration Models for States with Small Bridge Inventories. Transportation Research Record, TRB, 1994, (1442): 101 ~ 109.

[135] 肖萍．桥梁技术状况评价与预测［学位论文］．西安：长安大学，2003.

[136] Maher, M., Balachandran, M., and Zhang, D.. Case-Based Reasoning in Design. Lawrence Erlbaum Associate, Inc, 1995.

[137] Stanfill, C.. A Memory-Based Model. Proceedings of a Workshop in CBR, Morgan Kaufmann, California, 1988.

[138] G. Morcous. Case-Based Reasoning for Modeling Bridge Deterioration. Ph. D. Dissertation, Concordia University, 2000.

[139] Willian T. Scherer, Douglas M. Glagola. Markovian Models For Bridge Maintenance Management. Journal of Transportation Engineering, 1994, 120 (1): 37 ~ 51.

[140] G. Hearn, D. M. Frangopol, T. Szanyi. Report on Bridge Management Practices in the United States,

University of Colorado, Boulder, Colorado, 1995.

[141] P. Thoft-Christensen. Modeling of the Deterioration of Reinforced Concrete Structures. Proceeding from IFIP WG 7.5 Working Conference in Arbor, Michigan, USA, 2000.

[142] J. S. Kong. Lifetime Maintenance Strategies for Deteriorating Structures. PhD. Thesis, Department of Civil, Environmental, and Architectural Engineering, University of Colorado, Boulder, Colorado, 2001.